IMMIGRATION

DU MÊME AUTEUR

Déflagration (avec Carole Barjon), Robert Laffont, 2017

PATRICK STEFANINI

IMMIGRATION

Ces réalités qu'on nous cache

Robert Laffont

Ouvrage édité par Jean-Luc Barré

ISBN 978-2-221-23869-1
Dépôt légal : novembre 2020
Éditions Robert Laffont – 92, avenue de France 75013 Paris

« En tout cas, pour la première fois, je crois, sur un plan *national*, l'immigration pose à la France une sorte de problème "colonial", cette fois planté à l'intérieur d'elle-même[1]. »

« Le nombre conserve sans doute. N'en sera-t-il pas de même [...] face [...] aux immigrés trop nombreux qui inquiètent la France actuelle ? Ce qui compte c'est la masse, la majorité en place. Tout s'y perd à la longue[2]. »

1. Fernand Braudel, *L'Identité de la France*, *Les Hommes et les Choses*, première partie Arthaud-Flammarion, 1990, p. 208.

2. *Ibid.*, p. 67.

Introduction

Ce dimanche 19 octobre 1986, vers 7 heures du matin, le téléphone sonne à mon domicile, à Paris. Je suis encore couché, mais comme j'ai appris depuis six mois qu'il n'y a pas vraiment de dimanche ou de jour férié pour le chef de cabinet d'un ministre en charge de la Sécurité, je décroche. C'est Robert Pandraud lui-même, que je sais matinal, qui me demande : « Qui sont ces 101 Maliens ? » Et de m'inviter à écouter la radio où l'information tourne déjà en boucle et où fleurissent les commentaires critiques.

Je comprends que ce n'est pas ce jour-là que je ferai la grasse matinée. Je comprends aussi que Robert Pandraud doit aviser son ministre de tutelle, Charles Pasqua, en déplacement officiel à la Réunion, de l'onde de choc politique et médiatique provoquée par ce qui n'était au départ qu'une simple opération de police, rendue possible par une loi du 9 septembre 1986 et approuvée dans son principe par les ministres depuis plusieurs jours. Je comprends enfin que je m'apprête à connaître mon baptême du feu : pendant deux mois vont se succéder au Parlement les séances de questions d'actualité au cours desquelles les deux ministres seront sur le gril alors que la presse a trouvé un sujet de feuilleton. En parallèle, il me faudra gérer, avec les préfets et le directeur des affaires juridiques du ministère, les recours contentieux déposés par les avocats des étrangers éloignés du territoire français.

La gauche, défaite aux élections législatives, malgré l'instauration quelques mois plus tôt d'un mode de scrutin intégralement proportionnel censé lui offrir une planche de salut, a pour la première fois l'occasion de mettre en difficulté le gouvernement. Et sur une question clef qui bouscule depuis plusieurs années la vie politique française : l'immigration. Trois ans plus tôt, aux élections municipales, le Front national fondé par Jean-Marie Le Pen a créé la surprise en enlevant au Parti socialiste la ville de Dreux.

Plus de trente ans ont passé. La droite et la gauche de gouvernement sont affaiblies, le Front national a déjà été présent deux fois au second tour d'une élection présidentielle et la question de l'immigration, à laquelle j'ai consacré plusieurs périodes de ma vie professionnelle, semble aujourd'hui éclipsée par les défis que posent à la France la crise de la covid-19 et ses conséquences économiques et sociales. Je suis convaincu qu'elle est pourtant toujours présente dans l'esprit de beaucoup de nos concitoyens alors même qu'Emmanuel Macron et son gouvernement ne se sont intéressés au sujet, quelques mois avant cette crise, que pour affirmer leur volonté d'élargir la liste des métiers ouverts à l'immigration professionnelle, perspective qui paraîtrait désormais surréaliste dans une France menacée d'une augmentation sans précédent du chômage.

Jeune sous-préfet en fonction à Pontoise, j'avais été appelé en mars 1986 à rejoindre le cabinet du ministre délégué à la Sécurité, Robert Pandraud. Parallèlement aux activités traditionnelles d'un chef de cabinet, je m'étais intéressé aux questions juridiques qui sont souvent d'une grande importance quant à l'organisation de la sécurité publique et j'étais devenu, à ce titre, le correspondant de la direction des libertés publiques et des affaires juridiques.

J'ai donc suivi avec attention les préparatifs du renvoi au Mali, le 18 octobre 1986, de ressortissants de ce pays interpellés dans plusieurs départements de la région parisienne et notamment en Seine-Saint-Denis. Le hasard a voulu qu'au moment où était prévu le départ de l'avion le nombre des clandestins dont le dossier était administrativement « ficelé » s'établisse à 101. Et c'est à moi, présent place Beauvau ce samedi en fin d'après-midi, que le directeur de cabinet du préfet de police, Gilles Sanson, demanda vers 17 heures la confirmation de l'ordre de départ. Ce fut le premier « charter », qui suscita dans une partie de l'opinion publique une grande émotion, notamment à gauche, alors qu'il n'était pourtant que l'application de la loi dans une grande métropole comptant un nombre important d'étrangers en situation irrégulière. Sans doute, cette émotion fut exploitée, en vue de sa réélection moins de deux ans plus tard, par François Mitterrand. Mais la formule allait se généraliser, signant ainsi la conversion au réalisme d'une partie de la gauche, et les ministres de l'Intérieur socialistes y eurent recours à leur tour sans barguigner.

Vingt-cinq ans plus tard, c'est dans une parfaite indifférence médiatique et politique que, dans mes fonctions de préfet de la région Aquitaine, je supervisais deux fois par mois l'organisation par la police aux frontières de vols à destination de la Bulgarie puisque aussi bien Bordeaux abritait à la fin des années 2000, sur plusieurs de ses friches industrielles, des campements de ressortissants bulgares démunis de tout droit au séjour, qu'il convenait périodiquement de vider en reconduisant les intéressés dans leur pays. La formule a aujourd'hui une dimension internationale puisque l'agence spécialisée dans le contrôle des frontières extérieures de l'Union européenne, Frontex, organise régulièrement, pour plusieurs États membres à la fois, des vols dits « groupés » de retour d'étrangers en situation irrégulière.

C'est aussi lors du passage au ministère de l'Intérieur de Charles Pasqua et de Robert Pandraud que fut approuvé le principe du développement de l'application informatique de gestion des dossiers des ressortissants étrangers en France (AGDREF) qui sera officiellement créée en 1993[1] après validation par la Commission nationale de l'informatique et des libertés et le Conseil d'État. C'est Richard Castera, mon tout premier « patron » dans ce ministère, qui est à l'origine de ce fichier, seul à renseigner de façon irréfutable sur la régularité du séjour d'un étranger en France. Les statistiques annuelles de délivrance des titres de séjour en sont l'un des sous-produits les plus importants. Dans ce livre, je ferai souvent référence à ces statistiques qui sont, avec le recensement et les autres études conduites par l'Insee, l'une des principales sources de renseignement sur la population étrangère en France et, par suite, sur l'immigration.

---

1. Décret du 29 mars 1993 portant création d'un système informatisé de gestion des dossiers des ressortissants étrangers en France.

Je participerai ultérieurement aux décisions nécessaires à la modernisation[1] de cette application pour faciliter sa consultation par d'autres administrations que le ministère de l'Intérieur ainsi que l'introduction dans les documents relatifs aux étrangers (visas, titres de séjour...) des données biométriques de nature à permettre leur identification certaine. Ce processus était essentiel pour lutter contre l'immigration clandestine et les fraudes à l'identité.

C'est tout naturellement qu'en mai 1988 je me portai candidat au remplacement, au sein du ministère de l'Intérieur, du sous-directeur des étrangers et de la circulation transfrontière qui partait à la retraite. Dans ces fonctions que j'ai occupées pendant presque trois ans, j'ai découvert les particularités du droit des étrangers, exploré les arcanes des ministères qui se partageaient la gestion des étrangers en France et acquis la maîtrise des procédures qui participent en France du contrôle des mouvements migratoires. J'y ai connu des hommes et des femmes que je retrouvai vingt ans plus tard lorsque je proposai à Brice Hortefeux la fusion dans une même administration des services compétents à l'égard des étrangers des ministères de l'Intérieur, des Affaires sociales et des Affaires étrangères.

C'est aussi à ce moment-là que je rencontrai Jean-Marc Sauvé. Passé par le cabinet de Robert Badinter, il devint directeur des libertés publiques et des affaires juridiques quelques semaines après ma nomination comme sous-directeur. Malgré nos différences de sensibilité politique, il fut envers moi d'une grande élégance morale et nous avons conservé des liens d'amitié. C'était un bourreau de travail, ce qui n'était pas pour me déranger, et il mettait sa grande connaissance du droit et de la jurisprudence au service d'une vision stratégique de l'immigration, ce qui n'est pas fréquent chez les juristes. Le cabinet du nouveau ministre de l'Intérieur choisit néanmoins de m'écarter de la discussion au Parlement du projet de loi que Pierre Joxe souhaitait porter pour tourner la page des « années Pasqua ». Sans doute parce que j'avais été membre du cabinet précédent. Marque évidente de défiance, cette singulière décision aurait

1. Décret du 8 décembre 2009 modifiant le code de l'entrée et du séjour des étrangers et du droit d'asile et relatif au système informatisé de gestion des dossiers des ressortissants étrangers en France.

pu affaiblir mon autorité sur mes collaborateurs. Mais elle me rendit libre pour la suite et m'ouvrit de nouveaux horizons professionnels : je profitais du temps dont je disposais ainsi pour étudier avec beaucoup de soin les dossiers en cours de discussion au niveau européen. De là vient sans doute l'intérêt qui a toujours été le mien pour la négociation d'accords internationaux en matière d'immigration. Je participai donc activement, sous l'autorité de Jean-Marc Sauvé, aux négociations qui aboutirent à la signature, à vingt-quatre heures d'intervalle, le 14 juin 1990, de l'accord complémentaire à l'accord de Schengen et, le lendemain, de la convention de Dublin.

De cette première période de ma vie professionnelle, je retiens d'abord que la question de l'immigration était moins prégnante qu'elle ne l'est aujourd'hui. La lutte contre l'immigration clandestine n'était pas une priorité pour François Mitterrand qui se préoccupait davantage des droits des étrangers et agitait périodiquement, sans jamais passer aux actes, le projet de leur conférer le droit de vote, sans doute dans l'espoir d'affaiblir l'opposition en faisant prospérer le Front national. Les préfets l'avaient bien compris et ma sous-direction peinait à mobiliser les agents des préfectures. Tout au plus parvenions-nous à organiser pour les collaborateurs des préfets – les secrétaires généraux de préfecture – des réunions destinées à leur présenter une nouvelle législation qui compliquait singulièrement leur tâche. Une première poussée du nombre des demandes d'asile inspira toutefois à Michel Rocard en 1989 sa fameuse formule selon laquelle « la France ne peut pas accueillir toute la misère du monde », ce qui le conduisit à supprimer le droit au travail des demandeurs d'asile au motif qu'il rendait la France trop attractive. L'apparition d'un chômage structurel minait déjà en profondeur les ressorts de notre politique d'intégration des immigrés, mais le débat sur le voile masquait l'ampleur des difficultés à venir.

De cette période, je retiens aussi que l'absence de volonté politique était d'autant plus dommageable que les structures administratives en charge de l'immigration n'étaient pas pertinentes. La rédaction d'une simple circulaire exigeait en général l'accord des trois ministères concernés : Intérieur, Affaires étrangères et Affaires sociales. Les fonctionnaires passaient plus de temps à se concerter qu'à agir et le Premier ministre à arbitrer entre ses ministres qu'à définir une politique audacieuse et libérée de la gangue idéologique propre au Parti socialiste. La négociation des accords internationaux mobilisait alternativement comme chef de file le Quai d'Orsay ou l'Intérieur, ce qui n'était pas un gage d'efficacité, même si Isabelle Renouard, alors directrice des Français à l'étranger et des étrangers en France au Quai d'Orsay, avait à cœur d'aplanir les difficultés et de permettre à la France de défendre au mieux ses positions face à nos partenaires européens.

* *
*

L'immigration électrise périodiquement le débat public en France. Parfois même, elle divise chacun d'entre nous au plus profond de son être. C'est une des raisons pour lesquelles j'ai fait figurer en exergue de ce livre deux citations du grand historien français Fernand Braudel, tirées d'un ouvrage publié il y a trente ans et qui fait toujours référence, dont l'une dit l'inquiétude qu'il perçoit chez nos concitoyens et qu'il partage face à une immigration qu'il qualifie lui-même de « massive, prolétarienne[1] » et dont l'autre dit sa certitude que, dans la longue durée, l'immigration se perdra peu à peu « dans la masse des populations déjà installées[2] ». Comme Fernand Braudel, chaque lecteur, chaque Français est souvent partagé entre ces deux sentiments.

Mais l'irruption périodique de l'immigration dans le débat public se fait le plus souvent à partir de données anciennes, incomplètes ou habilement maquillées. À titre d'exemple, l'affirmation selon laquelle le regroupement familial représenterait la part la plus importante de l'immigration en France ne correspond plus à la réalité et conduit les partis politiques à explorer des solutions qui seraient largement inopérantes si elles étaient mises en œuvre. De la même manière, les difficultés croissantes d'intégration des nouveaux immigrés ou des descendants d'immigrés, dont beaucoup de nos concitoyens sont les témoins au quotidien, ont été occultées par des

1. L'Identité de la France, t. III, *Les Hommes et les Choses*, *op. cit.*, p. 206.
2. *Ibid.*, p. 67.

slogans politiquement corrects comme celui de la « France black blanc beur » inspiré par l'épopée sportive de l'équipe de France de football de 1998. Ce slogan ne dura que le temps d'un été et ne reflète plus la vie des ghettos que sont devenus de nombreux quartiers où règnent l'économie souterraine, le communautarisme et la haine à l'encontre des policiers, des pompiers et même des médecins dont beaucoup n'osent plus s'y aventurer. Mais il a dispensé les responsables politiques de concevoir une politique d'intégration volontariste pourtant indispensable.

Des réalités qui jouent un rôle décisif dans l'immigration d'aujourd'hui sont par ailleurs totalement absentes du débat public. À titre d'exemple, le fait que le législateur, qui modifie au moins tous les deux ans les conditions d'entrée et de séjour en France des étrangers, n'exerce ainsi d'influence que sur la moitié des immigrés, l'autre moitié étant régie par des accords bilatéraux signés par la France, n'est connu que de quelques experts et des agents des préfectures qui appliquent tous les jours ces accords.

Enfin, l'Union européenne est, comme à l'habitude, caricaturée. D'aucuns fustigent l'« Europe passoire » comme si de gros progrès n'avaient pas déjà été accomplis s'agissant du contrôle des frontières extérieures ou de la délivrance des visas. D'autres critiquent l'« Europe forteresse », mais sont cependant prompts à dénoncer le « plombier polonais » ou le travail détaché. Et bien peu de nos responsables politiques ont le courage d'expliquer à nos concitoyens que l'Europe ne peut pas tout et que les différences démographiques entre les pays de l'Union européenne rendent impossible la politique commune d'immigration que certains appellent pourtant de leurs vœux.

La première ambition de ce livre est donc de dresser, en privilégiant les faits, un tableau aussi complet que possible de ce qu'a été l'immigration en France pendant les vingt premières années du XXIe siècle, en la replaçant dans le contexte européen. Et d'en finir, ainsi, avec le déni soigneusement orchestré par quelques démographes ayant pignon sur rue qui tentent de cacher aux Français la réalité de la vague migratoire qui affecte notre pays. Ils soulignent que notre solde migratoire est faible et que plusieurs pays européens accueillent aujourd'hui plus d'immigrés que la France, en valeur absolue ou en rapportant ce nombre à leur population. Mais ils oublient de préciser que, si notre solde migratoire est faible, ce n'est pas parce que l'immigration est peu nombreuse, mais bien plutôt parce que la France est aujourd'hui le théâtre tout à la fois d'une immigration massive et d'une forte émigration. Ils passent aussi sous silence que la France est, depuis plus de cent cinquante ans, une terre d'immigration, à la différence de la plupart de nos voisins européens, ce qui n'est pas sans conséquence sur nos capacités respectives d'accueil.

En écrivant ce livre sur un sujet que peu abordent avec sérénité, je m'expose évidemment à la critique et même à la polémique. Mais je ne crains ni l'une ni l'autre. À mes éventuels contradicteurs, je réponds par avance que la seule critique qui me toucherait serait celle qui procéderait d'une réfutation des faits sur lesquels je me suis appuyé. Je la crains d'autant moins que je me suis d'abord et avant tout efforcé de rassembler et de mettre en perspective des données publiques dispersées dans des études ou des analyses qui n'abordaient la question de l'immigration que sous un angle particulier. La compréhension de l'immigration exige une vision transversale à laquelle j'ai voulu apporter ma contribution.

J'ai également voulu rendre hommage aux agents avec lesquels j'ai travaillé à plusieurs reprises dans ma carrière professionnelle sur ces questions. C'est à eux que j'ai choisi de dédier cet ouvrage. Leurs opinions politiques étaient diverses. Mais beaucoup avaient la passion de leur métier et ont choisi de consacrer une grande part de leur carrière au service de l'État. Lorsque j'ai été nommé en 2005 secrétaire général du comité interministériel de contrôle de l'immigration à l'initiative de Dominique de Villepin et de son directeur de cabinet, Pierre Mongin, j'ai retrouvé beaucoup des fonctionnaires que j'avais connus entre 1988 et 1990 à la sous-direction des étrangers et de la circulation transfrontière du ministère de l'Intérieur. Ils étaient restés fidèles aux sujets d'immigration. Ils y ont eu quelque mérite. Les changements fréquents de politique qui ont été la marque de notre pays en matière de gestion migratoire depuis quarante ans les ont souvent conduits à défaire brutalement et pour quelques années ce qu'ils avaient patiemment construit au cours des années précédentes. « Grandeurs et servitudes de la fonction publique ! »

me dira-t-on. Certes, mais il est des politiques publiques qui ont été moins affectées par les alternances que celle de l'immigration. De surcroît, la politique migratoire s'exécute dans un contexte souvent hostile où les décisions prises par les pouvoirs publics voient leur mise en application contestée ou contrariée soit par les immigrés eux-mêmes, soit par leurs États d'origine, soit enfin par des associations plus ou moins responsables. Je le savais depuis 1986 et j'en eus confirmation en 1996 lorsque Alain Juppé, dont j'étais le conseiller, prit la décision de faire évacuer l'église Saint-Bernard occupée par des clandestins.

Si, malgré ces difficultés, les agents publics que j'ai côtoyés ou dirigés ont fait preuve d'un tel attachement à leurs fonctions, c'est parce que la politique migratoire qu'ils étaient appelés à mettre en œuvre affectait des hommes et des femmes et pas seulement des flux financiers ou matériels. C'est aussi parce que la conception et l'application d'une telle politique fournissent une clef de lecture des évolutions de la société française et des relations entre la France et de nombreux pays. Cette double circonstance aide à surmonter les états d'âme qui peuvent naître au quotidien des péripéties procédurales ou contentieuses. Elle aide aussi à sublimer le désarroi provoqué par l'absence d'une politique ambitieuse et déterminée, illustrée jusqu'à la caricature par le manque d'autorité d'un président de la République incapable de trancher avec efficacité une question de reconduite à la frontière – celle d'une jeune Kosovare prénommée Leonarda – qu'il aurait dû laisser à la sage appréciation du préfet compétent.

La frustration parfois ressentie par les acteurs de la politique d'immigration est au demeurant plus fondamentale.

Elle n'est pas seulement liée au fait qu'ils éprouvent périodiquement le sentiment de faire un « métier de chien » avec son lot de permanences de fin de semaine, de succès ou de défaites juridiques, de manque de moyens et enfin de révolte intérieure contre la mauvaise foi de certains de leurs interlocuteurs ou les drames qui jalonnent le parcours de vie des immigrés. Elle vient surtout de ce que la politique d'immigration vise d'abord à maintenir les équilibres de la société française face à des données qui lui sont extérieures – la démographie des pays d'origine, les guerres qui les déchirent, la misère qui les caractérise – et que cette recherche de l'équilibre est toujours à recommencer. Avec l'immigration, on n'a jamais fini. La figure par excellence de la maîtrise de l'immigration est celle du rocher de Sisyphe.

Agents de préfecture ou de la direction générale des étrangers en France, policiers, gendarmes ou douaniers, juges administratifs ou judiciaires, tous participent d'une chaîne de conception et d'action qui vise à affirmer l'autorité de l'État dans une matière qui relève par excellence de son pouvoir régalien. Tous peuvent être fiers de leur engagement professionnel. Leur métier leur vaut parfois des attaques publiques. J'ai oublié le nom de l'association qui avait cru bon de publier, photographies à l'appui, un Livre noir des préfets appliquant la politique d'immigration de Nicolas Sarkozy et dans lequel je figurais évidemment en bonne place. Cet épisode me permit seulement de mettre en pratique la célèbre formule de Chateaubriand selon laquelle « il faut être économe de son mépris en raison du grand nombre de nécessiteux ».

Grâce à Nicolas Sarkozy et à Brice Hortefeux, j'ai eu la chance, vingt ans après ma première expérience administrative dans ce domaine, de pouvoir à nouveau exercer des fonctions de responsabilité en tant que secrétaire général du ministère de l'Immigration, de l'Intégration, de l'Identité nationale et du Codéveloppement. J'avais été préparé à cette mission par l'animation entre 2005 et 2007 des travaux du comité interministériel de contrôle de l'immigration. À la tête d'une petite équipe, j'avais pu alors, en bonne intelligence avec les cabinets ministériels concernés et notamment avec Henri-Michel Comet, Jacques Gérault ou Guillaume Larrivé, proposer des réformes inspirées de mon expérience antérieure. Ma liberté d'initiative, de conception et de proposition était d'autant plus grande que je n'avais pas de responsabilité opérationnelle comme j'ai pu en avoir à partir de mai 2007.

De cette seconde période, je retiens d'abord que la volonté politique est déterminante. Nicolas Sarkozy fut le seul président de la République à porter une vision d'ensemble de sa politique migratoire, vision qu'il a théorisée, avec les précieux conseils d'Emmanuelle Mignon et de Maxime Tandonnet, sous l'appellation d'« immigration choisie » et présentée en mai 2005 lors d'une convention de l'UMP tenue à l'Assemblée nationale. Cette vision d'ensemble conjuguée à un tempérament politique qui le portait à faire mouvement lui a permis de transformer la politique d'immigration de notre pays. Je montre dans ce livre que plusieurs des volets de cette politique n'ont pas été remis en cause par ses successeurs. Nicolas Sarkozy avait été à bonne école puisque je l'ai rencontré pour la première fois dans les couloirs de la Place Beauvau lorsque Charles Pasqua était ministre de l'Intérieur entre 1986 et 1988. Je n'ai jamais oublié que, dès son premier passage au ministère de l'Intérieur, Charles Pasqua avait eu l'intuition qu'une politique d'immigration digne de ce nom passait par des accords avec les pays d'origine et notamment avec les pays africains. Nicolas Sarkozy a su s'en souvenir.

Je retiens aussi que, derrière la mousse médiatique des débats politiques passionnés dont la France a le secret, certaines réformes s'inscrivent dans la durée. Certes le ministère dédié à l'Immigration a été supprimé en 2011, mais la fusion en une seule administration des services en charge des étrangers n'a été remise en cause par aucun des successeurs de Nicolas Sarkozy. Il y a désormais, au ministère de l'Intérieur, un pilote dans l'avion, même si le plan de vol laisse parfois à désirer. Des réformes de fond ou de procédure, portées par Brice Hortefeux, comme la création du visa de long séjour valant titre de séjour qui simplifie beaucoup la vie des étrangers désireux de s'installer en France tout en allégeant la tâche des préfectures ou encore la déconcentration des décisions de rejet des demandes de naturalisation, ont survécu à deux alternances. Je n'en ai que plus de regrets d'avoir vu d'autres réformes abandonnées alors que je continue à penser qu'elles étaient utiles à notre pays. Ainsi des tests ADN abandonnés en septembre 2009 et du jour au lendemain par le successeur de Brice Hortefeux, Éric Besson, alors que le Conseil constitutionnel les avait validés et qu'ils pouvaient participer d'une meilleure maîtrise de l'immigration familiale. Ainsi de la politique de codéveloppement enterrée après 2012 par Pascal Canfin, ministre délégué au Développement des débuts du quinquennat de François Hollande. Je continue pourtant à penser qu'une politique globale de l'immigration doit faire toute sa place à l'aide au développement des pays sources d'immigration et qu'il est légitime et nécessaire de lier les deux sujets si l'on veut construire un partenariat de confiance entre les pays d'accueil et les pays d'origine. C'est au demeurant le credo de l'Union européenne.

De 2005 à 2009, j'ai participé avec beaucoup d'agents publics à une belle aventure administrative adossée à un dessein politique sans précédent. Ce qui nous animait et nous anime encore était la conviction que la maîtrise de l'immigration est indispensable à l'équilibre de la société française et qu'elle doit se construire avec autorité, dans le respect du droit et dans un partenariat fécond avec les autres pays de l'Union européenne et les pays d'origine des immigrés.

Ce livre n'est pour autant ni un plaidoyer *pro domo*, ni un livre de souvenirs, ni un traité de l'immigration. Je ne suis ni historien, ni journaliste, ni démographe, ni sociologue. Mais j'ai été, avec mes équipes, un des acteurs de la politique d'immigration conduite en France depuis deux générations et je crois que le témoignage des hommes d'action peut être utile au débat.

Depuis que la politique d'immigration choisie a été conçue en France, en 2005, beaucoup de choses ont changé en Europe, mais aussi en Afrique et au Moyen-Orient, les deux régions du monde à l'origine de l'essentiel de l'immigration en France. Ce livre décrit les tendances lourdes de l'immigration en France au cours des vingt dernières années. Ma conviction est que la poursuite de ces tendances menacerait l'équilibre de la société française. Mais le lecteur ne se contentera pas de l'expression de cette conviction, qu'il la partage ou non. Il attend aussi de l'auteur qu'il formule des propositions.

Je mesure la difficulté de l'exercice. D'autant qu'aux changements démographiques, économiques, sociaux ou religieux qui ont imprimé depuis vingt ans un nouveau cours à l'immigration est venue s'ajouter, avec une brutalité inouïe, la rupture que représente la crise sanitaire de la covid-19. Fermeture des frontières, explosion du chômage dans les pays occidentaux, aversion accrue au risque, autant de conséquences de cette crise dont on ignore, au moment où j'écris ces lignes, si elles seront durables. Il est d'ores et déjà acquis que l'année 2020, du point de vue des statistiques de l'immigration, ne ressemblera à aucune des vingt précédentes. Les tentatives de franchissement illégal des frontières extérieures de l'Union européenne par exemple ont beaucoup diminué au second trimestre 2020. Le nombre des demandes d'asile a fortement chuté. Les services des préfectures en charge des étrangers ont fermé leurs portes et les éloignements des clandestins ont été rendus plus difficiles par la paralysie du trafic aérien et les exigences des pays d'origine quant à l'absence de contamination des étrangers faisant l'objet d'une reconduite à la frontière.

On ne saura qu'en 2021 si les flux migratoires et les décisions administratives qui les accompagnent auront été affectés de façon durable par la crise sanitaire et économique. À la fin juin 2020, le gouvernement s'est seulement dit soucieux de mieux réguler le phénomène des travailleurs détachés. Mais aucune réflexion d'ensemble n'a été entreprise quant à l'opportunité d'une révision de notre politique d'immigration au regard de ce que d'aucuns ont appelé pompeusement le « monde d'après ». Cette politique n'échappera pourtant pas à la recherche d'un nouvel équilibre qui s'impose à la société européenne. En fragilisant cette société, la crise sanitaire et la crise économique ont rendu plus nécessaire encore que par le passé la maîtrise de l'immigration. Dans un contexte incertain, il faut faire mouvement pour trouver l'équilibre. C'est l'esprit des propositions formulées par ce livre.

1

Une puissante vague migratoire

L'immigration en France est difficile à mesurer. Contrairement à d'autres pays européens, la France ne tient pas de registre de sa population et notamment de sa population étrangère. Probablement à cause des souvenirs de la Seconde Guerre mondiale et de la persécution des Juifs et des autres réfugiés en provenance d'Allemagne et d'Europe centrale. Ce sont, pour l'essentiel, les mêmes raisons qui expliquent que notre pays se refuse à mettre en place le recueil d'informations qui lui permettrait de disposer de statistiques ethniques. Ceux qui expliquent que les conditions d'accueil en France des ressortissants étrangers et, de façon plus générale, des immigrés ne sont pas satisfaisantes sont les mêmes qui s'opposent farouchement à l'introduction des statistiques ethniques et qui se dresseraient demain contre toute initiative parlementaire tendant à obliger les personnes résidant en France à s'inscrire sur des registres de population. On ne peut que le regretter. La mémoire des événements les plus dramatiques de notre histoire n'est pas toujours bonne conseillère. La parole critique des opposants aux politiques d'immigration et d'intégration est souvent disqualifiée par leur refus que la France se donne, en ce début du XXIe siècle, les moyens de connaître avec précision les caractéristiques de la population étrangère ou d'origine étrangère présente sur son territoire.

Pour gérer un problème, il faut en connaître toutes les données : la politique d'immigration n'échappe pas à cette règle de bon sens.

Pour écrire ce livre, j'ai rencontré ou lu des statisticiens et des démographes qui s'intéressent à la question de l'immigration. Peu nombreux, ils s'opposent parfois entre eux de manière virulente, mais pourraient s'accorder sur le constat que leurs moyens matériels sont insuffisants, voire ridicules par rapport à leurs collègues d'autres pays occidentaux. Alors que le débat sur l'immigration est vif, la France connaît mal les phénomènes migratoires dont elle est l'objet. Avant même de s'interroger sur l'opportunité qu'il y aurait à tenir des statistiques ethniques, il faudrait commencer par améliorer la collecte et l'exploitation des informations sur la nationalité des personnes. J'y reviendrai pour formuler des propositions précises.

* *
*

En l'absence de registres qui seuls permettraient de mesurer avec précision les flux d'entrée et de sortie du territoire, deux instruments principaux sont aujourd'hui utilisés pour cerner la réalité des phénomènes migratoires en France. Et ils présentent l'un et l'autre de gros défauts.

Le premier est la statistique annuelle de délivrance des titres de séjour par le ministère de l'Intérieur. J'y ferai fréquemment référence. Lorsque j'étais secrétaire général du comité interministériel de contrôle de l'immigration, je me suis efforcé, avec mon équipe, d'améliorer l'outil en 2005 et 2006.

Cette statistique ne s'intéresse qu'aux étrangers pour la seule France métropolitaine. Elle ne prend en compte ni les mineurs de moins de 18 ans qui ne sont pas astreints, sauf s'ils travaillent, à la possession d'un titre de séjour, ni les étrangers auxquels ne sont délivrées que des autorisations provisoires de séjour : c'est le cas notamment des demandeurs d'asile. Ce « trou dans la raquette » de l'information relative aux flux migratoires pouvait passer pour un détail il y a vingt ans, mais, depuis trois ans, ce sont plus de 100 000 demandeurs d'asile qui arrivent en France chaque année. En outre, depuis 2004, les ressortissants de l'Union européenne ne sont plus astreints à l'obtention d'un titre de séjour lorsqu'ils s'installent en France en application du principe de libre circulation et seule une petite minorité d'entre eux se font délivrer un tel titre. Cette statistique est donc partielle. Mais, pour les étrangers en provenance de pays dits « tiers » (pays autres que la Suisse et n'appartenant ni à l'Union européenne ni à l'Espace économique européen), elle a du sens à condition de la combiner avec l'évolution du nombre des demandeurs d'asile.

Elle nous révèle que l'immigration, ainsi mesurée, s'est accrue fortement dans notre pays depuis le début des années 2000, comme l'illustre le tableau ci-dessous :

Nombre de titres de séjour délivrés par la France
à des ressortissants de pays tiers

Année	Nombre
2000	149 982
2007	171 907
2011	193 054
2013	205 393
2018	258 929
2019	274 676 (donnée provisoire)

Le nombre de titres délivrés en 2019 est donc supérieur de 83 % au nombre de titres délivrés en 2000. Et depuis 2007, ce nombre progresse d'année en année, quelle que soit la majorité politique au pouvoir. Il suffit, pour mesurer l'ampleur de cette augmentation, de la comparer avec celle de l'ensemble de la population française qui s'établit à 10,7 % sur la même période.

Au vu de ce premier indicateur, notre pays est confronté depuis le début du siècle à une nouvelle et puissante vague migratoire. Les analyses conduites par Mme Michèle Tribalat[1], mais aussi par des universitaires moins engagés dans le débat médiatique[2] montrent que d'autres indicateurs confirment ce constat.

Dans le même temps, le nombre total des demandeurs d'asile est passé de 39 775 en 2000 à 132 826 en 2019. Soit une multiplication

1. « Statistiques sur les flux d'"entrées" » (http://www.micheletribalat.fr/436796818) et « Immigration en 2018. Bilan provisoire en juin 2019 » (www.micheletribalat.fr/442783688).

2. « L'évolution démographique récente de la France : une singularité en Europe ? », par Didier Breton, Nicolas Belliot, Magali Barbieri, Hippolyte d'Albis et Magali Mazui, *Population*, 74 (4), 2019, 000-000, DOS : 16.39,17/popu. 1904.000 p. 1, 10 et s.

par 3,33 en vingt ans. Et, depuis 2014, ce nombre total progresse d'année en année, et là encore quelle que soit la majorité politique au pouvoir.

Une partie de ces demandeurs d'asile obtiennent ensuite un titre de séjour, soit parce qu'ils se sont vu reconnaître la qualité de réfugiés ou le bénéfice de la protection subsidiaire, soit parce qu'ils finissent par être régularisés pour divers motifs. On ne peut donc pas additionner le nombre des titres de séjour délivrés chaque année en France et le nombre de demandeurs d'asile, sauf à compter deux fois une partie des demandeurs d'asile. Mais l'explosion du nombre des demandeurs d'asile participe évidemment de la nouvelle vague migratoire à laquelle notre pays est confronté depuis le début du siècle.

Le second indicateur utile est l'estimation, à partir des données du recensement effectué par l'Insee, du nombre des immigrés en France.

Relevons d'abord que le champ du recensement n'est pas exactement le même que celui de la statistique de délivrance des titres de séjour du ministère de l'Intérieur : l'Insee s'intéresse à la France entière et pas seulement à la France métropolitaine, inclut les mineurs et ne limite pas son analyse aux étrangers ressortissants des pays tiers.

Selon la définition française (celle du Haut Conseil à l'intégration), un immigré est une personne née étrangère à l'étranger et résidant en France. Cette définition est différente de la définition internationale en ce qu'elle exclut les individus nés français à l'étranger et ayant ensuite rejoint la France. La définition française a le mérite de permettre une évaluation de la seule immigration étrangère.

Une partie des immigrés acquiert la nationalité française après son arrivée en France cependant que l'autre partie reste de nationalité étrangère, mais le seul fait d'être né à l'étranger en ayant, à sa naissance, une nationalité autre que la nationalité française suffit à définir un immigré. On peut donc être immigré sans être encore étranger et, à l'inverse, on peut être étranger sans être immigré si l'on est né en France de deux parents étrangers. Enfin, un descendant d'immigré est une personne née en France dont un des deux parents au moins est immigré.

Dans la période moderne, la plus ancienne des vagues d'immigration ayant touché la France a débuté en 1851, date à laquelle le pourcentage d'étrangers dans notre pays était de 1,06 (pour l'essentiel des Belges, des Italiens et des Allemands), ce pourcentage s'établissant à 2,66 en 1901.

Pour s'en tenir à une période plus récente, le pourcentage de la population immigrée en France a connu depuis un siècle une évolution contrastée.

Il a d'abord crû de manière sensible, passant de 3,8 en 1920 à 6,6 en 1932 avant de redescendre à 5 en 1946. Cette première phase a d'abord coïncidé avec une première vague d'immigration, principalement d'origine européenne (Italie et Pologne notamment), provoquée par les besoins de l'économie française pour compenser les pertes humaines de la Grande Guerre. Cette première vague s'interrompt à partir du début des années 1930 avec la mise en place de mesures restrictives et le retour dans leur pays d'origine d'une partie de ces immigrés et notamment des Polonais venus travailler dans les grands bassins miniers et sidérurgiques du nord et de l'est de la France.

En raison de la reconstruction de la France après la Seconde Guerre mondiale, la population immigrée a connu une spectaculaire augmentation, passant de 5 % en 1946 à 7,5 % en 1975, soit une augmentation de 50 %. Cette deuxième phase correspond à une deuxième grande vague migratoire en provenance d'abord de pays européens (Italie, Espagne, Portugal), mais aussi, et de plus en plus, des pays du Maghreb. Mais après 1975, le pourcentage de la population immigrée ne diminue pas : il reste stable jusqu'au début des années 2000. En effet, après l'interruption de l'immigration professionnelle décidée en 1974 par Valéry Giscard d'Estaing et Jacques Chirac, le relais est pris par l'immigration familiale.

Enfin, depuis le début des années 2000 s'est ouverte une troisième phase qui voit le pourcentage d'immigrés progresser à nouveau vivement, passant de 7,5 en 2000 à 9,7 en 2018.

La France n'a donc pas toujours été une terre d'immigration. Elle a connu, ce qui est différent, des vagues d'immigration successives en des temps où beaucoup d'autres pays européens étaient au contraire des pays d'émigration (songeons à l'Irlande, mais aussi à l'Italie ou à l'Espagne). La notion de vague migratoire est pertinente, car l'immigration n'a pas été continue. La première vague d'immigration (1921-1932) a été suivie d'un reflux brutal de 1932 à 1946. La deuxième vague (1946-1975) a été suivie d'une stabilisation qui a duré un quart de siècle.

Il reste que le pourcentage d'immigrés en France est passé en un siècle de 3,8 à 9,7. Et il a quasiment doublé depuis la fin de la Seconde Guerre mondiale. En affirmant qu'« on a toujours eu 10 à 14 % de la population qui était d'origine étrangère[1] », le président de la République se trompe ou cherche à tromper les Français.

Mais le constat que la France est le théâtre d'une nouvelle et puissante vague migratoire ne suffit pas à expliquer l'âpreté du débat politique. Pour la comprendre, il faut insister sur l'originalité de la vague d'immigration actuelle : **elle n'a plus aucun lien ni avec les besoins économiques du pays ni avec la dynamique de sa démographie et elle ne fait pas suite à un conflit militaire ayant creusé brutalement les rangs de sa population active**. Cette double caractéristique tranche avec les vagues d'immigration précédentes et alimente l'inquiétude d'une partie de nos concitoyens.

* *
*

Depuis plusieurs années, des voix s'élèvent pourtant en France pour nier l'importance du phénomène auquel notre pays est confronté. D'autres soutiennent en revanche qu'il préfigure ce qu'ils appellent le « grand remplacement ».

Le déni s'articule pour l'essentiel autour de quatre arguments fallacieux.

Balayons d'abord l'affirmation selon laquelle *le nombre de ressortissants étrangers en France resterait stable*. D'abord parce qu'elle procède d'une confusion entre la notion d'étranger et celle d'immigré et que, à la supposer exacte, elle ne serait pas de nature à remettre en cause le constat de la progression depuis vingt ans du nombre des immigrés en France. Ensuite parce que cette affirmation

1. Entretien dans *Valeurs actuelles*, 31 octobre 2019.

n'est pas exacte. La France comptait 1,7 million d'étrangers en 1946, soit 4,4 % de sa population totale. Elle en comptait 3,44 millions en 1975, soit 6,5 % de sa population totale, ce qui démontre, s'il en était besoin, l'ampleur de la vague migratoire correspondant, après la Seconde Guerre mondiale, à la période des Trente Glorieuses. Fin 2013, le nombre d'étrangers en France s'élevait à 4,2 millions, soit 6,38 % du total. De stabilité entre 1975 et 2013, il n'y eut donc qu'en pourcentage. Et cette stabilité du pourcentage des ressortissants étrangers dans la population française ne nous a rien dit de l'immigration. Elle nous a beaucoup dit en revanche de nos pratiques en matière d'accès à la nationalité française. En effet, cette stabilité traduisait seulement le fait que la dynamique des naturalisations effaçait des statistiques des ressortissants étrangers, année après année, une partie des immigrés. De surcroît, depuis peu, le nombre d'étrangers résidant en France a repris sa marche en avant : 4,7 millions d'après le recensement de 2018, soit **7,1 %** de la population totale. Au vu de l'emballement de la délivrance des titres de séjour à des étrangers depuis 2013, il n'y a là rien de surprenant.

Balayons aussi l'argument selon lequel *la vague migratoire qui touche la France depuis le début du siècle serait moins importante que celle des années 1960*. De 1960 à 1966, en pleine période de croissance de l'économie française, le nombre de titres de séjour délivrés à des étrangers s'est élevé à 1 257 651 (dont 636 955 ressortissants espagnols, portugais et italiens, soit plus de la moitié du total), c'est-à-dire une moyenne de 180 000 par an. Or, depuis 2011, le nombre de titres de séjour délivrés chaque année *aux seuls étrangers d'origine extra-européenne* est nettement supérieur à cette moyenne et s'est même établi à environ 260 000 pour les années 2017-2019.

Qu'à cela ne tienne, des démographes ayant pignon sur rue font assaut d'arguments pour relativiser l'importance de l'immigration. Ils soutiennent tout d'abord que *le nombre des immigrés en France, bien qu'en progression, serait inférieur à ce qu'il est dans beaucoup de pays occidentaux*. Et en effet la proportion de la population immigrée en France (9,7 % en 2018) est inférieure à celle constatée aux États-Unis (10,7 %), au Royaume-Uni (11,7 %) ou en Allemagne (12,7 %).

Mais cette approche passe d'abord sous silence le fait que la France est, à la différence de la plupart de ses voisins européens de taille comparable, un vieux pays d'immigration.

Si l'on s'intéresse en effet non plus au pourcentage de la population immigrée, mais à la proportion d'immigrés ou d'enfants d'immigrés, ce qui revient à prendre en compte les première et deuxième générations, la France se situe dans le peloton de tête des pays de l'OCDE. Cette proportion est en effet de 21 % par rapport à la population totale (et de 27 %[1] si on retient la définition internationale de l'immigré). **En France, les descendants d'immigrés sont plus nombreux que les immigrés, ce qui est une originalité en Europe**. Et si on laisse de côté des « petits pays » dont le revenu par tête est très supérieur à celui de la France (Luxembourg ou Suisse) ou des pays immenses dont la densité de population est très inférieure à celle de la France (Canada, Australie ou Nouvelle-Zélande) et qui ont recours à l'immigration de façon volontaire, force est de constater que c'est en France que l'immigration, mesurée sur deux générations, est la plus prégnante. Et ce constat serait encore plus net si l'on raisonnait sur trois générations[2].

De surcroît, la France est, de tous les pays européens, celui dont la démographie est la plus dynamique et donc celui qui a le moins besoin d'immigration. Deux indicateurs en témoignent.

D'abord l'indicateur conjoncturel de fécondité qui mesure le nombre d'enfants par femme en âge de procréer. En baisse depuis 2010 où il s'établissait à 2,03 enfants par femme, il était de 1,88 en 2017. Malgré cette baisse, la situation de la France est la meilleure en Europe : bien meilleure qu'en Allemagne où cet indicateur est de l'ordre de 1,55 et surtout qu'en Espagne ou en Italie où il est de l'ordre de 1,3. Dans ce dernier pays, la population active diminue depuis plusieurs années, ce qui n'est pas le cas en France.

L'autre indicateur est l'excédent des naissances sur les décès au cours d'une année, qu'on appelle aussi le « solde naturel ».

---

1. Rapport de France Stratégie pour l'Assemblée nationale, juillet 2019, p. 42 et 43.
2. Voir l'estimation, déjà ancienne, faite par Mme Michèle Tribalat de la population d'origine étrangère sur trois générations, pour les moins de 60 ans et en 2011, qui aboutissait à un pourcentage de 29,8 % (https://eps.revues.org/6073).

En France, le solde naturel est en baisse depuis quatre ans. En 2018, il s'est établi à 144 000, soit son plus bas niveau depuis 1945, contre 302 000 en 2006. Cette baisse s'explique par la baisse de l'indicateur conjoncturel de fécondité, la baisse du nombre de femmes en âge de procréer et, enfin, par l'arrivée à des âges de forte mortalité des générations nombreuses de *baby boomers*, ce qui augmente le nombre des décès. Mais chez beaucoup de nos voisins européens de taille comparable, ce solde naturel est structurellement négatif : c'est le cas en Allemagne depuis le début des années 1970 et c'est le cas aussi en Italie (– 150 000 !) et en Espagne.

La question se pose de savoir si la démographie française restera, par son relatif dynamisme, une exception en Europe. Si surprenant que cela puisse paraître s'agissant d'une science du long terme comme la démographie, les experts sont divisés, sans doute parce qu'ils ne raisonnent pas sur le même horizon. Certains[1] affirment que la France verra se réduire son solde naturel qui ne serait plus que de 100 000 au début des années 2030 avant de s'annuler, voire de devenir négatif vers 2045. D'autres[2] sont en revanche plus optimistes, au moins à court terme : selon eux, le rebond des naissances observé entre 2000 et 2007 augmentera mécaniquement l'effectif des femmes en âge de procréer et, donc, le nombre des naissances. Les élus locaux en charge de la construction des collèges et des lycées pourront confirmer cette prévision puisqu'ils ont déjà dû construire de nouveaux établissements pour faire face aux conséquences de ce « mini-*baby boom* ».

Quelles que soient les divergences entre experts sur l'évolution prévisible de notre solde naturel, **notre démographie est aujourd'hui plus dynamique que celle des autres pays européens et elle devrait le rester** au moins dans les dix prochaines années, c'est-à-dire à l'horizon de la conduite d'une politique d'immigration. C'est ce qu'affirme un collectif d'experts[3] qui soulignent que

1. François Héran, *Le Temps des immigrés. Essai sur le destin de la population française*, Seuil, coll. « La République des idées », 2007, p. 68.

2. « Non, la baisse de notre natalité n'est pas alarmante », par Hippolyte d'Albis, directeur de recherche au CNRS, *Les Échos*, 24 janvier 2018.

3. « L'évolution démographique récente de la France : une singularité en Europe ? », art. cit., p. 2, 22 et 24.

« la France est, avec l'Irlande, le seul pays dont les générations nées durant les années 1980 atteindront un niveau de fécondité assurant le renouvellement des générations (2,1 enfants par femme) » et qu'elle « reste une exception européenne ».

Que le pourcentage des immigrés dans d'autres pays européens soit plus fort qu'en France ne saurait donc justifier les insuffisances de notre politique de contrôle de l'immigration. S'en tenir à cette comparaison, en effet, c'est seulement faire le constat que ces pays dont la démographie est défaillante sont confrontés aujourd'hui à une vague migratoire plus importante que celle qui touche la France. Mais la situation de notre pays doit s'analyser au regard non seulement de cet indicateur, mais aussi de son passé migratoire et de son présent démographique. Parce que la France est, encore pour quelques années, la championne de la démographie européenne et parce qu'elle a déjà connu depuis cent cinquante ans plusieurs vagues d'immigration à la différence de ses principaux voisins, elle est une exception en Europe et doit faire preuve d'une vigilance particulière face à l'immigration.

Parmi les arguments des tenants du déni dont certains sont des apôtres de l'immigration figure aussi en bonne place la faiblesse de notre solde migratoire. *Celui-ci serait de l'ordre de 60 000 personnes par an, c'est-à-dire moins de un millième de la population française*. Et ce solde migratoire serait plus de deux fois inférieur au solde naturel qui resterait le principal moteur de la croissance démographique de notre pays. Ces deux affirmations ne sont pas fausses. **Malheureusement elles participent d'un tour de passe-passe intellectuel qui vise à minimiser l'impact de l'immigration sur la population de notre pays**.

En effet, le concept même de solde migratoire est ambigu.

Le concept est ambigu parce que sa dénomination peut laisser à penser qu'il s'agit de la différence entre le nombre des immigrés qui sont entrés en France au cours d'une année et le nombre des immigrés qui ont quitté notre pays au cours de la même année. Or tel n'est pas le sens de ce concept. Il n'existe d'ailleurs pas de définition simple du solde migratoire. Le solde migratoire est estimé par l'Insee, de manière indirecte, par différence entre l'évolution de la population mesurée entre deux recensements successifs et le solde naturel de l'année, déduit de l'état civil. Le solde migratoire prend donc en compte les mouvements non seulement des immigrés, mais aussi des Français quel que soit leur lieu de naissance et des étrangers nés en France. La meilleure illustration de cette ambiguïté est fournie par le fait que, au cours des soixante dernières années, l'année où le solde migratoire de la France a été le plus élevé est 1962, année du retour en France des rapatriés d'Algérie : cette année-là, le solde migratoire de la France a été de 860 000 personnes, et il ne viendrait à l'idée de personne de soutenir que ce phénomène était lié à l'immigration. Le solde migratoire n'est donc pas un indicateur de l'immigration. C'est le solde de l'immigration et de l'émigration affectant la France ou plus exactement des entrées et des sorties, quelle que soit la nationalité des personnes intéressées, ce qui n'est pas la même chose.

Pour mesurer la réalité de l'immigration en France, il faut disposer de données précises sur le nombre non seulement des entrées d'immigrés, mais aussi des sorties d'immigrés, c'est-à-dire sur le solde migratoire des immigrés. Elles existent[1], mais elles sont peu utilisées. Le débat public sur l'immigration est donc faussé et, chaque année, les experts s'affrontent sur la base de données chiffrées incomplètes ou biaisées alors qu'ils en connaissent les défauts.

Le concept de solde migratoire n'est pas seulement ambigu. Son calcul et l'analyse de ses composantes sont sujets à caution (voir annexe 1).

On ne peut que regretter une fois de plus que, à la différence des pays d'Europe du Nord (Norvège, Finlande, Danemark…), la France ne tienne pas de registre de population où l'inscription serait obligatoire pour bénéficier non seulement des prestations sociales, mais de façon plus générale de l'accès aux services publics.

Ces critiques méthodologiques ayant été posées, et avec toutes les précautions d'emploi qui en résultent, les données de l'Insee[2] sur le solde naturel et sur le solde migratoire sur la période 2006-2017 sont résumées par le tableau suivant :

1. *Insee Focus*, n° 145, 20 février 2019.
2. *Ibid.*

Année	Solde naturel	Solde migratoire	Solde migratoire des immigrés
2006	302 000	112 000	164 000
2009	276 000	32 300	133 000
2012	251 000	72 300	176 000
2015	205 000	40 900	188 000
2016	190 000	58 000	191 000
2017	163 000	58 000	191 000

Ce tableau comporte trois enseignements majeurs :

— Il confirme d'abord la formation, depuis le début des années 2000, d'une nouvelle vague migratoire. Le solde migratoire des immigrés, qui est égal à la différence, au cours d'une année, entre les entrées et les sorties d'immigrés, c'est-à-dire aux entrées nettes d'immigrés, est élevé. Il a progressé sur l'ensemble de la période : la moyenne des cinq dernières années (2013-2017) est de 190 000 immigrés supplémentaires par an alors que la moyenne des années 2006-2010 était de 143 000 immigrés supplémentaires par an.

— Si le solde migratoire reste relativement stable, c'est parce que le solde migratoire des non-immigrés se creuse de plus en plus. Ce solde négatif était de 52 000 personnes en 2006 et il s'est établi à 133 000 personnes en 2017 après avoir franchi un pic en 2014 (165 000 personnes). Les Français (ou les étrangers nés en France) sont de plus en plus nombreux à s'expatrier. **La France est plus que jamais une terre d'immigration, mais elle est devenue aussi une terre d'émigration.**

— Enfin, le solde migratoire des immigrés, qui représentait 54 % du solde naturel en 2006, lui est désormais supérieur. Le basculement s'est produit en 2016. Entre 2006 et 2016, en tenant compte des décès survenus sur le territoire, la croissance de la population immigrée a été de 1 096 000 personnes, contribuant ainsi pour un tiers à la hausse de l'ensemble de la population[1]. **Depuis 2016, l'immigration est le premier moteur de la croissance de la popu-**

1. *Ibid.*

lation de la France : elle y contribue davantage que l'évolution naturelle (c'est-à-dire l'excédent des naissances sur les décès) de la population résidant déjà en France. Même si notre pays ne fait ainsi que rejoindre l'immense cohorte des pays occidentaux dans lesquels l'apport net de l'immigration est plus grand que le solde naturel[1], il s'agit pour la France d'une rupture majeure qui a pourtant échappé à tout commentaire officiel. Cette rupture n'interroge pas seulement notre politique d'immigration, elle interroge aussi notre politique familiale.

Peut-on pour autant parler d'un « grand remplacement » ? Rappelons d'abord que ce concept n'est pas au départ une construction intellectuelle de l'extrême droite. Ce sont l'Onu et ses experts en projections démographiques qui ont introduit la notion de *replacement migration* en s'interrogeant, à la fin des années 1990, sur le vieillissement de la population des pays occidentaux et sur la possibilité de maintenir la population active de ces pays en ayant recours à l'immigration. Mais cette notion a aujourd'hui, dans le débat politique français, une connotation différente et qui participe du spectre de l'invasion de notre pays par une population extra-européenne. Aux tenants de cette thèse qui voudraient s'appuyer sur l'analyse que je présente, je souhaite simplement rappeler que le solde migratoire des immigrés, tel qu'il est évalué par l'Insee, inclut tous les immigrés, y compris les immigrés d'origine européenne, puisque les résultats du recensement qui servent de base au calcul de ce solde intègrent la présence en France des immigrés quelle que soit leur nationalité d'origine. Nos concitoyens n'ont pas besoin de se faire peur. Mais ils ont besoin de données objectives et les présenter est la seule ambition du premier chapitre de ce livre.

* *
*

1. « Demographic Changes and the Labor Income Share » (2019), par Hippolyte d'Albis, Ekrame Boubtane et Dramane Coulibaly, Paris School of Economics, Working Paper, n° 2019-46, https://halshs.archives-ouvertes.fr/halshs-02278765.

Au-delà des deux sources statistiques majeures que sont le nombre de titres de séjour délivrés chaque année et les recensements, trois autres indicateurs révèlent la puissance de la vague migratoire qui affecte la France depuis le début du siècle.

Le premier est le nombre de mineurs étrangers résidant en France. Dès lors qu'ils n'exercent pas d'activité professionnelle – et c'est le cas de la quasi-totalité d'entre eux – ils ne sont pas soumis à l'obligation de détenir un titre de séjour en France et échappent donc aux « radars » du ministère de l'Intérieur. Les mineurs sans famille déclarée en France (dits « mineurs non accompagnés ») en forment une sous-catégorie bien connue des services des départements puisqu'ils relèvent de l'aide sociale à l'enfance (ASE) gérée par ces collectivités territoriales. Le nombre de ces mineurs confiés aux départements sur décision judiciaire est passé d'environ 5 000 en 2014[1] à 15 000 en 2017[2] puis à plus de 40 000 à la fin de 2018[3].

Le deuxième est le nombre de travailleurs détachés. Effectuant des missions de courte durée, ils échappent aux statistiques de délivrance de titres de séjour. Ne résidant pas en France de manière permanente, ils échappent au recensement. Le nombre de missions effectuées à ce titre a été multiplié par cinq depuis dix ans pour s'établir à 250 000 en 2018 et leur impact sur le fonctionnement du marché du travail est considérable dans certains secteurs (bâtiment et travaux publics, transport routier, travaux agricoles…) et dans certaines régions (Sud-Ouest, Grand Est…).

Enfin, le nombre des clandestins est lui aussi en augmentation.

Pour des raisons évidentes, liées à la réticence des intéressés à se faire connaître de quelque autorité administrative que ce soit, leur dénombrement est impossible. Mais une estimation raisonnable peut être proposée.

1. Rapport de la mission bipartite de réflexion sur les mineurs non accompagnés (IGAS-IGA-IGJ-ADF), 15 février 2018, p. 24.

2. Direction de la protection judiciaire de la jeunesse, Rapport annuel d'activité 2018 « Mission mineurs non accompagnés », juin 2019.

3. Assemblée des départements de France, direction de la communication, Fiche Info, septembre 2019 (http://www.departements.fr/wp-content/uploads/2019/02/Fiche-info-MNA-septembre-2019.pdf).

En 2007, François Héran avait estimé qu'en moyenne 13 500 migrants illégaux étaient restés en France chaque année au cours des dix années ayant précédé la régularisation de 1997 orchestrée par Jean-Pierre Chevènement. Mais cette estimation est vite apparue comme obsolète, au regard notamment du nombre des régularisations décidées chaque année. Lorsque j'étais secrétaire général du comité interministériel de contrôle de l'immigration, j'avais proposé que figure dans le rapport annuel de cette instance le nombre des titres de séjour délivrés à des personnes entrées illégalement en France. En 2005[1], ce nombre s'est élevé à 31 600 contre 15 833 en 2001. Ce qui laissait déjà à penser que le nombre d'étrangers en situation irrégulière aurait plus que doublé au milieu des années 2000 par rapport à ce qu'il était entre 1987 et 1997.

Une autre approche consiste à évaluer le nombre des clandestins à partir du nombre des demandeurs d'asile déboutés et qui n'obtiennent pas la régularisation de leur situation administrative. L'exercice est complexe, mais une étude[2] qui conclut à ce qu'environ 60 % des déboutés obtiennent dans les dix ans qui suivent le rejet définitif de leur demande la régularisation de leur situation pourrait fournir une base utile, notamment si on veut bien la rapprocher du constat accablant fait en 2015[3] par la Cour des comptes selon lequel « plus de 96 % des personnes déboutées resteraient en France ».

La troisième et dernière approche a d'abord consisté à évaluer le nombre des clandestins comme égal au nombre des bénéficiaires de l'aide médicale d'État (AME) qui est, depuis le 1er janvier 2000, le seul mode de couverture des soins des personnes en situation irrégulière en France. Ce nombre était de 178 689 fin 2005 et de 318 106 en 2018. Mais cette évaluation a été progressivement remise en cause, car elle est apparue à bien des observateurs comme inférieure à la réalité :

— Il est établi que les personnes éligibles à l'AME n'en font pas systématiquement la demande. Le constat en avait été fait dès

1. Rapport du CICI (décembre 2006).

2. Hippolyte d'Albis et Ekrame Boubtane, « L'admission au séjour des demandeurs d'asile en France depuis 2000 », *Population & Sociétés*, n° 552, février 2018 (https://www.ined.fr/fichier/s_rubrique/27442/pop.soc_552.migration.asile.fr.pdf).

3. Cour des comptes, référé de juillet 2015 relatif à l'accueil et l'hébergement des demandeurs d'asile.

2007 par un rapport[1] de l'inspection générale des affaires sociales (IGAS) consacré à la gestion de l'aide médicale d'État, qui l'expliquait par le manque d'informations, l'absence de domiciliation, les délais d'attente ou la peur de sortir de la clandestinité. Selon une étude[2] plus précise réalisée à Paris et dans l'agglomération bordelaise en 2019 auprès d'environ 1 230 étrangers, seuls 51 % des migrants en situation irrégulière éligibles à l'AME utilisent ce dispositif. Si on extrapole au plan national les résultats de cette étude qui rejoint une intuition formulée dès 2005 par le ministre de l'Intérieur (alors Nicolas Sarkozy) lors d'une audition devant une commission d'enquête du Sénat sur l'immigration clandestine, on aboutit donc à une estimation du nombre des étrangers en situation irrégulière égale à deux fois le nombre des bénéficiaires de l'AME, soit environ 630 000.

— Dans leur rapport d'information de l'Assemblée nationale rendu en mai 2018 sur « l'évaluation de l'action de l'État dans l'exercice de ses missions régaliennes en Seine-Saint-Denis[3] », deux députés appartenant l'un à la majorité et l'autre à l'opposition, Rodrigue Kokouendo et François Cornut-Gentille, citent « les estimations reconnues comme “officielles” données par le directeur de l'immigration du ministère de l'Intérieur » qui évalue les étrangers en situation irrégulière en Seine-Saint-Denis à un « chiffre de 150 à 200 000 personnes [...] crédible, si l'on s'appuie sur le calcul consistant à multiplier par trois les 56 000 à 57 000 bénéficiaires de l'AME ». Au-delà du cas particulier de la Seine-Saint-Denis, il faut retenir de ce rapport que le ministère de l'Intérieur admet que l'évaluation du nombre des clandestins doit se faire en multipliant au moins par trois le nombre des bénéficiaires de l'AME.

Un double constat s'impose donc :

— Le nombre des bénéficiaires de l'AME a plus que doublé, passant de 145 000 en 2002, deux ans après l'entrée en vigueur du dispositif, à plus de 318 000 en 2018. Ce sont en quelque sorte les « clandestins officiels » !

---

1. https://www.vie-publique.fr/rapport/29087-la-gestion-de-laide-medicale-detat-mission-daudit-de-modernisation.

2. Étude « Premiers Pas » réalisée par l'Irdes et l'université de Bordeaux et rendue publique le 27 novembre 2019.

3. Rapport d'information n° 1014, « La République à reconstruire », p. 22 et 23.

— Un coefficient multiplicateur doit être appliqué au nombre des bénéficiaires de l'AME pour estimer le nombre des étrangers en situation irrégulière en France. Ce coefficient serait passé de 2 en 2005 à 3 aujourd'hui, ce qui pourrait notamment s'expliquer par la très forte progression du nombre des demandeurs d'asile ayant vu leur demande définitivement rejetée (les fameux « déboutés »). Le nombre des étrangers en situation irrégulière en France serait donc de l'ordre de 900 000.

La difficulté à évaluer le nombre des étrangers en situation irrégulière n'est pas sans conséquence sur la conduite des politiques publiques. Et s'agissant plus précisément de l'immigration, François Cornut-Gentille soulignait[1], seize mois après la remise de son rapport relatif au département de Seine-Saint-Denis, qu'« aucune politique n'est possible – que celle-ci soit plutôt accueillante ou plutôt restrictive – si l'on ne sait même pas de quoi l'on parle ». On ne saurait mieux dire !

* *
*

Augmentation de plus de 80 % du nombre de titres de séjour délivrés chaque année à des étrangers extra-européens, triplement au moins du nombre des demandeurs d'asile, augmentation de près de 30 % des immigrés dans la population résidant en France, doublement, voire triplement du nombre des étrangers en situation irrégulière : tels sont les principaux indicateurs de la vague migratoire qui touche la France depuis le début du siècle. **C'est la marque incontestable d'une perte de contrôle dont le Premier ministre de l'époque, Édouard Philippe, a pris acte le 6 novembre 2019 en déclarant vouloir « reprendre le contrôle de notre politique migratoire ».**

En écoutant cette déclaration du Premier ministre, beaucoup de Français ont pu penser que tous les indicateurs de la politique de maîtrise de l'immigration étaient « au rouge ».

1. *Le Figaro*, 5 novembre 2019.

Je ne ferai pas mienne cette expression. D'abord parce que l'analyse de l'immigration ne saurait se présenter comme celle du compte d'exploitation d'une entreprise ou comme le résultat d'examens médicaux. Ensuite parce qu'une partie de cette vague migratoire trouve son origine dans l'explosion de la demande d'asile, elle-même liée dans des pays parfois très éloignés de la France à des conflits armés, des guerres civiles, des famines ou des attentats terroristes. Or la demande d'asile a un caractère imprévisible. La vague migratoire née avec le siècle et dont j'ai décrit la puissance peut rapidement perdre de sa force. Il est donc trop tôt pour parler d'invasion ou pour spéculer sur le caractère irréversible de la poussée migratoire constatée depuis le début du siècle.

Il reste que cette vague migratoire est désormais suffisamment ancienne – une génération – pour qu'elle ait eu des conséquences sur la société française.

L'autre conclusion à laquelle conduit l'analyse de la vague migratoire qui s'est formée à partir de 2000 est **la nécessité de renforcer nos moyens d'observation, d'étude et d'enquête sur les phénomènes migratoires**. Trois pistes devraient à cet égard être explorées :

— La première est la mise en place, sous l'égide du Premier ministre, d'une coopération au quotidien entre les services du ministère de l'Intérieur et ceux de Bercy. En France, toute analyse sérieuse des phénomènes migratoires passe par un rapprochement des statistiques de délivrance des titres de séjour – qui sont elles-mêmes un sous-produit d'une application informatique du ministère de l'Intérieur (AGDREF) – avec les résultats du recensement piloté par l'Insee qui est un service du ministère des Finances. Des chercheurs, démographes ou spécialistes de l'immigration s'y consacrent à titre individuel et en ordre dispersé et j'ai tenté d'exploiter les résultats de leurs travaux. Mais cette mission devrait être une mission permanente, pilotée par les services du Premier ministre ou par chacune des deux assemblées parlementaires. À titre d'exemple, le suivi de la situation des demandeurs d'asile déboutés devrait être assuré conjointement par les services du ministère de l'Intérieur et par ceux de l'Insee en liaison avec les caisses qui assurent le versement de l'AME de sorte que le Premier ministre puisse disposer aussi régulièrement que possible d'une estimation du nombre des étrangers en situation irrégulière en France. De la même manière, l'estimation du solde migratoire devrait être améliorée et, si possible, transformée en un véritable calcul reposant sur une observation beaucoup plus fine des départs à l'étranger des Français et des étrangers résidant en France.

— La deuxième piste est l'indispensable montée en puissance de nos moyens de recherche, publique ou privée, sur les phénomènes migratoires. Notre retard dans ce domaine est patent. Je n'en donnerai que deux illustrations. Le rapport remis en juillet 2019 à l'Assemblée nationale par France Stratégie et consacré à « l'impact de l'immigration sur le marché du travail, les finances publiques et la croissance » n'est qu'une revue de littérature et pas une analyse scientifique réalisée par cet organisme ou par un institut de recherche français. Et cette revue de littérature, au demeurant d'une très grande qualité et à laquelle je ferai référence à plusieurs reprises même si elle ne s'intéresse qu'aux effets économiques de l'immigration, s'appuie sur de nombreuses études scientifiques réalisées à l'étranger ou par des organismes internationaux comme l'OCDE. **C'est stimulant pour l'esprit, mais ce n'est pas digne de la France**. Il est urgent que, sur un sujet qui est au cœur du débat politique, les chercheurs français voient leurs moyens d'étude confortés et soient mandatés par l'autorité publique. Au Canada, pays pionnier en matière d'immigration choisie, le département chargé de l'analyse des données au ministère de l'Immigration compte une centaine d'agents. On en est très loin en France !

— Reste un sujet tabou : la qualité du recensement. Depuis 2006, les statistiques du recensement sont établies annuellement, mais chaque vague annuelle repose non pas sur un questionnement exhaustif de l'ensemble des personnes résidant en France, mais sur un questionnement par sondage sur des échantillons tournants. Ce dispositif est-il fiable notamment à l'égard d'une population étrangère dont une partie est en situation irrégulière ou hébergée dans des conditions précaires ? À l'ère du numérique et de la géolocalisation, ce dispositif qui repose sur des questionnaires papier a-t-il encore du sens ? Ne sommes-nous pas en retard d'une guerre sur un sujet – la mesure de sa population – décisif pour l'avenir d'une nation qui se veut souveraine ? Autant de questions qui mériteraient un grand débat, parlementaire ou national ! Mais comme le soulignent François Cornut-Gentille et Rodrigue Kokouendo dans leur rapport[1] déjà cité : « En dépit des conséquences évidentes des insuffisances de l'outil statistique actuel, personne ne semble vouloir prendre le problème à bras-le-corps » et « aucune instruction » n'est donnée à l'Insee « pour améliorer ou repenser ses outils en fonction des réalités démographiques de notre temps ». Pour y remédier, peut-être faudrait-il, comme me l'a suggéré un de nos meilleurs démographes, faire réaliser par des statisticiens étrangers, pour le compte du gouvernement et du Parlement, une évaluation indépendante de la qualité du recensement effectué par l'Insee. Et, dans la foulée, se poser la question de l'introduction d'un véritable registre de population comme il en existe dans des pays d'Europe du Nord qui ne sont pas réputés badiner avec les droits de l'homme !

Qu'en est-il enfin des statistiques ethniques ? Nous en sommes à des années-lumière ! Mais nous adorons nous étriper à ce sujet. Ce qui nous permet d'éviter de « commencer par le commencement » : intégrer au recensement des questions simples sur la nationalité d'origine et sur la nationalité des parents, ainsi que sur les conditions d'entrée en France. C'est moins clivant, mais ce serait un préalable très utile.

* *
*

Avant d'examiner s'il est possible de « reprendre le contrôle », pour paraphraser Édouard Philippe, il faut essayer de comprendre ce qui s'est passé. Quels ont été les tenants et les aboutissants de la vague migratoire qui inaugure pour la France le XXIe siècle ? Comment en est-on arrivé là ?

---

1. Rapport d'information n° 1014, Rapport cit., p. 24.

Annexe 1

Les difficultés d'évaluation du solde migratoire de la France

L'Insee reconnaît lui-même[1] que le solde migratoire est estimé **indirectement** par différence entre l'évolution de la population entre deux recensements successifs et le solde naturel. Compte tenu de l'espacement des recensements, pour une année *n*, le solde migratoire est estimé de façon conventionnelle par la moyenne des trois derniers soldes définitifs, puis reporté pour l'année *n* + 1. Il se décompose en trois catégories : les immigrés, les personnes nées en France et les personnes nées françaises à l'étranger. Pour chacune de ces catégories, ce sont les enquêtes annuelles de recensement qui permettent d'estimer le nombre d'entrées en France. Et le nombre de sorties est déduit comme différence entre le solde migratoire et les entrées !

Cette méthode qui procède d'une double différence n'est guère satisfaisante. Elle donne lieu à des corrections d'ampleur considérable et qui alimentent le trouble de l'observateur non initié, voire ses doutes. En octobre 2015, l'Insee évaluait le solde migratoire pour chacune des deux années 2012 et 2013 à 33 000 personnes en précisant qu'il s'agissait de résultats provisoires[2]. Deux années plus tard, l'évaluation définitive était de 72 300 personnes pour 2012 (soit deux fois plus que l'estimation provisoire) et de 100 100 personnes pour 2013 (soit trois fois plus que l'estimation provisoire). Sans être ni démographe ni statisticien, de telles corrections ne s'expliquent que parce qu'on raisonne sur un solde estimé par différence, mais dont les composantes sont difficiles à cerner.

1. *Insee Focus*, n° 78 (mars 2017) et *Insee Focus*, n° 145, *op. cit.*
2. *Insee Analyses*, n° 22 (octobre 2015).

Des experts[1] critiquent eux-mêmes l'estimation faite par l'Insee du solde migratoire. Ils soulignent que, depuis 2015, l'Insee « doit [...] procéder à des ajustements annuels du solde migratoire [...]. En 2018, le solde migratoire est estimé à + 58 000 personnes, mais l'ajustement est de – 100 000 personnes afin de le rendre cohérent avec les estimations de population au 1er janvier issues des recensements [...]. Toute comparaison européenne est dans ces conditions hasardeuse ».

Bien qu'estimé par l'Insee, le solde migratoire est en fait un concept de démographe qui, conjointement avec le solde naturel, permet d'expliquer l'évolution de la population, *française ou étrangère*, résidant sur le territoire français. La même appréciation s'applique d'ailleurs au solde naturel : la différence entre les naissances et les décès au cours d'une année prend en compte toutes les personnes qui naissent en France ou qui y décèdent alors qu'elles y résident et ce quelle que soit leur nationalité.

S'agissant des seuls Français, le ministère des Affaires étrangères gère un registre mondial des Français établis hors de France, mais l'inscription à ce registre est facultative. En 2013, le nombre d'inscrits sur ce registre était de 1,6 million, mais le nombre des personnes signalées par nos services consulaires comme ayant omis de s'y inscrire était estimé à un demi-million[2]. La marge d'erreur pour nos concitoyens était donc de l'ordre d'un tiers par rapport à l'évaluation officielle ! Cette difficulté à estimer les flux de départ à l'étranger des personnes nées en France a été confirmée[3] par des universitaires appartenant à une nouvelle génération de démographes qui prônent une approche toujours plus scientifique de leur domaine d'expertise.

Que dire alors de l'estimation des sorties d'étrangers ! Certains auteurs ont évalué l'« émigration des immigrés » à 27 % sur la période 1990-1999[4]. L'Insee[5] estime, sur la période 2006-2017, qu'en moyenne quatre immigrés entrent sur le territoire lorsqu'un en sort, de sorte que les flux de sortie des immigrés représenteraient en moyenne un quart des flux d'entrée.

---

1. « L'évolution démographique récente de la France : une singularité en Europe ? », art. cit., p. 4.
2. *Insee Analyses*, n° 22, *op. cit.*
3. « De la difficulté d'estimer les flux migratoires », par Hippolyte d'Albis et Ekrame Boubtane, www.blog-afse.fr/content/de-la-difficulté-d'estimer-les-flux-migratoires.
4. Solignac, Ined, *Population*, 2018/4, vol. 73.
5. *Insee Focus*, n° 145, *op. cit.*

2

Comment en est-on arrivé là ?

À la mi-septembre 2006, en fin de journée, je visite avec mon épouse et ma fille le musée du quai Branly. Je reçois un appel téléphonique de Claude Guéant, alors directeur de cabinet du ministre de l'Intérieur qui n'est autre que Nicolas Sarkozy.

« Où en es-tu dans tes négociations d'un accord sur l'immigration avec le Sénégal ?

— La première phase a eu lieu début juillet à Paris et la seconde doit se dérouler à Dakar en octobre.

— Peux-tu accélérer ?

— Oui, bien sûr.

— L'idéal serait de pouvoir conclure à la fin de la semaine prochaine.

— Si nos homologues sénégalais sont disponibles, c'est techniquement possible. »

Neuf jours plus tard, le 23 septembre, Nicolas Sarkozy signait à Dakar un accord-cadre qui inaugurait le cycle des accords de gestion concertée des flux migratoires. Pressé par le temps, j'avais mis au point avec les négociateurs sénégalais cette formule juridique qui permettait d'abréger la discussion en renvoyant à plus tard les sujets les plus épineux. Lorsque Ségolène Royal, qui est née à Dakar, y arriva quelques jours plus tard pour lancer sa campagne présidentielle, l'herbe médiatique lui avait été coupée sous le pied. Ce fut Brice Hortefeux qui signa, dix-huit mois plus tard, le 25 février 2008, au terme d'une négociation difficile, un avenant beaucoup plus détaillé permettant la mise en application de l'accord-cadre. Comme toujours, la conclusion d'un accord bilatéral entre pays souverains n'est pas sans lien avec la politique !

L'immigration choisie dont les accords de gestion concertée des flux migratoires devaient incarner la quintessence a marqué à partir de 2005 une véritable inflexion dans la politique migratoire de la France. Mais elle n'a tenu qu'une partie de ses promesses.

Pour comprendre les causes de la vague migratoire qui affecte la France depuis le début du siècle, il faut s'intéresser à ses différentes composantes. On distingue traditionnellement quatre motifs d'immigration en France : économique (c'est-à-dire professionnel), familial, pour études et enfin « humanitaire et divers ». Le tableau ci-dessous décrit l'évolution du nombre de titres de séjour délivrés à des ressortissants étrangers de pays tiers, c'est-à-dire de pays n'appartenant pas à l'Espace économique européen ou à la Confédération helvétique :

Motif	2000	2018	2019 (données provisoires)
Économique	14 483	33 675	38 671
Familial	62 970	91 017	90 068
Étudiants	45 099	83 700	90 006
Humanitaire et divers	27 070	50 537	55 931
Total	**149 622**	**258 929**	**274 676**

Sur une période de vingt ans, l'augmentation du nombre de titres de séjour délivrés à des ressortissants de pays tiers a été de l'ordre de 80 %, mais les différents moteurs de cette augmentation n'ont à l'évidence pas tourné au même régime.

Lorsqu'il revient au ministère de l'Intérieur en 2005, Nicolas Sarkozy prône la mise en place d'une immigration choisie. Il entend favoriser l'immigration économique et celle des étudiants. Il cherche aussi à freiner l'immigration familiale. Il estime enfin que la demande d'asile dont le succès aboutit à la reconnaissance de la qualité de réfugié et donc à l'attribution d'un titre de séjour relevant de la catégorie « humanitaire et divers » ne procède pas de la même logique que les autres motifs d'immigration et ne peut être régulée par la puissance publique, sauf à lutter contre les abus et les détournements de procédure.

Quinze ans plus tard, l'évolution des composantes de l'immigration semble indiquer que cette politique a porté ses fruits. Comme si, au-delà des discours, Nicolas Sarkozy continuait à inspirer l'action de ses successeurs ! Certes, l'immigration familiale est plus nombreuse en 2018 qu'en 2000, mais elle a diminué depuis 2004. Sa progression a été moindre que celle de l'immigration pour motifs économiques ou pour études et, depuis quelques années, elle s'est stabilisée même si c'est à un niveau élevé.

Qu'en est-il dans la réalité ?

* *
*

L'immigration familiale a changé de nature et échappe désormais au contrôle de l'autorité publique.

Dans le débat public, il est de bon ton d'accuser Valéry Giscard d'Estaing et Jacques Chirac, pour une fois réunis, d'avoir favorisé une immigration massive en France en autorisant en 1975 ce qu'il est convenu d'appeler le « regroupement familial ». Cette accusation n'est pas fondée.

De 1975 à 2000, le pourcentage des immigrés dans la population de la France est resté stable. Le regroupement familial, c'est-à-dire la possibilité pour un ressortissant étranger résidant en France et y exerçant le plus souvent une activité professionnelle de faire venir dans notre pays son conjoint et leurs enfants, eux-mêmes de nationalité étrangère, a pourtant produit pendant cette période son plein effet et bénéficié massivement aux travailleurs immigrés arrivés en France pendant les années 1960. Mais l'ouverture du droit au regroupement familial s'est accompagnée, on l'oublie trop souvent, de l'interruption de l'immigration de travail, décidée en 1974 par le président Valéry Giscard d'Estaing qui tirait ainsi les conséquences du premier choc pétrolier et du fort ralentissement de la croissance de l'économie française. La possibilité pour l'administration de prendre en compte la situation de l'emploi pour s'opposer à l'introduction en France de nouveaux travailleurs étrangers est devenue la règle et l'immigration professionnelle est devenue marginale.

En 1974, on pensait que l'interruption de l'immigration professionnelle se traduirait, avec quelques années de décalage, par le tarissement de l'immigration familiale qui en apparaissait comme le sous-produit. Or ce n'est pas ce qui s'est passé. L'immigration familiale, même si elle a vu son poids relatif diminuer, est restée forte.

Pourquoi ? *Parce qu'elle a changé de nature.*

Le regroupement familial subsiste, mais il représente aujourd'hui moins de 30 % de l'immigration familiale (et moins de 12 % du total de l'immigration). Il n'est qu'une composante, devenue au demeurant minoritaire, de l'immigration familiale et le nombre de ses bénéficiaires est relativement stable depuis plusieurs années. Cette stabilisation s'explique d'abord par le tarissement de l'immigration professionnelle à partir de 1974 et jusqu'en 2005, puis par les efforts des gouvernants de droite et notamment de Nicolas Sarkozy et de Brice Hortefeux pour en rendre plus sévères les conditions d'exercice.

Le relais a été pris par deux autres formes d'immigration familiale qui ont leur dynamique propre :

— La première est la possibilité pour *un Français* de faire venir en France son conjoint né et résidant à l'étranger ou encore ses parents ou autres ascendants. C'est ce que les spécialistes appellent les « membres de famille d'un Français », qui représentent aujourd'hui plus de la moitié de l'immigration familiale. Les conjoints de Français forment près de 80 % de cette catégorie et leur nombre est directement corrélé au nombre de mariages mixtes (entre un Français et un ressortissant étranger).

— La seconde est l'admission au séjour d'un ressortissant étranger qui n'est ni le conjoint ou l'enfant d'un étranger résidant légalement en France, ni le conjoint ou l'ascendant d'un ressortissant français, mais qui peut invoquer, à l'appui de sa demande de titre de séjour, les liens personnels ou familiaux qui l'unissent à un Français ou à un étranger résidant régulièrement en France.

Le tableau de l'annexe 2 illustre la place croissante et désormais largement prépondérante de ces deux nouvelles formes d'immigration dans le total des titres de séjour délivrés pour motifs familiaux.

Les deux moteurs qui ont pris le relais du regroupement familial sont très puissants et expliquent que l'immigration familiale soit aujourd'hui plus forte qu'au début du siècle. En quoi consistent-ils ?

L'essentiel des membres de familles de Français est constitué des conjoints étrangers de Français qui sont admis au séjour en France après leur mariage avec un de nos ressortissants. Le phénomène s'est beaucoup développé depuis le milieu des années 1990. La forte progression des mariages mixtes a été saluée par certains observateurs comme le signe d'une réussite de l'intégration, sur le territoire français, d'étrangers qui convoleraient avec des Français. La réalité est bien différente. Les Français qui sont rejoints en France par un conjoint étranger sont le plus souvent eux-mêmes issus de l'immigration : nés en France ou ayant rejoint la France avec leurs parents, ils sont devenus français depuis peu. Et s'ils se marient avec un ressortissant étranger, ce n'est pas parce que ce ressortissant s'est bien intégré en France. En effet, la caractéristique de ces mariages mixtes est qu'ils sont depuis 2005 majoritairement célébrés à l'étranger et que le conjoint étranger, ressortissant du pays où est célébré le mariage, a la nationalité qui était, peu de temps encore auparavant, la nationalité du ressortissant français qu'il aspire à rejoindre en France. **Pour dire les choses de manière plus conceptuelle, l'immigration familiale procède aujourd'hui d'une forme d'endogamie au sein de la communauté immigrée**. Et c'est sans doute parce que leur intégration dans la société française est un échec que des jeunes, issus de l'immigration et devenus français de fraîche date, cherchent à se marier avec un conjoint qui vit souvent dans leur pays d'origine, dans la région même qui les a vus naître ou dans laquelle ils ont conservé une partie de leur famille.

Comme l'écrit Pierre Vermeren[1] : « L'immigration n'est pas synonyme d'émancipation, ni d'ouverture à l'individualisme européen [...]. Certains individus et familles s'émancipent, profitant de la liberté nouvelle, quand d'autres [...] trouvent dans le communautarisme d'exil une protection en terre jugée hostile ou méconnue... »

---

1. *Déni français. Notre histoire secrète des liaisons franco-arabes*, Albin Michel, 2019, p. 213.

L'évolution du nombre de mariages célébrés à l'étranger et transcrits sur les registres de l'état civil français est illustrée par le tableau de l'annexe 3, issu des sixième et septième rapports[1] au Parlement sur les orientations de la politique de l'immigration et d'une étude de l'Insee[2].

Après avoir atteint un pic en 2006, la forte progression du nombre de mariages célébrés à l'étranger et transcrits sur les registres de l'état civil français n'a été infléchie que grâce au vote de la loi du 14 novembre 2006, conçue à la demande du comité interministériel de contrôle de l'immigration par M. Marc Guillaume, alors directeur des affaires civiles et du Sceau au ministère de la Justice. Cette loi a institué un contrôle de validité avant même la célébration du mariage et a renforcé le contrôle effectué dans le cadre de la procédure de transcription à l'état civil. Elle permet au procureur de la République, saisi par l'officier d'état civil, de s'opposer à la célébration du mariage. Cette opposition n'est évidemment pas de nature à empêcher l'autorité étrangère de célébrer le mariage, mais elle peut avoir pour conséquence que le mariage ne soit pas transcrit sur les registres de l'état civil français alors que cette transcription est en France une condition de l'opposabilité du mariage aux tiers, de l'obtention d'une carte de séjour ou de l'accès à la nationalité française. Après le vote de cette loi, le nombre de transcriptions a diminué. Mais il reste supérieur à 45 000 par an, soit un niveau très supérieur à celui du début du siècle (35 000), ce qui prouve que le sérieux du législateur ne suffit pas à enrayer un phénomène sociologique profond. Plus de 90 % de ces transcriptions concernent des couples mixtes.

Dans le même temps, le nombre de mariages mixtes célébrés en France, qui était égal en 2000 au nombre de transcriptions de mariages célébrés à l'étranger, a connu une évolution très différente : après avoir atteint son maximum en 2003 (47 500 environ), il n'était plus en 2015 que de 33 800 environ.

Comme le souligne l'Insee[3], « sur la totalité des 282 600 mariages célébrés en France ou transcrits dans les registres de l'état civil, 27 %

1. La Documentation française, décembre 2009 et mars 2011.
2. *Insee Première*, n° 1638, https://www.insee.fr/fr/statistiques/2656612.
3. *Ibid.*

étaient en 2015 des unions mixtes ». Mais plus de la moitié (54 %) de ces unions mixtes avaient été célébrées à l'étranger.

Et force est de souligner que le législateur n'a quasiment aucun pouvoir de contrôle sur cette nouvelle forme d'immigration familiale. À la différence du regroupement familial que le législateur peut contrôler en faisant varier les paramètres de l'exercice de ce droit (conditions de ressources et de logement de l'étranger désireux de faire venir en France son conjoint étranger et ses enfants), le droit au mariage d'un ressortissant français est protégé par la Constitution et un gouvernement qui s'aviserait de faire obstacle à la venue en France d'un étranger devenu le conjoint d'un Français serait accusé de violer le droit au respect de la vie privée et familiale, garanti par l'article 8 de la Convention européenne de sauvegarde des droits de l'homme et des libertés fondamentales qui stipule que « toute personne a droit au respect de sa vie privée et familiale, de son domicile et de sa correspondance ». Aucun responsable politique ne s'y est d'ailleurs essayé. La leçon à en tirer est qu'il faut prêter une attention particulière aux modalités d'accès à la nationalité française, et j'y reviendrai avec des propositions précises au chapitre 8.

Mais l'article 8 de cette convention et l'interprétation que les Parlements et les juges lui ont donnée ont eu des conséquences qui sont allées au-delà du seul cas des membres de famille d'un Français.

En effet, le second moteur de la progression de l'immigration familiale depuis le début du siècle est constitué par des étrangers qui ne sont, au sens strict de la loi, ni éligibles au regroupement familial ni membres de famille d'un Français, mais qui ont en France des liens personnels et familiaux tels que le refus d'autoriser leur séjour en France porterait atteinte, de façon disproportionnée au regard des motifs de refus, à leur droit au respect de la vie privée et familiale. Cette définition donnée par l'article L. 313-11, 7° du code de l'entrée et du séjour des étrangers (Ceseda) peut paraître absconse. Elle traduit pourtant une rupture fondamentale. Les hypothèses classiques de délivrance d'un titre de séjour, fondées sur une définition rigoureuse des liens de famille traditionnels (conjoint ou enfant d'un étranger d'une part ; conjoint, ascendant, enfant ou parent d'un Français d'autre part), sont apparues comme trop étroites aux yeux des juges chargés d'interpréter la Convention européenne de sauvegarde des droits de l'homme et des libertés fondamentales, puis du législateur français lui-même. Et en créant l'article L. 313-11, 7° du Ceseda, le législateur a en quelque sorte inscrit au cœur de la loi française la pleine application, voulue par les juges, de l'article 8 de la Convention européenne de sauvegarde des droits de l'homme et des libertés fondamentales. Cette pleine application a sa dynamique propre. La notion de liens personnels est très large et on ne peut reprocher aux juges de l'interpréter largement. Au début du siècle, le nombre des étrangers admis au séjour pour liens personnels et familiaux représentait moins d'un tiers du nombre des bénéficiaires du regroupement familial ; aujourd'hui, c'est près des deux tiers.

Mais l'article L. 313-11, 7° du Ceseda lui-même est très vite apparu insuffisant. Pour mieux embrasser la diversité des cas des étrangers en situation irrégulière qu'il paraissait difficile de reconduire à la frontière ou de maintenir dans la clandestinité, le législateur a prévu en 2006 la possibilité d'admettre au séjour un étranger en raison de considérations humanitaires ou de motifs exceptionnels et en prenant en compte l'ensemble des aspects de sa situation personnelle. Il s'agit pour l'État de délivrer un titre de séjour à un ressortissant étranger qui n'entre dans aucun des cas de figure imaginés jusqu'alors par le législateur. Ce faisant, le législateur n'a fait que codifier[1] une pratique ancienne, à laquelle se sont adonnés avec une intensité variable tous les préfets sous tous les gouvernements, qu'on appelle « régularisation ». Or l'essentiel des régularisations décidées chaque année par l'État l'est pour des motifs que l'administration présente comme liés à la vie privée et familiale des intéressés. C'est ainsi qu'en 2016 le nombre des régularisations s'est élevé à 30 632 dont 6 439 seulement ont bénéficié à des étrangers exerçant une activité salariée et 456 à des étudiants, l'essentiel du solde, soit 23 737 titres, ayant relevé du motif « vie privée et familiale ». En pratique, les étrangers concernés n'ont le plus souvent aucun lien familial en France. Mais ils ont des soutiens associatifs divers qui parviennent à attendrir les ministres ou les préfets. Ce mécanisme

1. Sixième et septième Rapports au Parlement sur les orientations de la politique de l'immigration, *op. cit.*

est sinon la part d'ombre du droit des étrangers, en tout cas sa part d'arbitraire. Mais cela arrange tout le monde tant il est vrai qu'il est plus facile de « régulariser » un étranger que d'organiser son éloignement du territoire.

Plus de 10 % des étrangers admis au séjour en France chaque année bénéficient de ce passe-droit légal, mais totalement discrétionnaire, ce qui montre que la République est bonne mère ! Si les contribuables, les chefs d'entreprise, les automobilistes soumis au code général des impôts, au code du travail ou au code de la route apprenaient que plus de 10 % des étrangers qui demandent chaque année un titre de séjour l'obtiennent pour des motifs purement discrétionnaires, ils s'interrogeraient sur l'application des principes de légalité et d'égalité. Mais, habitués à ce que l'administration refuse systématiquement leur demande de dérogation ou de bienveillance, ils ne soupçonnent même pas qu'il puisse en aller autrement s'agissant du droit des étrangers.

L'immigration familiale avait au début du siècle pour motif de permettre à un travailleur étranger d'être rejoint par les siens. Elle est aujourd'hui le fruit de l'échec de nos politiques d'intégration et d'une générosité jurisprudentielle puis législative que la plupart de nos voisins européens assimilent à de la faiblesse.

* *
*

Malgré son changement de nature, l'immigration familiale s'est stabilisée à un niveau élevé. Il n'en est pas de même de la demande d'asile et de son corollaire, l'admission au séjour en qualité de réfugié qui constitue la principale composante de la catégorie « humanitaire et divers ».

La demande d'asile a présenté jusqu'en 2007 un caractère cyclique : sa hausse est désormais continue, spectaculaire et, depuis peu, propre à la France.

Pendant longtemps, la demande d'asile est restée un phénomène marginal et statistiquement anecdotique. En 1973, le nombre de demandes d'asile enregistrées en France a été de 1 620.

L'évolution depuis quarante ans de la demande d'asile est illustrée par le graphique de l'annexe 4[1]. Sauf à rechercher le spectaculaire, il faut raisonner sur le nombre de premières demandes, hors mineurs. En effet, les demandes de réexamen ne traduisent pas un nouvel afflux physique et le nombre des mineurs accompagnants, s'il n'est pas sans incidence sur la prise en charge matérielle et sociale des demandeurs d'asile, ne traduit en rien la dynamique propre de l'asile.

La demande d'asile est volatile par essence. Si tous les demandeurs étaient de bonne foi, leur nombre devrait en effet refléter l'intensité des persécutions dont des hommes et des femmes craignent d'être victimes de par le monde du fait de leur race, de leur religion, de leur nationalité, de leur appartenance à un certain groupe social ou de leurs opinions politiques (article 1er de la convention de Genève de 1951 relative au statut des réfugiés) ou encore celle des persécutions qu'ils subissent en raison de leur action en faveur de la liberté (quatrième alinéa du Préambule de la Constitution de 1946). Et par définition ces persécutions, souvent liées à des guerres civiles, sont aléatoires et imprévisibles. J'ajoute que, paradoxalement, lorsqu'un pays sort d'une dictature ou d'un conflit armé, certains de ses habitants mettent à profit la liberté supplémentaire dont ils disposent pour fuir ce pays et solliciter l'asile dans un pays paisible : tout se passe en effet comme s'ils redoutaient que ne surviennent de nouveaux troubles ou n'avaient pas la patience d'attendre une prospérité qui leur semble à portée de main en Europe occidentale. Ainsi s'expliquent la poussée de la demande d'asile en provenance de certains pays des Balkans au début des années 2000 et, aujourd'hui, l'ampleur de la demande d'asile en France en provenance d'Albanie, de Géorgie ou encore de Côte d'Ivoire.

En pratique, depuis quarante ans, la demande d'asile présentée à la France a connu deux cycles faciles à identifier sur le graphique (annexe 4) :

— Une première hausse de 1981 à 1989, suivie d'un reflux jusqu'en 1996 : c'est à l'occasion du premier pic de la demande d'asile observé en 1989 avec plus de 61 000 demandes que le Pre-

1. Ofpra, Rapport d'activité 2019, p. 19.

mier ministre de l'époque, Michel Rocard, déclara que « la France ne peut pas accueillir toute la misère du monde » et décida que les demandeurs d'asile ne seraient plus autorisés à travailler pendant l'examen de leur demande.

— Une deuxième hausse de 1997 à 2003, suivie d'un reflux jusqu'en 2007.

Depuis 2008, en revanche, la hausse est continue. Le nombre de demandeurs enregistrés en 2019 est d'ores et déjà supérieur de plus de 50 % au pic enregistré en 1989 et, si retournement il devait y avoir en 2020 du fait de la crise sanitaire, il est probable qu'il serait temporaire.

Mais le plus important est que l'évolution de la demande d'asile présentée à la France est désormais sans lien avec celle observée dans les autres pays de l'Union européenne. Du fait de la guerre civile en Syrie et des crimes de Daech dans ce pays comme en Irak, tous les pays de l'Union européenne ont connu en 2015 ou en 2016 une forte poussée de la demande d'asile. Au total, 1 265 600 premières demandes y ont été enregistrées en 2015, mais ce nombre a ensuite fortement fléchi pour s'établir à 580 800 en 2018, soit un niveau comparable à celui observé en 2014. Alors que les autres États membres de l'Union européenne ont connu une baisse très prononcée de la demande à partir de 2017, tel n'est pas le cas en France. Le nombre de demandes d'asile enregistrées en Allemagne, un peu supérieur à 700 000 en 2016, s'est réduit à environ 200 000 en 2017. La même évolution a été observée en Autriche et en Suède[1]. Rien de tel en France. À la fin de 2019, la France est même redevenue le premier pays d'accueil des demandeurs d'asile en Europe, devant l'Allemagne comme elle l'était avant la crise de 2015.

Depuis le début du siècle, le nombre des premières demandes d'asile (hors mineurs accompagnants) présentées à la France est passé de 38 747 en 2000 à 101 841 en 2019, soit une augmentation de 162 %. Et dans le même temps, le taux d'admission au statut de réfugié est passé de 17,1 % à 35,9 %, soit plus d'un doublement. Le résultat de cette double évolution est qu'en vingt ans le nombre

1. Institut Montaigne et Terra Nova, « Sauver le droit d'asile », Rapport octobre 2018.

de personnes admises au statut de réfugié est passé d'environ 5 200 par an à environ 36 275 par an, *soit sept fois plus*.

De même que l'immigration familiale, l'immigration résultant de la demande d'asile a échappé à tout contrôle.

* *
*

Reste une troisième réalité. La vague migratoire qui touche la France depuis 2000 ne résulte pas seulement d'une perte de contrôle. Elle s'explique aussi par la volonté des pouvoirs publics de développer l'immigration estudiantine et professionnelle dans le cadre de l'immigration choisie.

Entre 2005 et 2007, une série de décisions ont été prises sous l'impulsion de Nicolas Sarkozy, ministre de l'Intérieur, puis président de la République, lui-même conseillé par Emmanuelle Mignon en vue de donner, en prenant exemple sur le Canada, un nouvel essor à l'immigration étudiante et à l'immigration professionnelle.

S'agissant des étudiants, l'initiative avait été prise dès 2004-2005 par le ministère des Affaires étrangères qui avait créé une procédure d'admission dématérialisée (dite « des centres pour les études en France ») permettant aux principaux établissements d'enseignement supérieur français d'étudier les demandes d'inscription émanant des étudiants étrangers originaires de certains pays. Le marché de la mobilité internationale des étudiants était alors dominé par les pays anglo-saxons au premier rang desquels les États-Unis, l'Australie qui accueille beaucoup d'étudiants asiatiques et le Royaume-Uni. Or la capacité d'un pays à attirer sur son sol des étudiants étrangers peut se révéler pour lui un atout dans la compétition économique mondiale tant il est vrai que les étudiants étrangers qu'il a accueillis pendant plusieurs années deviennent souvent des cadres influents une fois de retour dans leur pays d'origine et sont à même d'orienter les investissements ou les échanges commerciaux de ce pays vers celui dans lequel ils ont été formés. *Accueillir et former un étudiant étranger peut donc être, pour un pays, un excellent investissement.*

C'est la raison pour laquelle a été créé en avril 2007 un GIP, Campus France, devenu en 2010 un établissement public, chargé de renseigner, d'orienter et, par suite, de préparer la sélection des candidats étrangers à des études en France. En parallèle, la loi du 24 juillet 2006 relative à l'immigration et à l'intégration a ouvert aux étudiants étrangers la possibilité d'une part d'exercer à titre accessoire, pendant leurs études, une activité professionnelle à temps partiel, d'autre part d'obtenir, à l'issue de leurs études et sous réserve qu'elles aient été couronnées par un diplôme au moins équivalent au master, un titre de séjour leur permettant une première expérience professionnelle sans que puisse leur être opposée par le préfet compétent la situation de l'emploi. Cette dernière mesure était la plus importante. En déverrouillant l'accès à son marché du travail, la France se donnait les moyens d'être à nouveau attractive pour des étudiants dont certains, à l'exemple de ceux du Maroc, pourtant formés dans les meilleurs lycées français de leur pays et y ayant obtenu le baccalauréat, émigraient ensuite aux États-Unis ou au Canada faute d'avoir la possibilité de prolonger des études supérieures en France par un travail.

Les résultats de cette politique d'ouverture ne se sont pas fait attendre : alors que le nombre de titres de séjour pour étudiants délivrés chaque année avait diminué de 14 % entre 2003 et 2006, il a augmenté de 30 % entre 2006 et 2009.

S'agissant des travailleurs salariés, la principale décision a consisté à définir des « métiers en tension », c'est-à-dire des métiers pour lesquels les entreprises rencontrent de façon permanente des difficultés de recrutement, et à prévoir la possibilité de délivrer des autorisations de travail à des étrangers postulant pour ces métiers. Combinée avec la création d'une part de la carte de séjour dite « compétences et talents » réservée aux étrangers pouvant attester de compétences professionnelles de très haut niveau ou porteurs d'un projet de création d'entreprise, d'autre part d'une carte de séjour pluriannuelle pour saisonnier, l'ouverture à l'immigration des métiers en tension s'est traduite en 2008 par une progression spectaculaire du nombre de titres de séjour délivrés pour motif professionnel (+ 82 %).

Enfin, les innovations législatives destinées à faciliter l'immigration estudiantine ou professionnelle ont été accompagnées de la négociation entre 2006 et 2009 de neuf accords de gestion concertée des flux migratoires et de codéveloppement avec des pays pour l'essentiel africains (Sénégal, Gabon, Congo, Bénin, Tunisie, île Maurice, Cap-Vert, Burkina, Cameroun). Le principe de ces accords consistait à accorder à ces pays des facilités plus grandes que celles instituées par la nouvelle législation, s'agissant des étudiants et des travailleurs, avec comme contrepartie l'inscription dans ces accords de clauses organisant de manière précise la réadmission de ceux de leurs concitoyens interpellés en France en situation irrégulière. Parallèlement, la France s'engageait à financer sur le territoire de ces pays des projets de développement de dimension locale. Il est regrettable qu'aucune évaluation précise de ces accords, tous ratifiés à l'exception de celui signé avec le Cameroun, n'ait été faite par le Parlement ou le gouvernement. L'analyse des données figurant dans l'AGDREF permet de dresser pour l'ensemble des pays concernés le tableau suivant :

Nombre de titres de séjour délivrés aux ressortissants de pays ayant signé avec la France des accords de gestion concertée des flux migratoires et de codéveloppement

Motif	2012	2018	2018 / 2012
Économique	1 974	7 242	3,67
Familial	16 699	16 780	1
Étudiants	6 490	14 690	2,26
Humanitaire et divers	2 820	3 610	1,28
Total	**27 983**	**42 322**	**1,51**

Le détail des résultats par pays figure en annexe 5.

Les enseignements suivants peuvent être tirés de ce tableau :

— La signature de ces accords a eu un effet d'accélération considérable sur l'immigration de travail et celle des étudiants.

— L'immigration familiale en provenance des neuf pays signataires est restée stable entre 2012 et 2018 alors que, pour l'ensemble des ressortissants de pays tiers, elle progressait de 3,3 %. Enfin, sur cette période, le nombre de titres délivrés pour des motifs humanitaires et divers à des ressortissants des pays signataires a progressé de 28 % alors que, pour cette même catégorie de titres, la progression a été de 58 % pour l'ensemble des pays tiers : cette dernière différence peut s'expliquer par le fait que les pays avec lesquels la France a signé ce type d'accords n'étaient ni des dictatures ni des pays en guerre.

— Au total, l'immigration en provenance des neuf pays signataires a progressé de 51 % entre 2012 et 2018 alors que l'immigration en provenance de l'ensemble des pays tiers progressait de 32 % sur la même période.

Tout s'est donc passé comme si, en France, la politique d'immigration choisie, dont les accords de gestion concertée des flux migratoires et de codéveloppement se voulaient l'expression la plus pure, avait eu, par rapport à ses objectifs, des résultats asymétriques : forte poussée de l'immigration professionnelle et estudiantine comme recherché, mais simple stabilisation de l'immigration familiale alors que c'est clairement un recul de ce type d'immigration qui était attendu.

* *
*

Le constat d'une accélération de l'immigration dans notre pays n'a guère surpris les plus attentifs des observateurs. Dans un ouvrage remarquable[1] qui n'a été traduit en France que six ans après sa parution au Royaume-Uni, Paul Collier, professeur d'économie à Oxford et ancien directeur de recherche sur le développement à la Banque mondiale, explique pourquoi les flux migratoires s'accélèrent dans certains pays.

Il rappelle que la cause première de l'immigration est la pauvreté de masse qui sévit encore notamment en Afrique et qui ne sera pas éradiquée avant la fin du siècle et s'intéresse plus particulièrement à ce qu'il appelle le *bottom billion*, c'est-à-dire le « milliard d'en bas ». Il souligne en outre qu'une augmentation du revenu moyen dans les pays d'origine peut avoir paradoxalement pour effet d'accroître l'immigration en provenance de ces pays en permettant aux habitants qui se situent au milieu de l'échelle des revenus de

1. *Exodus. Immigration et multiculturalisme au* XXI*e siècle*, L'Artilleur, 2019.

mieux financer leur départ. Il ajoute que d'autres facteurs favorables vont accélérer les migrations au premier rang desquels la baisse des coûts de voyage et celle des coûts de communication, notamment téléphonique, ainsi que la baisse des coûts des transferts de fonds opérés par les immigrés au profit de leurs familles restées au pays. Il démontre aussi que les diasporas facilitent l'immigration en aidant les membres de leurs familles à surmonter les obstacles à l'immigration : accueil dans un logement, fourniture d'un travail même non déclaré… Enfin, il insiste sur le fait que la conjugaison du multiculturalisme et d'un système social généreux ralentit l'intégration aussi bien dans le monde professionnel que sur le lieu de vie en poussant les diasporas à se refermer sur elles-mêmes et a une influence directe sur la composition de l'immigration : elle favorise en effet les parents d'immigrés déjà installés, alors même que leur degré d'instruction et leurs compétences professionnelles ne leur permettraient pas de franchir un système de sélection du type de celui qui existe au Canada ou en Australie.

On peut discuter dans le détail les affirmations de Paul Collier. **Mais son analyse s'applique bien à la France dont le système social est l'un des plus généreux du monde et où vivent des diasporas originaires des pays du Maghreb, de Turquie et de certains pays d'Afrique subsaharienne**. Il existe d'ailleurs, comme l'illustre le tableau de l'annexe 6, une corrélation presque parfaite entre la répartition par nationalité des étrangers déjà installés en France et celle des nouveaux immigrés : tout se passe donc comme si l'immigration, largement déconnectée de la situation tant démographique qu'économique de la France, était devenue un phénomène autoentretenu sur lequel les décisions prises par les immigrés ou leurs familles ont désormais plus d'influence que les lois ou règlements.

Soixante ans après la vague d'indépendances qui marqua l'histoire de l'Afrique et de notre pays, l'empreinte de la colonisation reste déterminante quant à la composition de l'immigration en France. Une des raisons en est que les flux migratoires font l'objet d'accords spéciaux, parfois depuis plus de cinquante ans, avec plusieurs et non des moindres des pays d'origine (Algérie, Maroc, Tunisie, Sénégal) : ces accords dérogent au droit commun tel que le façonnent le Parlement et le gouvernement, mais l'influence des diasporas rend très difficiles leur renégociation et, *a fortiori*, leur dénonciation.

* *
*

L'accélération depuis le début du siècle des flux migratoires à destination de la France n'est pas contestable. Elle traduit la volonté des pouvoirs publics, quelle que soit leur orientation politique, de favoriser l'immigration économique et celle des étudiants. Elle s'explique aussi par le maintien à un haut niveau d'une immigration familiale entretenue par l'existence de diasporas puissantes et qui restent sous l'influence de leurs pays d'origine. Elle reflète enfin l'incapacité à enrayer la progression de la demande d'asile à l'égard de laquelle la France est plus bienveillante que beaucoup d'autres pays européens.

Quels ont été les effets de cette accélération ? Nos capacités d'accueil sont-elles saturées ? Le niveau d'immigration souhaitable pour la France a-t-il été dépassé ? C'est l'objet du prochain chapitre.

Annexe 2

Évolution des différentes composantes de l'immigration familiale en France depuis l'an 2000

Motif	2000	% en 2000	2004	2016	2018	% en 2018
Regroupement familial	21 258	33,7 %	23 310	24 152	26 485	29,4 %
Famille de Français	34 713	55,1 %	57 779	49 559	47 951	53,2 %
Liens personnels et familiaux	6 999	11,1 %	13 295	15 397	15 638	17,4 %
Total	**62 970**		**94 384**	**89 108**	**90 074**	

Annexe 3

Évolution du nombre des mariages célébrés à l'étranger et des accessions à la nationalité française par mariage

Année	Nombre de transcriptions d'actes de mariage établis par nos postes consulaires	Accession à la nationalité française par mariage
2000	34 911	25 951
2005	48 200	34 440
2006	50 350	21 527
2007	47 869	30 989
2009	48 301	16 355
2015	46 300	25 044

Annexe 4

Évolution de la demande d'asile

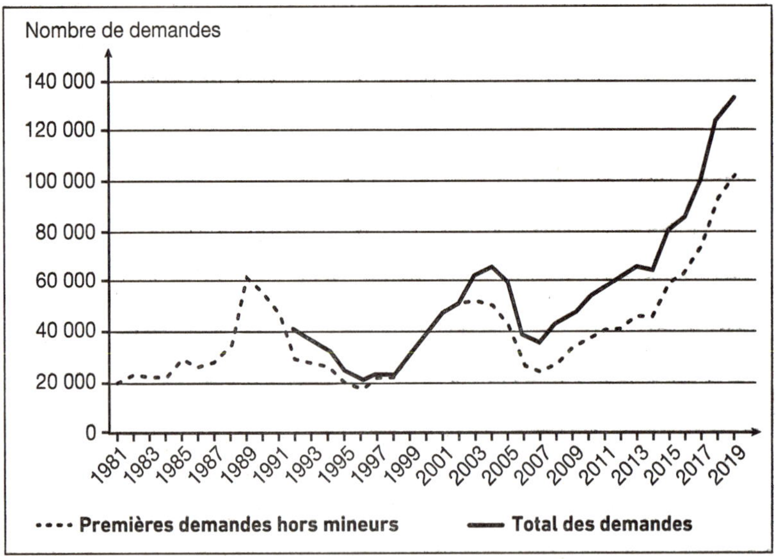

Évolution du nombre de demandes de protection internationale en France depuis 1981.

Annexe 5

Bilan de la délivrance de titres de séjour par motif (économique, familial, pour études, humanitaire et divers) aux ressortissants des pays signataires des accords de gestion concertée des flux migratoires et de codéveloppement

Sénégal	2005	2012	2018	2018 / 2012
Économique	89	308	1 002	3,25
Familial	2 127	2 623	2 759	1,05
Étudiants	1 780	1 181	3 968	3,36
Humanitaire et divers	322	415	576	1,38
Total	**4 318**	**4 527**	**8 305**	**1,83**
Gabon	2006	2012	2018	2018 / 2012
Économique	37	24	43	1,79
Familial	330	293	607	2,07
Étudiants	713	650	1 447	2,22
Humanitaire et divers	80	83	176	2,12
Total	**1 160**	**1 050**	**2 273**	**2,20**
Congo (Brazzaville)	2006	2012	2018	2018 / 2012
Économique	51	66	68	1,03
Familial	1 628	1 342	1 216	0,90
Étudiants	295	282	774	2,74
Humanitaire et divers	884	716	782	1,09
Total	**2 858**	**2 406**	**2 840**	**1,18**
Bénin	2006	2012	2018	2018 / 2012
Économique	22	23	54	2,34
Familial	410	351	483	1,37
Étudiants	384	505	1 085	2,14
Humanitaire et divers	97	105	170	1,61
Total	**913**	**984**	**1 792**	**1,82**

Tunisie	2007	2012	2018	2018 / 2012
Économique	345	1 251	5 447	4,35
Familial	6 879	8 292	7 991	0,96
Étudiants	2 221	2 229	4 668	2,09
Humanitaire et divers	381	467	655	1,40
Total	**9 826**	**12 239**	**18 761**	**1,53**
Île Maurice	2007	2012	2018	2018 / 2012
Économique	33	100	193	1,93
Familial	541	586 588	1	
Étudiants	325	379	441	1,16
Humanitaire et divers	60	126	85	0,67
Total	**959**	**1 191**	**1 307**	**1,09**
Cap-Vert	2007	2012	2018	2018/2012
Économique	5	26	39	1,5
Familial	512	656	693	1,05
Étudiants	34	16	15	0,93
Humanitaire et divers	127	93	148	1,59
Total	**678**	**791**	**895**	**1,13**
Burkina	2008	2012	2018	2018 / 2012
Économique	32	35	64	1,82
Familial	237	231	250	1,08
Étudiants	277	244	543	2,22
Humanitaire et divers	73	91	164	1,80
Total	**619**	**601**	**1 021**	**1,69**
Cameroun	2008	2012	2018	2018 / 2012
Économique	145	141	332	2,35
Familial	2 514	2 325	2 193	0,94
Étudiants	1 078	1 004	1 749	1,74
Humanitaire et divers	724	724	854	1,18
Total	**4 461**	**4 194**	**5 128**	**1,22**

L'ensemble des données nécessaires à la confection de ce tableau a été fourni par la direction de l'immigration (direction générale des étrangers en France) du ministère de l'Intérieur et est un sous-produit de l'application AGDREF.

Bien que l'accord avec le Cameroun n'ait pas été ratifié, il a paru intéressant de l'inclure dans l'analyse. En l'absence de ratification, la progression de l'immigration économique ou pour études en provenance de ce pays est nettement moins forte qu'elle ne l'a été pour le Sénégal ou la Tunisie, pays pour lesquels les ordres de grandeur des flux migratoires sont similaires ou comparables.

Annexe 6

Répartition par nationalité du stock et du flux annuel des titres de séjour en 2016[1] (top 10)

Pays	Stock des titres et APS[2]	Pays	Total des titres délivrés
Algérie	589 134	Algérie	28 696
Maroc	498 980	Maroc	27 149
Tunisie	212 750	Chine	15 973
Turquie	203 474	Tunisie	15 208
Chine	106 368	USA	6 788
Mali	79 093	Sénégal	6 151
Sénégal	70 242	Turquie	5 957
RDC[3]	66 143	Côte d'Ivoire	5 661
Côte d'Ivoire	55 289	Russie	5 101
Cameroun	51 466	RDC	5 057
Part de ces 10 origines	68,4 %		53 %

En 2019, selon les données provisoires du ministère de l'Intérieur, le top 5 des nationalités bénéficiaires de la délivrance de titres est un peu modifié et s'établit comme suit :

1. *Les Étrangers en France. Année 2016*, quatorzième Rapport au Parlement, p. 19 et 32.
2. Autorisations provisoires de séjour en cours de validité.
3. République démocratique du Congo.

Maroc	34 929
Algérie	27 391
Tunisie	19 596
Chine	15 291
Côte d'Ivoire	9 424

3

La France est-elle submergée ?

Quelles sont les capacités d'accueil de la France ? Notre politique d'intégration a-t-elle échoué ? Et, si oui, pourquoi ?

La notion même de capacités d'accueil est contestée par certains démographes. Dès 2007, François Héran[1] indiquait que cette notion était « davantage une variable politique qu'une donnée objective ». Et il renvoyait au législateur et aux pouvoirs publics le soin « de renforcer ou non nos capacités d'accueil pour faire face à un surcroît de population, quel qu'il soit : nouveau-nés, jeunes, personnes âgées ou immigrés. À eux de dire s'il faut ajuster les capacités aux besoins ou, à l'inverse, les besoins aux capacités ».

Ce raisonnement est doublement contestable.

D'abord parce qu'il met sur un pied d'égalité l'immigration avec les phénomènes démographiques internes à une nation (naissances, vieillissement, décès) qui s'imposent à ses responsables politiques qui doivent programmer dans la durée les équipements nécessaires (crèches, établissements scolaires, Ehpad et autres maisons de retraite…) pour les traiter au mieux. Cette programmation, liée à la démographie, peut s'appuyer sur des données objectives et relativement stables dans le temps : en fonction des naissances d'une année *n*, on connaît les besoins en lycées à l'horizon *n* + 15 et les besoins en maisons de retraite à l'horizon *n* + 70 ou *n* + 80. Il en va tout autrement de l'immigration. Celle-ci ne s'impose pas aux

1. *Le Temps des immigrés*, *op. cit.*, p. 20 à 22.

responsables politiques au même titre que les phénomènes naturels que sont, dans une nation, les naissances et les décès. Elle constitue par définition une variable exogène, susceptible de modifications de grande ampleur en une période limitée, que l'autorité publique a l'impérieux devoir de réguler en tenant compte des capacités d'accueil du pays hôte qu'elle a reçu mandat de diriger. Cette conception de la maîtrise nécessaire des flux migratoires n'est pas uniquement de l'ordre de la préférence politique ou idéologique. Elle participe d'une distinction juridique inhérente à la notion même de nation et qui a conduit le Conseil constitutionnel et, par suite, le Conseil d'État dans sa jurisprudence quotidienne à affirmer avec constance que l'étranger n'a pas de droit absolu à séjourner en France et que les droits qui lui sont reconnus ne sont pas identiques à ceux des nationaux.

Contestable, le raisonnement de François Héran l'est aussi parce qu'il néglige la dimension culturelle, sociologique et psychologique de l'immigration. C'est sans doute ce à quoi pensait François Mitterrand en affirmant le 10 décembre 1989[1] qu'« un seuil de tolérance a été atteint dès les années 1970, où il y avait déjà 4,1 à 4,2 millions d'étrangers ». Le président de la République de l'époque reprenait ainsi à son compte, même s'il s'en est ensuite défendu, un concept mis au jour dans les années 1920 par des sociologues de l'école de Chicago dans le cadre de leurs travaux sur les relations interethniques et la ségrégation urbaine. Il est intéressant de noter que, dans le même entretien, François Mitterrand avait regretté « la trop forte concentration géographique des étrangers ». Et le débat sur le seuil de tolérance que l'ancien président de la République avait ainsi relancé renvoie au débat sur l'intégration des étrangers et, par suite, sur le communautarisme et le multiculturalisme. Dès 2007, Robert Putnam, professeur à Harvard et spécialiste de la notion de capital social, indiquait[2] que plus la proportion d'immigrés au sein d'une communauté est forte, plus faible sera la confiance mutuelle entre immigrés et autochtones. Et il ajoutait qu'un niveau d'immi-

1. Entretien sur Europe 1 et Antenne 2, 10 décembre 1989.

2. « E pluribus unum : Diversity and Community in the 21st Century », *Scandinavian Political Studies*, 30(2), juin 2007, p. 137 à 174.

gration élevé est corrélé à un niveau de confiance mutuelle abaissé parmi les autochtones de la société considérée. C'est sans doute ce à quoi pensait Angela Merkel en affirmant vingt ans plus tard[1] que le modèle d'une Allemagne multiculturelle, où cohabiteraient harmonieusement différentes cultures, avait « totalement échoué ». Elle précisait que faire coexister des populations aux origines culturelles différentes sans chercher à les intégrer n'avait pas fonctionné.

* *
*

Les capacités d'accueil de la France ne sont pas une notion abstraite. Leurs limites sont illustrées par la situation de notre pays en matière *de logement, d'école, d'emploi et de pauvreté.*

Le premier besoin d'un ménage immigré est de **se loger**. Dans un pays comme la France où la population continue à augmenter chaque année et ce indépendamment de l'immigration, la construction de nouveaux logements est indispensable. Comme l'illustre le graphique figurant en annexe 7 relatif à l'activité du bâtiment, trois cycles se sont succédé de 2002 à 2009, puis de 2009 à 2014 et enfin de 2014 à aujourd'hui. Depuis 2017, malgré des taux d'intérêt très bas, la tendance est à la baisse avec 460 500 permis de construire en 2018 et environ 430 000 en 2019. L'année 2020 s'annonce catastrophique en raison de la crise sanitaire avec probablement moins de 300 000 nouveaux permis de construire. Mais surtout, la moyenne de chaque cycle va en diminuant alors même que la poussée migratoire s'est accélérée depuis 2007. Enfin, le nombre de logements sociaux est lui-même en baisse depuis 2017.

Les conséquences de cette évolution ne se sont pas fait attendre et plusieurs indicateurs sont passés « au rouge » :

— Le nombre des personnes sans domicile, tout d'abord. L'Insee[2] estime que leur nombre a augmenté de 50 % entre 2001 et 2011.

1. Discours devant les jeunes de l'Union des chrétiens démocrates, Potsdam, 16 octobre 2010.

2. *Insee Première*, « L'hébergement des sans-domicile en 2012 », n° 1455, juillet 2013.

Il évaluait celui-ci à 141 500 début 2012. Sur les seules agglomérations de 20 000 habitants et plus, et hors centres d'accueil des demandeurs d'asile, le nombre des adultes sans domicile était de 81 000 et **53 % de ces adultes étaient de nationalité étrangère**. Il n'existe pas à l'échelle nationale de données plus récentes que celles de début 2012, mais plusieurs sources évaluent le nombre des sans-domicile à 200 000 en 2019.

— Le nombre des SDF morts dans la rue est passé de 511 en 2017 à 566 en 2018 d'après le collectif Les Morts de la rue.

— Le nombre de demandeurs d'un logement social a dépassé les 2 millions en 2018 dont 249 000 pour Paris, 42 000 à Toulouse… Certes, une partie de ces demandeurs sont déjà logés en logement social et veulent seulement obtenir un changement d'appartement. Mais le nombre des attributions décidées chaque année n'est que de 500 000, ce qui s'explique aisément dans la mesure où les trois quarts des demandeurs ont des revenus inférieurs aux plafonds correspondant aux HLM les moins chers (dits PLAI) alors qu'un quart seulement des nouveaux logements HLM financés chaque année relèvent de cette catégorie.

Le moins que l'on puisse dire est que ces indicateurs ne témoignent pas de grandes capacités d'accueil de la France en termes de logement. On m'objectera qu'il existe en France un grand nombre de logements vacants : 3 millions en 2018 selon l'Insee, soit 8,4 % du parc total de logements de notre pays. Mais, outre le fait que leur répartition géographique ne correspond ni à celle de la population des sans-domicile ni à celle de la population étrangère, une grosse part de ces logements ne sont pas disponibles soit parce qu'ils sont en instance de mutation, soit parce qu'ils sont en travaux, soit enfin parce qu'ils sont la propriété de personnes temporairement expatriées.

Au-delà de ces indicateurs généraux passés « au rouge », la nouvelle vague migratoire qui touche la France depuis le début du siècle a profondément perturbé le fonctionnement de l'hébergement d'urgence. L'arrivée massive de demandeurs d'asile a fait exploser la distinction traditionnelle entre le dispositif national d'accueil des demandeurs d'asile (DNA), géré par l'Office français de l'immigration et de l'intégration (OFII), lui-même rattaché au ministère de l'Intérieur, et le dispositif d'hébergement d'urgence de droit commun dont la gestion relève du ministère en charge du Logement.

Bien que sa capacité ait été fortement accrue par tous les gouvernements depuis quinze ans, le dispositif national d'accueil des demandeurs d'asile qui comptait 97 000 places fin 2019 est structurellement incapable d'accueillir un nombre annuel de demandeurs qui, en comptant les mineurs accompagnants, a dépassé 123 000 en 2018 et 132 000 en 2019. La moitié seulement des demandeurs d'asile y trouvent place et le ministère semble toujours en retard d'une guerre. Deux explications à cet engorgement :

— La première est l'incapacité persistante des gouvernements successifs à réduire à six mois la durée totale d'examen d'une demande d'asile. La programmation des constructions au sein du DNA a été faite en fonction de cette durée théorique de six mois, affichée comme un objectif par Jacques Chirac en 2005, mais jamais atteinte depuis lors. En pratique, en 2018, le délai moyen de traitement d'un dossier a été de 112 jours à l'Ofpra et de 206 jours à la Cour nationale du droit d'asile[1]. En y ajoutant le délai de recours contre une décision de l'Ofpra, on aboutit en réalité à un délai moyen d'un an. Et un élève de CP comprendrait qu'avec un délai d'un an il faudrait que le DNA ait une capacité d'accueil équivalente à la demande annuelle, qui ne cesse de croître. On en est loin !

— La seconde est que se maintiennent au sein du DNA soit des demandeurs déboutés, soit des réfugiés qui, malgré leur nouveau statut, ne parviennent pas à se loger ailleurs. J'ai bien connu cette situation lorsque j'étais secrétaire général du ministère de l'Immigration et j'ai défini à l'époque des taux maximaux de présence au sein du DNA soit des déboutés, soit des réfugiés. Douze ans plus tard, rien n'a changé sauf en pis. Le concept s'applique toujours et les taux tolérés de présence indue sont de 3 % pour les réfugiés et de 4 % pour les déboutés. Mais en pratique, début 2019, ce sont 8 % et 11 % des places du DNA qui étaient occupées indûment, pour un total de 17 400 places, respectivement par des réfugiés et des

1. Ofpra, Rapport d'activité 2018, p. 53 et CNDA, Rapport d'activité 2018, p. 7.

déboutés[1]. L'absence d'une volonté politique forte d'éloignement des déboutés et les difficultés d'accès des réfugiés à un logement, notamment en région parisienne, expliquent cette situation.

La conséquence logique de l'engorgement du DNA est le report des demandeurs d'asile sur le dispositif de droit commun, fort de 145 000 places (ce qu'on appelle le 115). Mais celui-ci est lui-même saturé.

Certains préfets ont tenté de rappeler aux gestionnaires du 115 que les demandeurs d'asile déboutés n'avaient pas davantage vocation que les autres étrangers en situation irrégulière à être accueillis dans le dispositif d'hébergement de droit commun. Mais ils se sont heurtés aux réticences de ces gestionnaires invoquant le principe d'inconditionnalité de l'accueil défini par l'article L. 345-2-2 du code de l'action sociale et des familles et qui prévoit que « toute [...] personne sans abri en situation de détresse médicale, psychique ou sociale a accès, à tout moment, à un dispositif d'hébergement d'urgence ». Pour sortir de ce conflit, le gouvernement d'Édouard Philippe a décidé, par une instruction interministérielle en date du 4 juillet 2019, que les services gestionnaires du 115 auraient l'obligation de communiquer tous les mois à l'OFII la liste des demandeurs d'asile ou des réfugiés qu'ils prennent en charge et le Conseil d'État a rejeté les demandes en annulation de cette instruction, formulées par la quasi-totalité des associations prétendant œuvrer pour les étrangers, au motif que l'article suivant du code de l'action sociale et des familles (L. 345-2-3) prévoyait qu'une « personne accueillie dans une structure d'hébergement d'urgence doit pouvoir y bénéficier d'un accompagnement personnalisé et y demeurer, dès lors qu'elle le souhaite, jusqu'à ce qu'une orientation lui soit proposée[2] ».

Le Conseil d'État dit le droit, mais il ne peut pas remédier à une volonté politique qui fait doublement défaut : celle de reconduire à la frontière les déboutés de l'asile et, de façon plus générale, les

1. Information du 31 décembre 2018 relative au parc d'hébergement des demandeurs d'asile et des bénéficiaires de la protection internationale (direction générale des étrangers en France, département de l'accueil des demandeurs d'asile et des réfugiés).

2. CE, 2/7, 06/11/2019, Fédération des acteurs de la solidarité et autres, n°s 434376 et 434377.

étrangers en situation irrégulière et celle de donner aux réfugiés non pas seulement un titre de séjour de dix ans, mais aussi et surtout les moyens d'accéder à un logement.

En avril 2019, le rapporteur spécial de l'Onu sur le droit au logement, Mme Leilani Farha, a déclaré la France coupable de violation des droits de l'homme dans sa gestion des sans-abri après avoir fait le constat que « de nombreuses personnes n'ont même pas accès aux services d'hébergement d'urgence les plus basiques ». Que n'aurait-elle pas dit en découvrant six mois plus tard la décision de la préfecture du Rhône de ne plus regarder comme prioritaires pour l'accès à l'hébergement d'urgence que les familles avec un enfant de moins de 1 an, les femmes enceintes de plus de six mois et les personnes malades, ce qui revenait à écarter les familles ayant des enfants de plus de 1 an ou les femmes enceintes de moins de six mois. Heureusement, le gouvernement réagissait six semaines plus tard en demandant au préfet de surseoir à cette nouvelle organisation.

Pauvre France ! Où l'on voit que la poussée migratoire et notamment l'afflux de demandeurs d'asile dont les deux tiers seront déboutés peuvent conduire à remettre en cause l'accueil prioritaire des plus malheureux de nos concitoyens !

Comme beaucoup des gouvernements qui l'ont précédé, celui d'Édouard Philippe proclame son intention de donner la priorité au logement par rapport à l'hébergement. C'est le fameux slogan « Le logement d'abord », adopté dès avant 2012 par Benoist Apparu, alors secrétaire d'État au Logement dans le gouvernement de François Fillon. Et le gouvernement d'Édouard Philippe d'expliquer à son tour qu'une place à l'hôtel ou dans un centre d'hébergement coûte plus cher qu'une chambre dans un vrai logement. Peut-être. Mais cette déclaration d'intention qui procède d'une grande confusion intellectuelle est démentie par les actes de ce même gouvernement. Confusion intellectuelle parce que l'hébergement d'urgence de droit commun pourrait peut-être suffire aux besoins si une partie de ses capacités n'était détournée au profit d'immigrés dont la majorité est en situation irrégulière. Confusion intellectuelle encore parce qu'il n'est nul besoin de construire des logements pour accueillir des demandeurs d'asile appelés à quitter la France au bout de six mois ou de un an. Le gouvernement le sait : en 2016, il a publié deux appels d'offres prévoyant la création de 10 000 nouvelles places d'hébergement d'urgence et c'est la SNI (filiale de la Caisse des dépôts et devenue depuis CDC Habitat) qui l'a emporté en rachetant au groupe Accor 62 hôtels Formule 1 dont plus de la moitié sont dédiés aux demandeurs d'asile. D'ailleurs, le gouvernement est si peu convaincu par sa propre déclaration d'intention que, dans le budget pour 2020, le seul poste budgétaire en hausse était celui des crédits d'hébergement d'urgence, en progression de 5 % par rapport à 2019, à presque 2 milliards d'euros. Comme dit le proverbe : « Nécessité fait loi. » Mais quelle nécessité, si ce n'est celle de venir au secours d'un dispositif d'hébergement qui croule sous le poids de l'immigration irrégulière ? En parallèle, la mission « Cohésion des territoires », qui comprend les crédits du logement et notamment ceux de l'APL, a subi une réduction de plus de 4 milliards d'euros cependant que la TVA applicable à la construction de logements sociaux a été relevée, sauf pour les logements très sociaux, à 10 %.

Reste une dernière difficulté, et non des moindres, qui explique à elle seule l'insuffisance de nos capacités d'accueil : **la concentration des problèmes d'hébergement et de logement sur l'Île-de-France**. Selon la fondation Abbé-Pierre, cette région qui compte 18,2 % de la population nationale concentre 33 % des habitants vivant en France en bidonvilles et 59 % des recours fondés sur le droit au logement opposable. L'État y paie quotidiennement 110 000 nuitées pour les personnes sans logement. Enfin, la région compte 720 000 demandeurs de logements sociaux pour 70 000 attributions par an. Le taux de rotation au sein du parc HLM d'Île-de-France est très faible et les réfugiés ont donc beaucoup de difficultés à accéder à un logement.

L'évolution récente de la demande d'asile a aggravé la concentration des problèmes d'hébergement sur l'Île-de-France. La part de l'Île-de-France pour l'enregistrement des demandes d'asile est passée de 36 % en 2017 à 46 % en 2019. Certes, une partie de ces demandeurs sont ensuite orientés vers un hébergement dans une autre région. Mais la part de la région Île-de-France en matière d'hébergement des demandeurs d'asile a elle aussi vivement progressé, s'établissant à 33 % en 2019 contre 30 % en 2017.

Qui pourra encore nier dans ces conditions que les capacités d'accueil de l'Île-de-France sont totalement saturées ? Qui s'étonnera encore que la perception de l'immigration par nos concitoyens soit différente de la réalité des chiffres ? et qu'elle entretienne le fantasme de l'invasion ?

L'inégale répartition des immigrés sur le territoire français est le facteur clef de l'insuffisance de nos capacités d'accueil en matière de logement. Selon un rapport de France Stratégie[1], huit immigrés sur dix vivent dans un grand pôle urbain (contre six sur dix seulement pour les non-immigrés) et 38 % des immigrés vivent dans l'aire urbaine de Paris (contre 17 % seulement des non-immigrés). Le même rapport indique que, parmi les 18-50 ans, les immigrés sont deux fois plus nombreux que les non-immigrés à résider dans un quartier faisant partie des 10 % les plus denses en logement social. Mais ce qui est vrai pour le logement l'est aussi en matière de crèches, d'écoles ou d'emploi.

Face à la poussée migratoire et notamment à la hausse continue de la demande d'asile, les ministères sont désemparés. Année après année, ils espèrent un retournement de tendance, et la baisse spectaculaire de la demande d'asile en Allemagne, en Suède, au Danemark et même en Italie depuis deux ans les fait rêver. Mais, pour la France, comme on l'a vu aux deux premiers chapitres, le retournement n'est pas à l'ordre du jour. Alors, Matignon et les ministères concernés gèrent non pas à la petite semaine, mais année après année, ce qui, en matière migratoire, revient au même. Chaque année, on augmente le nombre de places dans les deux dispositifs que sont le DNA et le 115. Chaque année, on sait que les crédits inscrits en loi de finances initiale pour l'hébergement d'urgence seront insuffisants et on attend la fin de l'année pour les majorer à l'occasion d'un collectif budgétaire. Le résultat, c'est que nous ne parvenons plus à héberger ni les demandeurs d'asile ni les sans-domicile français ou étrangers et que nous échouons largement à permettre l'accès au logement non seulement des étrangers auxquels nous avons accordé le statut de réfugiés, mais aussi de près de 3 % de notre population. Pour un pays qui se pique d'être la sixième puissance économique mondiale, ce n'est pas brillant ! Et cela se voit

1. Rapport pour l'Assemblée nationale (« L'impact de l'immigration sur le marché du travail, les finances publiques et la croissance »), juillet 2019, p. 41 et 42.

de plus en plus. Et pas seulement autour de l'emblématique porte de la Chapelle, dans le 18e arrondissement de Paris. Des squats, des campements improvisés, il en existe hélas dans toutes les grandes villes de France.

Le manque d'hébergements et de logements est le premier révélateur de l'insuffisance des capacités d'accueil de la France face à la vague migratoire qui s'est formée depuis le début du siècle.

Mais il en est d'autres.

Et pour commencer **l'école**.

L'école française est en crise. Depuis vingt ans, elle a lourdement chuté dans le classement Pisa (Programme international pour le suivi des acquis) qui compare, pour des écoliers âgés de 15 ans, les performances respectives des pays de l'OCDE en matière de lecture, d'écriture, de calcul et de maîtrise des outils mathématiques.

Au-delà des détails de ce classement, une réalité brutale et fort déplaisante s'impose : l'inégalité des chances qui caractérise aujourd'hui la société française trouve sa source dans l'échec d'un système éducatif qui perpétue les situations économiques et sociales d'une génération à l'autre, et notre gigantesque système de redistribution, le plus dispendieux au monde, ne suffit plus à réduire les effets de cette inégalité. Laurence Boone, économiste en chef de l'OCDE, et son collègue Antoine Goujard ont montré[1] en s'appuyant sur les résultats du Pisa que plus de 15 % des jeunes de 15 ans ont de faibles compétences en calcul et en compréhension, ce qui ne peut que compliquer ultérieurement leur recherche d'un emploi, alors que la moyenne pour l'OCDE se situe à 13 % et qu'en Allemagne ou au Royaume-Uni ce chiffre n'est que de 10 %. La conséquence directe est que la France compte plus de jeunes sans emploi et qui ne suivent ni études ni formation que la moyenne de l'OCDE. Mais l'étude Boone-Goujard ne se contente pas de pointer le problème bien connu des « décrocheurs », au nombre de 140 000 chaque année en France. Elle va plus loin en révélant que le taux d'emploi des personnes qui ont quitté le système scolaire avec un niveau d'édu-

---

1. « La France, les inégalités et l'ascenseur social », *Ecoscope*, 25 février 2019 (https://oecdecoscope.blog/2019/02/25/la-france-les-inegalites-et-lascenseur-social).

cation moyen (baccalauréat ou équivalent) n'est que de 51 %, taux inférieur de plus de 12 points à la moyenne des pays de l'OCDE. Seules la Grèce et l'Italie font moins bien en Europe. Et le retard pris à l'école ne se rattrape pas. La formation permanente est moins développée en France que dans la moyenne des pays de l'OCDE et le taux d'accès à ce type de formation est beaucoup plus faible (50 %) pour les personnes peu qualifiées. Le résultat est qu'il faut au moins six générations en France pour qu'une personne située au bas de la répartition des revenus atteigne le revenu moyen alors que la moyenne de l'OCDE est de quatre générations et demie et que ce délai n'est que de deux ou trois générations dans les pays d'Europe du Nord.

Comment un système éducatif en crise pourrait-il accueillir de manière satisfaisante les immigrés mineurs ou les élèves issus de l'immigration ?

On m'objectera que ce sont l'importance et l'ancienneté de l'immigration en France qui expliqueraient les mauvais résultats de la France dans le classement Pisa. Je ne suis pas en mesure de l'affirmer. Pour se prononcer sur ce point, il faudrait connaître le lieu de naissance et la nationalité des 15 % d'élèves qui, en France, ont de faibles compétences en calcul et en compréhension, ainsi que le lieu de naissance et la nationalité d'origine de leurs parents. Mais il est fort probable que le politiquement correct interdise de disposer de ce type d'informations. Dès lors, trancher cette question est un peu l'histoire de l'œuf et la poule.

J'ajoute qu'il ne serait pas raisonnable de faire porter à l'immigration l'entière responsabilité de la perte d'efficacité de notre système éducatif. D'abord parce que la proportion des moins de 15 ans dans la population immigrée n'est que de 4,8 % alors qu'elle est de 18,2 % dans la population non immigrée. Ensuite parce que cette perte d'efficacité se constate sur l'ensemble du territoire national, y compris dans des zones géographiques où le poids de l'immigration est faible, et qu'elle doit beaucoup d'une part aux ravages du pédagogisme[1], d'autre part à une moindre durée du travail et à une insuffisance de rémunération et de polyvalence du corps enseignant.

1. Voir Carole Barjon, *Mais qui sont les assassins de l'école ?*, Robert Laffont, 2016.

Il reste que des études permettent de mesurer les résultats scolaires des enfants d'immigrés.

C'est le cas en particulier d'une étude publiée par Yaël Brinbaum, Laure Moguérou et Jean-Luc Primon, intitulée « Les enfants d'immigrés ont des parcours scolaires différenciés selon leur origine migratoire » et qui s'appuie sur l'enquête Trajectoires et Origines (TeO) réalisée conjointement par l'Ined et l'Insee entre septembre 2008 et février 2009. Les principales conclusions de cette étude faite sur des personnes âgées de 20 à 35 ans ayant suivi au moins une année de scolarité primaire en France sont les suivantes :

— Les enfants d'immigrés sont plus souvent sans diplôme (au-delà du brevet) du second cycle du secondaire. Alors que la proportion des jeunes dans cette situation est de 11 % pour ceux qui ne sont ni immigrés ni enfants d'immigrés, la proportion est de 18 % pour les enfants d'immigrés (catégorie qui regroupe à la fois les enfants migrants et les descendants d'immigrés) et elle s'élève même à 32 % pour les enfants d'immigrés turcs, 24 % pour les enfants d'immigrés algériens et 22 % pour les enfants d'immigrés d'un pays d'Afrique sahélienne.

— De la même manière, les taux de bacheliers sont très inégaux : de 68 % pour les jeunes qui ne sont ni immigrés ni enfants d'immigrés, il est de 61 % pour les enfants d'immigrés, mais avec de très fortes variations selon l'origine des parents – 70 % pour les enfants d'immigrés d'Asie du Sud-Est, 57 % pour ceux d'Afrique sahélienne, 53 % pour ceux d'Algérie et 39 % pour les enfants d'immigrés de Turquie.

Une autre étude réalisée en 2008-2009 auprès de 8 200 personnes âgées de 18 à 35 ans, toutes nées en France, ayant au moins un parent immigré et ayant suivi toute leur scolarité en France et largement commentée par la presse[1] aboutit à des résultats assez proches. Elle montre que les filles réussissent mieux que les garçons : 62 % d'entre elles sont bachelières (contre 65 % des filles n'ayant aucun parent d'origine étrangère) et ce taux s'élève même à 70 % quand la famille est originaire du Sud-Est asiatique. Mais 48 % seulement

1. *Le Monde*, « Culture et Idées », 30 janvier 2016.

des garçons sont titulaires du bac (contre 59 % des garçons n'ayant aucun parent d'origine étrangère). Cette étude confirme que, chez les fils d'immigrés dont au moins un des parents est originaire d'Afrique subsaharienne, du Maghreb ou de Turquie, un garçon sur trois quitte l'école sans aucun diplôme du secondaire, soit deux fois plus que chez les enfants de non-immigrés.

Plusieurs des chercheurs dont les travaux sont relatés dans le dossier du *Monde* du 30 janvier 2016 insistent sur la nécessité, pour remédier à l'échec scolaire des enfants d'immigrés, de mettre en œuvre une vraie politique de lutte contre les discriminations. Je ne m'engagerai pas sur ce terrain sur lequel je n'ai pas de compétence particulière. Je me contenterai de souligner que, pour mettre en œuvre une politique de lutte contre d'éventuelles discriminations, il faut les avoir mesurées.

En revanche, il me paraît clair que pour « redresser la barre », aider ces enfants d'immigrés à mieux réussir à l'école, puis dans leur vie professionnelle, et améliorer la position de la France dans le classement Pisa, il faudrait une institution scolaire au mieux de sa forme. Au vu des analyses dont j'ai essayé de faire la synthèse, on en est loin. Jean-Michel Blanquer a pris une initiative forte en organisant le dédoublement des classes de CP dans les zones d'éducation prioritaire et on ne peut que s'en réjouir, même s'il va falloir du temps pour évaluer les résultats de cette démarche. **Mais, n'en déplaise à certains, une conclusion s'impose : notre système scolaire est incapable d'accueillir durablement et avec succès une vague migratoire du type de celle que connaît la France depuis 2000. Nouvelle démonstration de l'insuffisance de nos capacités d'accueil ! On peut faire comme si de rien n'était. Mais qui pourrait affirmer que ces enfants d'immigrés qui doivent assumer les choix de leurs parents ou grands-parents n'auraient pas mieux réussi à l'école de leurs pays d'origine ?**

Après le logement et l'école, qu'en est-il de **l'emploi** ?

Tout d'abord, une évidence : dans un pays comme la France qui présente la double caractéristique d'un dynamisme démographique et d'un taux de chômage tous deux très supérieurs à la moyenne de l'Union européenne, notre capacité à intégrer les immigrés par le travail est plus faible que celle de la plupart des autres pays européens.

Le rapport déjà cité de France Stratégie pour l'Assemblée nationale comporte à cet égard des données chiffrées très éclairantes.

Le taux d'emploi des immigrés est faible : en 2018, pour les 25-54 ans, il n'était que de 64,8 % contre 82,8 % pour les non-immigrés. L'écart est considérable.

Une étude réalisée en 2015 par l'OCDE et la Commission européenne (« Les indicateurs de l'intégration des immigrés 2015 : trouver ses marques ») aboutissait à des résultats convergents. Elle estimait à 57 % la proportion des immigrés d'âge actif en emploi en France (contre 65 % pour les personnes nées dans le pays). Par-delà la différence des chiffres entre les deux études, due au fait que la tranche d'âge étudiée n'était pas la même, l'étude OCDE-Commission mettait en exergue la singularité française : dans la moyenne des pays de l'OCDE, l'écart de taux d'activité entre les immigrés et les non-immigrés n'était que de 1 %. Et la même étude confirmait cette singularité en établissant qu'en France 43 % des immigrés d'âge actif sont peu ou pas diplômés, alors que ce taux n'est que de 29 % en moyenne pour l'ensemble de l'OCDE. La conclusion s'impose d'elle-même : nos immigrés, moins qualifiés, sont moins bien insérés sur le marché du travail.

J'en profite pour écarter l'idée que l'immigration aurait de façon générale un effet négatif sur les salaires des non-immigrés. Certes, c'est ce que prévoient aussi bien la théorie libérale que la théorie marxiste. Mais, dans un pays comme la France, caractérisé par l'existence d'un salaire minimal et un niveau élevé de protection sociale, l'immigration n'a pas d'effet net sur les salaires. L'annexe 8 résume les principales études disponibles sur le sujet.

Une autre caractéristique du travail des immigrés est en revanche très prononcée. Outre qu'ils sont davantage victimes du chômage, en raison notamment d'un défaut de maîtrise de notre langue, du manque de reconnaissance de leurs diplômes et de leurs difficultés de logement, les immigrés qui travaillent occupent principalement des emplois d'ouvriers et d'employés et sont surreprésentés dans certains secteurs ou métiers : il s'agit d'une part des métiers de la construction et d'autre part des métiers du tertiaire et plus précisément de l'hôtellerie-restauration et des services à la personne. Dans les deux cas, il s'agit de métiers marqués par une forte pénibilité physique avec beaucoup de tâches manuelles à caractère non répétitif, et les Français s'en détournent.

Le constat qu'il existe des métiers connaissant de fortes difficultés de recrutement, dits « métiers en tension » parce que l'offre d'emplois y est systématiquement supérieure à la demande, a inspiré dès 2007 l'action de Brice Hortefeux nommé par Nicolas Sarkozy à la tête du ministère de l'Immigration, de l'Intégration, de l'Identité nationale et du Développement solidaire. Conscient que ces difficultés de recrutement portaient à la fois sur des métiers très qualifiés (informaticiens, ingénieurs commerciaux, actuaires, enseignants, chercheurs) et sur des métiers moyennement ou peu qualifiés (certains ouvriers qualifiés comme les soudeurs ou les chaudronniers, agents de maîtrise, métiers de bouche, beaucoup de métiers du secteur des services), qu'elles constituaient un véritable handicap pour les entreprises de ces secteurs et qu'elles freinaient la croissance de l'économie française, Brice Hortefeux a eu l'intuition qu'une immigration correspondant à ces métiers pouvait apporter une solution. Il a donc fait adopter officiellement, en lien avec le ministre du Travail de l'époque, une liste des métiers en tension dont il a été décidé que les entreprises pourraient les pourvoir en ayant recours à une main-d'œuvre étrangère sans avoir à solliciter d'autorisation particulière et sans avoir au préalable proposé les emplois correspondants à des Français. En parallèle, il a décidé que les travailleurs étrangers en situation irrégulière occupant ce type de métiers seraient éligibles à une régularisation. Enfin, il a accepté que, dans le cadre des accords de gestion concertée des flux migratoires et de codéveloppement, les ressortissants des États acceptant ce type de partenariat avec la France puissent accéder sans autorisation particulière à des métiers figurant sur une liste plus large que la liste nationale, et le lecteur aura vu au chapitre précédent que cette formule a connu un vrai succès notamment avec la Tunisie et le Sénégal. Les gouvernements successifs n'ont d'ailleurs pas remis en cause les principaux instruments de l'immigration économique créés entre 2007 et 2008 sous l'autorité de Nicolas Sarkozy et qui ont permis à cette catégorie d'immigration de voir le nombre de ses bénéficiaires annuels tripler entre 2006 et 2018, ce qui constitue un des plus beaux succès de la politique d'immigration choisie.

Dans son rapport déjà cité, France Stratégie relevait cependant que les familles professionnelles ayant le plus recours aujourd'hui à une main-d'œuvre immigrée ne correspondaient plus parfaitement à la liste des métiers dits « en tension » et recommandait logiquement au gouvernement de mettre à jour cette liste.

Pour avoir eu l'honneur, avec Guillaume Larrivé, de seconder Brice Hortefeux dans l'élaboration, fin 2007-début 2008, de la liste des métiers en tension ouverts à l'immigration professionnelle, je n'en reste pas moins lucide. L'existence en France de métiers rencontrant des difficultés structurelles de recrutement ne signifie pas que la France ait, en matière d'immigration économique, une capacité d'accueil illimitée.

D'abord parce que les ordres de grandeur sont sans commune mesure. En 2015, Pôle Emploi chiffrait à 1,7 million le nombre de projets de recrutement des entreprises dont un tiers regardés comme difficiles par celles-ci[1]. En 2019, son évaluation était de 2,7 millions de projets de recrutement dont la moitié, soit 1,35 million, regardés comme difficiles par les entreprises[2]. Mais il faudrait un afflux massif de main-d'œuvre étrangère pour pourvoir tous ces emplois et ce ne serait acceptable ni socialement ni politiquement. De plus, si le nombre de titres de séjour délivrés chaque année pour motif économique, après avoir chuté à partir de 2009 en raison de la crise économique qui a frappé le monde occidental, a progressé à nouveau régulièrement depuis 2012 pour atteindre plus de 33 000 en 2018, ce nombre reste sans rapport avec celui des métiers en tension. La part encore modeste – moins de 15 % – des titres délivrés pour motif économique dans le total des titres de séjour délivrés en France trouve peut-être une partie de son explication dans le défaut d'actualisation de la liste des métiers en tension. Mais elle prouve surtout que l'immigration économique ne peut, à elle seule, résoudre les difficultés structurelles du fonctionnement du marché du travail en France.

1. bmo.pole-emploi.org/static/bmo2015.
2. Enquête « Besoins en main-d'œuvre 2019, les intentions d'embauche en 2019 ».

Ensuite parce que le concept même de métier en tension renvoie à un déséquilibre instantané entre l'offre et la demande d'emploi pour ledit métier. L'immigration peut être, comme Brice Hortefeux l'avait bien vu, une solution à court ou moyen terme. À long terme, compte tenu du maintien en France d'un chômage de masse affectant notamment les personnes peu qualifiées et les seniors, la solution aux difficultés de recrutement passe par un effort ciblé de formation permettant de pourvoir aux métiers en tension qualifiés et par le retour à l'emploi de personnes qui en sont aujourd'hui éloignées alors qu'elles sont en mesure de pourvoir à des métiers en tension non qualifiés. Au demeurant, cette double action pourrait bénéficier à des immigrés qui sont aujourd'hui au chômage en France.

Au regard d'un fonctionnement optimal de son marché du travail et compte tenu des conséquences économiques et sociales de la crise de la covid-19, la France n'a pas la capacité de continuer à accueillir chaque année un nombre élevé d'immigrés non qualifiés.

Reste un quatrième critère, **la pauvreté**.

On imagine mal en effet qu'un pays dans lequel la pauvreté irait en s'aggravant puisse être accueillant à l'égard de l'immigration.

En France, le taux de pauvreté mesure la proportion de la population qui vit en dessous du seuil de pauvreté monétaire, fixé à 60 % du niveau de vie médian. Selon cette définition, est considérée comme pauvre par l'Insee une personne qui a un revenu disponible (tous revenus nets, impôts déduits et prestations sociales incluses) inférieur à 60 % du revenu médian (l'OCDE fixe quant à elle le seuil de pauvreté à 50 % du revenu médian).

Le taux de pauvreté en France n'a cessé de progresser depuis 2008, passant de 13,2 % à 14 % en 2017 et 14,7 % en 2018 selon l'estimation de l'Insee rendue publique le 17 octobre 2019. Au total, en 2018, 9,3 millions de personnes vivaient en France sous le seuil de pauvreté. La pauvreté touche particulièrement les jeunes puisque le taux de pauvreté atteignait 22 % en 2017 chez les 16-24 ans, ce qui augure mal de l'avenir. La crise économique qui vient n'arrangera rien.

Or, selon l'Insee, en 2015, le taux de pauvreté des personnes vivant dans les ménages immigrés s'est établi à 38,6 %, de 27,6 points supérieur à celui de la population des ménages non immigrés (11 %)[1] ! Il serait intéressant de savoir si l'évolution du nombre des ménages immigrés en France a joué un rôle dans la hausse du taux de pauvreté constaté dans notre pays depuis 2008. Mais l'Insee ne nous le dit pas.

Si on voulait une seule démonstration de l'insuffisance des capacités d'accueil de la France, l'analyse de notre situation en termes de pauvreté suffirait.

* *
*

J'aurais pu analyser d'autres indicateurs des capacités d'accueil de la France. J'aurais pu évoquer notamment la situation de l'hôpital public ou celle du service public pénitentiaire (en juin 2014, le contrôleur général des lieux de privation de liberté estimait à 18,5 % la proportion des étrangers parmi les personnes écrouées).

Mais tous les indicateurs vont dans le même sens. Depuis vingt ans, nos capacités d'accueil se sont révélées insuffisantes. Nous n'avons plus les moyens d'accueillir dignement tous les nouveaux immigrés. Comment l'intégration et *a fortiori* l'assimilation pourraient-elles, dans ces conditions, être un succès ?

1. *Insee Références*, « Les revenus et le patrimoine des ménages », édition 2018, Fiches Revenus.

Annexe 7

Évolution du nombre annuel de logements autorisés en France entière hors Mayotte, depuis janvier 2000

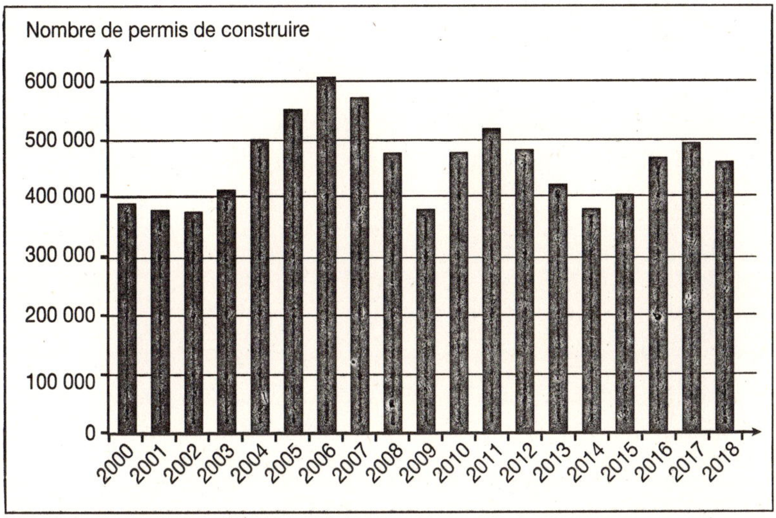

Annexe 8

L'impact de l'immigration sur les salaires

Des études anciennes, portant notamment sur la période 1962-1999, concluaient à un effet positif de l'immigration sur les salaires[1]. Mais les études les plus récentes concluent soit à une baisse des salaires des personnels non qualifiés[2] (parmi lesquels les migrants eux-mêmes), soit à une baisse des seuls salaires des personnels employés en CDD[3], soit à une absence d'effet de l'immigration sur les salaires des non-immigrés[4].

La théorie selon laquelle, l'immigration étant composée pour l'essentiel de travailleurs peu qualifiés, sa croissance accroît l'écart de rémunération entre les personnels non qualifiés et les personnels qualifiés ne se vérifie pas dans une économie comme celle de la France où le marché du travail n'est pas complètement concurrentiel et où l'ajustement se fait davantage par l'emploi, et plus précisément en l'espèce par le chômage, que par les salaires[5].

---

1. Javier Ortega et Gregory Verdugo, « Immigration and the Occupational Choice of Natives : A Factor Proportions Approach », *Working Papers*, 335, Banque de France, 2011 et, des mêmes auteurs, « The Impact of Immigration on the French Labor Market : Why So Different ? », *Labour Economics*, 2014.

2. Xavier Chojnicki et Lionel Ragot, *On entend dire que… L'immigration coûte cher à la France*, Eyrolles, 2012, cité par Marine de Talance dans un article publié par *BSI Economics* le 20 avril 2017.

3. Anthony Edo, « The Impact of Immigration on the Labor Market », *Journal of Economic Survey*, 19 décembre 2018.

4. Anthony Edo, « The Impact of Immigration on Native Wages and Employment », *The BE Journal of Economic Analysis and Policy*, 15(3), juillet 2015.

5. Hubert Jayet, Lionel Ragot et Dominique Rajaonarison, « L'immigration : quels effets économiques ? », *Revue d'économie politique*, 2001/4 (vol. III), § 37 à 40 et § 61 et 84.

4

La libre circulation est-elle obsolète ? De la nécessité du contrôle des frontières de l'Europe

Le 12 juin 2019, 53 personnes, massées sur un canot pneumatique dérivant en Méditerranée au large des côtes libyennes, sont secourues par l'équipage du *Sea-Watch 3*, bateau néerlandais affrété par une organisation humanitaire allemande. Invité par les garde-côtes libyens à se diriger vers Tripoli, capitale d'un État en proie au chaos et à la guerre civile, cet équipage s'y refuse. Le droit international de la mer lui fait obligation de débarquer les naufragés dans un lieu « sûr », ce qui, aux yeux de cet équipage, n'est le cas d'aucun port libyen. Après s'être vu refuser le 14 juin par l'Italie l'accès à ses eaux territoriales, le *Sea-Watch 3* va croiser pendant près de deux semaines dans les eaux internationales. C'est en vain que l'archevêque de Turin propose de prendre à sa charge l'hébergement des naufragés. Dans la nuit du 28 au 29 juin, le capitaine du navire, Carola Rackete, jeune Allemande de 31 ans, accoste de force à Lampedusa en Italie après qu'une vedette de police, chargée de lui barrer le passage, a manœuvré *in extremis* pour éviter l'accident. Elle est immédiatement interpellée par la police italienne et assignée à résidence sous contrôle judiciaire par le parquet d'Agrigente.

Quelques heures auparavant, cinq pays européens dont la France s'étaient déclarés prêts à accueillir les 40 demandeurs d'asile se trouvant encore à bord du *Sea-Watch 3*, 13 d'entre eux ayant déjà été autorisés à débarquer pour des raisons humanitaires. Aussitôt, le débat est vif au sein de la classe politique en Italie comme en Allemagne. Après que Matteo Salvini a déclaré : « Si tu es née blanche, riche et allemande et que tu veuilles faire du bénévolat, fais-le en Allemagne en venant en aide aux personnes âgées ou handicapées », le ministre allemand des Affaires étrangères, le social-démocrate Heiko Maas, fait savoir que son pays s'opposera à la criminalisation du sauvetage en mer, cependant que le président du Bundestag, Wolfgang Schäuble, indique que le sauvetage des personnes en détresse en mer ne se discute pas, mais que les sauveteurs doivent se poser la question de savoir s'ils ne font pas le jeu des passeurs.

Le 2 juillet, Carola Rackete est libérée par la justice italienne, provoquant la fureur de Matteo Salvini. Dans sa décision, le juge a estimé, après avoir rappelé que le choix de débarquer les naufragés à Lampedusa s'imposait dès lors qu'aucun port sûr n'existait en Libye et en Tunisie, que le capitaine allemand du *Sea-Watch 3* avait agi pour sauver des vies humaines, ce qui justifiait qu'il ait désobéi aux ordres des autorités italiennes.

Mis en scène aussi bien par Carola Rackete que par Matteo Salvini, cet affrontement a illustré de manière spectaculaire les difficultés du contrôle des frontières maritimes extérieures de l'Europe.

Pourquoi l'Europe doit-elle contrôler ses frontières extérieures ? Comment ce contrôle s'organise-t-il ? Est-il compatible avec le respect des droits de l'homme ?

* *
*

La construction européenne a tardé à s'intéresser à la question du contrôle des frontières extérieures ou intérieures de l'Europe.

En 1957, le traité de Rome créant la Communauté économique européenne (CEE) évoque la *libre circulation* des travailleurs communautaires, mais les mots sont trompeurs. Ce qui est en jeu à cette date n'est pas la possibilité pour un ressortissant d'un des États membres de franchir librement la frontière séparant cet État d'un autre État membre. Pour les rédacteurs du traité, la seule question qui compte est celle de la capacité de ce ressortissant à s'établir durablement dans un autre État membre pour y exercer une activité professionnelle, y vivre de ses rentes ou y faire des études. La question du *libre établissement* à l'intérieur de la CEE des seuls ressortissants des États membres renvoie pour l'essentiel à un objectif économique : c'est elle qui préoccupe les pères fondateurs de l'Europe et elle sera la seule à faire l'objet d'une réglementation communautaire pendant plus d'une génération.

Il faudra attendre près de trente ans pour qu'en 1986 l'Acte unique européen fasse de l'achèvement du marché intérieur un objectif pour la fin de 1992. Qui dit achèvement du marché intérieur dit création d'un espace sans frontières intérieures permettant la *libre circulation* des marchandises, des services, des capitaux et des personnes. Or il est apparu très vite que la suppression des contrôles de personnes aux frontières entre les États membres ne pouvait pas être réservée aux seuls ressortissants des États membres. Maintenir à ces frontières, qualifiées de « frontières internes », des contrôles pour les seuls ressortissants des pays n'appartenant pas à l'Union européenne s'est avéré matériellement impossible : si un ressortissant russe se présente à la frontière franco-allemande au pont de Kehl, il ne sera possible de le distinguer des Français ou des Allemands désireux de franchir librement cette frontière qu'en le contrôlant. Et comme rien ne distingue physiquement un Russe d'un Français ou d'un Allemand, il faudra, pour le contrôler, contrôler aussi les ressortissants des États membres. Si vous créez à la frontière franco-allemande une file réservée au contrôle des ressortissants des pays n'appartenant pas à l'Union européenne, rien n'interdit à l'un de ces ressortissants d'emprunter la file réservée aux ressortissants des États membres qui ne font, par hypothèse, l'objet d'aucun contrôle. Pour faire échec à cette fraude, il faudrait procéder à des contrôles au moins aléatoires sur la file réservée aux ressortissants des États membres, ce qui serait directement contraire à l'objectif proclamé par l'Acte unique européen d'un espace sans frontières intérieures. En signant l'Acte unique, les dirigeants des douze États membres ont donc mis la barre très haut : pour permettre la libre circulation des ressortissants de leurs États, ils ont accepté de fait la libre circulation de toutes les personnes au sein de l'Union européenne. Ce faisant, ils ont accepté que les contrôles des ressortissants des pays tiers soient faits une fois pour toutes lors du franchissement des frontières extérieures de l'Union, c'est-à-dire dans les aéroports internationaux, dans les ports et de façon plus générale aux frontières maritimes et enfin aux frontières terrestres des États membres avec des États n'appartenant pas à l'Union européenne.

Cet engrenage logique n'a pas été du goût de tout le monde. La France de François Mitterrand a fait de la résistance. Jeune sous-directeur des étrangers et de la circulation transfrontière au ministère de l'Intérieur à partir de mai 1988, j'ai reçu instruction du ministre de l'époque, M. Pierre Joxe, par l'intermédiaire de son conseiller diplomatique, M. François Nicoullaud, de défendre auprès de nos partenaires européens, dans le cadre de la négociation de la convention d'application de l'accord de Schengen, l'idée que les ressortissants des pays tiers resteraient assujettis, lors du franchissement des frontières internes des États membres, à une formalité de déclaration obligatoire. L'idée était astucieuse, puisqu'il ne s'agissait pas à proprement parler d'un contrôle, mais seulement d'une formalité exigible des seuls ressortissants des pays tiers. Elle était donc compatible, au moins en théorie, avec la création d'un espace sans frontières intérieures pour les ressortissants des États membres. Mais l'idée a fait long feu. D'abord parce qu'elle fleurait bon le goût très français pour les procédures bureaucratiques. Ensuite et surtout parce qu'elle n'avait de sens que si les déclarations obligatoires souscrites par les ressortissants des pays tiers donnaient lieu à un recueil et une exploitation rapides, si possible à l'occasion du franchissement de la frontière interne. Et une telle exploitation impliquait la mobilisation d'effectifs de policiers, gendarmes et autres douaniers alors même qu'un des bénéfices attendus de la suppression des contrôles aux frontières intérieures était la diminution drastique du nombre des agents chargés des contrôles. En pratique, la suppression des contrôles aux frontières intérieures a donc bénéficié à tous les voyageurs, quelle que soit leur nationalité.

Dès lors que la perspective de l'Acte unique européen était acquise, il a bien fallu se préoccuper du sort des ressortissants de pays tiers et notamment des contrôles à leur faire subir à leur entrée dans l'espace européen. Et en la matière, le contrôle de l'immigration allait de pair avec les préoccupations en matière de sécurité. Ceux qui reprochent à l'Union européenne une approche excessivement sécuritaire des questions d'immigration font semblant de ne rien comprendre à ce qui se joue lors du franchissement de la frontière extérieure. C'est la seule occasion de s'assurer de façon systématique qu'un ressortissant d'un pays tiers désireux de pénétrer en Europe ne pose pas de problème tant en termes d'immigration qu'en termes de sécurité.

Dès lors, tout s'enchaîne. Dans un premier temps, l'Union européenne donne la priorité à l'action des États membres et à leur coopération. Une déclaration annexée à l'Acte unique prévoit la compétence des États membres pour prendre les mesures nécessaires quant au contrôle de l'immigration en provenance de pays tiers et à la lutte contre le terrorisme et la criminalité. Des groupes de travail à caractère intergouvernemental se mettent en place : le groupe Trevi, créé en 1976 pour lutter contre le terrorisme, étend son champ de compétences dès 1985 à la lutte contre l'immigration illégale et la criminalité organisée cependant qu'un « groupe *ad hoc* immigration » réunissant les ministres de l'Intérieur des Douze voit le jour en 1986 pour traiter des visas et des contrôles aux frontières extérieures. J'ai eu la chance de participer à plusieurs réunions de ces instances. Dans le même temps, la France et l'Allemagne, déjà liées par un accord bilatéral conclu en juillet 1984, proposent aux États du Benelux, qui pratiquent depuis longtemps entre eux une union douanière, une coopération renforcée : c'est l'origine de l'accord de Schengen, signé en juin 1985 et dont la convention d'application est signée cinq ans plus tard. Comme il faut également se préoccuper des conséquences de la libre circulation des demandeurs d'asile, la France prend l'initiative de proposer à ses partenaires des Douze un accord permettant d'éviter que les demandeurs d'asile ne fassent le tour des pays de l'Union en déposant dans chacun d'entre eux des demandes successives (*asylum shopping*) et leur garantissant que leur demande sera examinée par un État membre désigné comme responsable. Ainsi est né l'accord de Dublin signé le 15 juin 1990.

Mais ce rappel historique montre bien quel est le *péché originel* de la construction européenne en matière d'immigration. L'objectif des responsables politiques est de donner enfin une dimension « grand public » à cette construction en facilitant les déplacements des citoyens des États membres avec ce symbole fort, décidé au niveau communautaire, de la suppression des contrôles à l'intérieur de l'espace européen. Le reste, c'est-à-dire les dispositions à prendre pour éviter une immigration massive ou une aggravation de la criminalité, relève de ce que les responsables politiques appellent des « mesures compensatoires » ou « d'accompagnement » qui sont à peine ébauchées lorsque l'accord politique se fait sur l'Acte unique européen. Circonstance aggravante, ces mesures compensatoires sont renvoyées à la coopération intergouvernementale et, donc, à la règle de l'unanimité. Comme si l'Union européenne était hémiplégique : la marche forcée vers le marché unique et la voiture-balai pour le régalien ! On aurait pu rêver d'une autre méthode dans laquelle les progrès de la libre circulation auraient été conditionnés à la mise en œuvre effective de mesures intéressant le contrôle de l'immigration ou la lutte contre l'insécurité. Mais la politique a ses lois : elle se nourrit de symboles qui ne peuvent pas attendre.

La seule consolation est qu'en parallèle la coopération au sein de Schengen se développe rapidement, au point de s'imposer comme un modèle. On la doit à un petit nombre d'États qui ont entrepris en tâtonnant d'imposer des règles identiques aux ressortissants des pays tiers, notamment en matière de visas, et de partager leurs données dans un système informatique promis à un bel avenir : le système d'information Schengen, mieux connu sous le nom de SIS.

Cette logique qui veut qu'au sein de l'Union européenne le régalien soit à la remorque du libéralisme entendu dans son acception étroite du libre-échange et de la libre circulation des facteurs de production va se poursuivre jusqu'à la fin des années 2000.

Le traité de Maastricht, signé le 7 février 1992, fait certes une place à la coopération en matière de justice et d'affaires intérieures dans ce qu'on appelle le « troisième pilier ». Mais les politiques d'asile et d'immigration restent du ressort des États qui continuent d'agir en ordre dispersé, à l'exception de ceux qui appartiennent à l'espace Schengen ou qui ont signé la convention de Dublin. Le seul résultat tangible est l'adoption, comme c'est déjà le cas pour les États membres de Schengen, d'une liste des pays tiers dont les ressortissants sont soumis à l'obtention d'un visa pour entrer dans l'Union européenne. Signé le 2 octobre 1997, le traité d'Amsterdam transfère dans le premier pilier tout ce qui a trait aux visas, à l'immigration et à l'asile. Mais la coopération policière et judiciaire reste dans le giron de la coopération intergouvernementale. Toutefois, un protocole annexé à ce traité consacre les succès de Schengen en intégrant son acquis et en permettant aux États signataires des accords de 1985 et 1990 de poursuivre leur coopération dans le cadre juridique et institutionnel de l'Union européenne. C'est un progrès décisif. La Commission, volant au secours de la victoire, reconnaît ainsi que la coopération d'un nombre limité d'États, qui l'ont cantonnée à un rôle d'observatrice, a permis d'obtenir des résultats sensibles en matière de contrôle de l'immigration et de lutte contre l'insécurité et que le moment est venu d'en faire bénéficier tous les États membres qui le souhaiteront. Seul le Royaume-Uni, fort de son caractère insulaire, fera bande à part. Et tous les nouveaux adhérents à l'Union européenne n'auront de cesse qu'ils n'adhèrent à Schengen. Quelques mois après l'entrée en vigueur, le 1er mai 1999, du traité d'Amsterdam, se tient en Finlande, à Tampere, un Conseil européen entièrement consacré à la réalisation d'un espace de liberté, de sécurité et de justice et qui affirme pour la première fois que : « l'Union se doit donc d'élaborer des politiques communes dans les domaines de l'asile et de l'immigration, tout en tenant compte de la nécessité d'exercer aux frontières extérieures un contrôle cohérent afin de stopper l'immigration clandestine et de s'opposer à ceux qui l'organisent et commettent ainsi des infractions relevant de la criminalité internationale. » Plus de quarante ans après la signature du traité de Rome, plus de dix ans après l'Acte unique européen, il était temps !

Ceux qui critiquent aujourd'hui Schengen et, de façon plus générale, l'Union européenne en la qualifiant de « passoire » au regard de l'immigration de masse et de la criminalité transfrontalière devraient se souvenir que la suppression des contrôles aux frontières intérieures de l'Europe a été appliquée brutalement bien avant que tous les outils forgés par Schengen pour permettre un contrôle efficace des frontières extérieures ne soient opérationnels et étendus à tous les États membres de l'Union. Plus de deux générations par exemple se sont écoulées entre le traité de Rome et l'adoption, le 26 octobre 2004, du règlement du Conseil portant création d'une agence européenne pour la gestion de la coopération opérationnelle aux frontières extérieures des États membres de l'Union européenne, c'est-à-dire de Frontex. Jusqu'alors, l'Union européenne pouvait réglementer, mais elle n'avait pas de bras armé !

En 1986, on a mis la charrue avant les bœufs.

* *
*

Le traité de Lisbonne, signé le 13 décembre 2007 et entré en vigueur le 1er décembre 2009, fixe le cadre juridique actuel. Il liquide le système des piliers. Mais l'« espace de liberté, de sécurité et de justice » relève de la double compétence de l'Union et des États membres. Cette double compétence s'applique notamment au contrôle des frontières extérieures qui relève à titre principal de chacun des États membres, ceux-ci pouvant toutefois faire appel à l'Union ou aux autres États membres. L'article 67 § 2 du traité sur le fonctionnement de l'Union européenne prévoit que « l'Union [...] assure l'absence de contrôle des personnes aux frontières intérieures et développe une politique commune en matière d'asile, d'immigration et de contrôle des frontières extérieures qui est fondée sur la solidarité entre États membres et qui est équitable à l'égard des ressortissants des pays tiers ». Et l'article 79 § 1 du même traité prévoit que « l'Union développe une politique commune de l'immigration visant à assurer [...] une gestion efficace des flux migratoires, un traitement équitable des ressortissants des pays tiers en séjour régulier dans les États membres, ainsi qu'une prévention de l'immigration illégale et de la traite des êtres humains et une lutte renforcée contre celles-ci ». Désormais dotée de la personnalité juridique, l'Union peut notamment conclure avec les pays tiers des accords de réadmission de ceux de leurs ressortissants qui sont en situation irrégulière sur le territoire de l'un des États membres.

Cette construction intellectuelle et juridique semblait équilibrée et adaptée à un espace politique qui n'est pas une fédération, mais une union d'États souverains régie par le principe de subsidiarité. Moins de quinze ans plus tard, elle aura subi bien des épreuves.

L'année 2015 avait déjà été très difficile pour l'Union européenne en raison de la conjonction de la crise de l'asile, elle-même liée à la guerre civile en Syrie, et de la multiplication des attentats organisés par la mouvance islamiste radicale dans plusieurs pays de l'Union dont la France. Les dangers liés à la libre circulation et à l'insuffisance des contrôles aux frontières extérieures étaient apparus en pleine lumière. Mais, dans leur principe, ce n'était pas l'Union européenne qu'il fallait mettre en cause et encore moins Schengen. C'était le fait que l'Union européenne avait marché à cloche-pied pendant plus de quarante ans, sa jambe régalienne étant beaucoup moins musclée que ne l'était sa jambe économique et financière.

En 2020, la crise de la covid-19 est un choc d'une tout autre ampleur pour la libre circulation en Europe. L'impératif sanitaire bouscule toutes les règles établies. Au moment où j'écris ces pages, en août 2020, les ressortissants de plusieurs pays européens – l'Espagne par exemple – ne peuvent plus, du fait d'une recrudescence de la pandémie, se rendre librement dans plusieurs autres pays de l'Union européenne au premier rang desquels l'Allemagne. Nos concitoyens eux-mêmes, lorsqu'ils rentrent de pays à risque, ou même de certains de nos départements et territoires d'outre-mer, peuvent être soumis à des contrôles, voire à des mesures de quarantaine ou de confinement. Et soixante-dix pays leur sont fermés. Naturellement cette crise a donné une nouvelle occasion à ceux qui n'aiment pas l'Union européenne de la critiquer en pointant le fait que les États membres avaient agi en ordre dispersé et avaient tardé à fermer leurs frontières extérieures. Ce procès est doublement injuste. D'abord parce que la santé ne figure pas au nombre des compétences de Bruxelles. Ensuite parce que le contrôle des frontières extérieures est une compétence partagée entre les États membres et l'Union européenne. Il n'en reste pas moins que la question se pose de savoir si, trente ans après la signature des accords de Schengen et Dublin qui tiraient les conséquences de la libre circulation, l'Europe ne va pas changer de paradigme. Après tout, les accords internationaux sont à l'image des hommes : les circonstances peuvent les conforter comme les rendre obsolètes. La libre circulation est-elle condamnée ou seulement en sursis ? La crise sanitaire n'est-elle qu'une parenthèse ou marque-t-elle le début d'un ébranlement durable ? Tout dépendra en fait de la durée de la crise sanitaire et du délai de mise à disposition d'un vaccin.

Je continue à penser que la libre circulation est une aspiration profonde de l'être humain et qu'elle peut participer de la prospérité des nations. L'impératif sécuritaire qui avait été négligé ou regardé comme second jusqu'au début de ce siècle par les chefs d'État et de gouvernement de l'Union européenne est revenu en force non pas par la porte de l'immigration ou du terrorisme, mais par celle de la pandémie. Profitons-en pour mieux encadrer la libre circulation en perfectionnant les outils de Schengen.

Mais avant de décrire cette mécanique sophistiquée, prenons la mesure des dégâts causés par la pandémie.

Personne ne saura jamais ce qui se serait passé si, à la mi-janvier 2020, les pays de l'Union européenne avaient décidé d'un commun accord de fermer leurs frontières extérieures ou d'y soumettre tous les voyageurs à des tests virologiques suivis de la mise à l'isolement ou du refoulement des personnes contaminées. Je suis de ceux qui pensent que la France aurait pu fermer ses frontières extérieures aux ressortissants chinois dès que l'épidémie sévissant en Chine a été connue des autorités françaises, c'est-à-dire dès la mi-janvier si l'on en croit les déclarations de l'ancien ministre de la Santé, Mme Buzyn. À tout le moins la France aurait-elle dû dès cette date instaurer à ses frontières extérieures et notamment dans ses aéroports internationaux des contrôles sanitaires (contrôles de température et tests permettant de prononcer des refus d'entrée de ressortissants de pays tiers). On m'objectera que le virus se moque des frontières, mais ce n'est pas exact puisque ce sont les êtres humains qui se contaminent entre eux. La fermeture de nos frontières extérieures aux Chinois n'aurait pas été une protection absolue et ne nous aurait évidemment pas dispensés du respect des gestes barrières, mais elle aurait réduit les risques comme le prouve l'exemple des pays qui ont mis en œuvre cette mesure et qui ont été peu touchés par la pandémie, Taïwan par exemple.

Il ne me viendrait cependant pas à l'idée d'adresser ma critique à la Commission. Les autorités françaises avaient toute latitude pour décider de telles mesures et, si elles ont péché par omission, ce n'est pas à cause de Bruxelles ou de Frontex. C'est parce que, jusqu'à la mi-mars, comme beaucoup d'autres, elles ont sous-estimé la dangerosité du virus. J'ajoute que la dimension sanitaire des contrôles aux frontières extérieures avait été largement perdue de vue depuis cinquante ans en raison tant des progrès de la médecine que du défaut de vigilance qui a été la marque des sociétés occidentales depuis 1968 et *a fortiori* depuis 1989. Au demeurant, lorsque le danger du coronavirus est apparu évident aux yeux des États membres, c'est dans un laps de temps très court et dans un seul mouvement que les pays de l'Union européenne se sont montrés capables de fermer leurs frontières extérieures aux ressortissants des pays tiers.

Ce n'est donc pas la double compétence des États membres et de l'Union que les Français doivent incriminer. C'est plutôt une forme d'insouciance ou d'aveuglement de leurs autorités nationales qui s'est traduite, dans la lutte contre la pandémie, par un retard à l'allumage qui s'est manifesté dans beaucoup d'autres domaines que celui du contrôle des frontières.

Ceux qui persistent à reprocher à l'Union européenne sa gestion des frontières extérieures pendant la crise sanitaire devraient au demeurant être logiques avec eux-mêmes. Il leur faudrait militer soit pour la sortie de la France de l'Union, soit au contraire pour un système fédéral dans lequel l'Union européenne aurait pleine compétence pour définir et mettre en œuvre le contrôle de l'ensemble des frontières extérieures des États membres.

Je suis conscient en revanche que le désordre dans lequel les États membres ont rétabli ou non les contrôles à leurs frontières intérieures pendant la crise sanitaire n'a pas donné une bonne image de l'Union européenne. Ce qui s'est passé à la frontière franco-allemande où les Allemands ont, pendant plusieurs semaines, rétabli des contrôles à la différence de la France était difficilement compréhensible. D'aucuns ont cru pouvoir en tirer argument pour tenter de justifier le rétablissement définitif des contrôles aux frontières internes, voire pour regarder ces contrôles comme plus importants que ceux exercés aux frontières extérieures.

C'est une double erreur. Si la Commission n'a pas le pouvoir d'empêcher un État membre de rétablir temporairement des contrôles à ses frontières internes, un retour durable à ce type de contrôles est une perspective illusoire.

Les accords de Schengen comme le droit communautaire[1] prévoient la possibilité sous certaines conditions d'une réintroduction temporaire du contrôle aux frontières intérieures.

Avant même la crise sanitaire, la France avait fait usage à plusieurs reprises de cette possibilité, notamment en 1995, mais aussi plus récemment depuis 2011, pour mieux contrôler sa frontière avec l'Italie après la poussée migratoire consécutive aux printemps arabes ou l'ensemble de ses frontières intérieures après les attaques terroristes du début et de la fin de 2015. Une telle mesure est parfaitement justifiée en situation de crise, que celle-ci soit d'ordre sanitaire, terroriste ou migratoire.

Même en temps de crise, cependant, les limites d'un dispositif de contrôle aux frontières intérieures sont bien connues. Un tel dispositif n'a pas empêché, par exemple, le terroriste tunisien auteur de l'attentat commis à Berlin, peu avant les fêtes de Noël 2016, qui fit douze morts et une cinquantaine de blessés, de rejoindre la France, de changer de train en gare de Chambéry et de passer en Italie avant d'être abattu par les carabiniers aux abords de la gare de Milan lors d'un contrôle fortuit. Le rétablissement du contrôle aux frontières intérieures est apparu à cette occasion comme une mesure d'affichage purement déclamatoire, une sorte de gesticulation politique jetée en pâture à l'opinion publique par des gouvernements soucieux de se dédouaner à peu de frais. Ce n'est donc pas la suppression des contrôles aux frontières intérieures qui est en cause en l'espèce. C'est bien plutôt l'insuffisance, dans les gares et les aéroports, des dispositifs de vidéosurveillance et de leur exploitation en continu ou encore l'impossibilité tant juridique que technique de recourir de façon systématique au croisement des données biométriques (empreintes digitales et reconnaissance faciale). J'aurai l'occasion de revenir sur la transformation radicale que le recours aux technologies du numérique pourrait apporter s'agissant du contrôle de l'immigration et de la lutte contre le terrorisme et la grande criminalité. À cela s'ajoute qu'il est extraordinairement difficile d'assurer l'étanchéité

1. Règlement (UE) 2016/399 du Parlement européen et du Conseil du 9 mars 2016 concernant un code de l'Union relatif au régime de franchissement des frontières par les personnes (code frontières Schengen).

d'une frontière terrestre lorsque celle-ci se situe en milieu rural ou en zone de montagne. Comme me le faisait remarquer Robert Pandraud, ministre délégué chargé de la Sécurité (1986-1988) au cabinet duquel j'eus l'honneur de servir, même une armée comme la Wehrmacht n'était pas parvenue, pendant la Seconde Guerre mondiale, à empêcher le franchissement des Pyrénées par ceux qui fuyaient la persécution nazie !

Le retour aux frontières internes et aux contrôles y afférents n'est pas seulement une perspective illusoire. Il est matériellement impossible, en tout cas dans la durée.

Depuis 1986, date de l'Acte unique européen, les effectifs, en France, de la police aux frontières et ceux des douanes ont été réduits ou largement redéployés, notamment dans les ports et aéroports internationaux, pour faire face à l'augmentation du trafic de personnes et de biens provoquée par la mondialisation. Repositionner des effectifs de contrôle aux frontières intérieures, en des points fixes de surcroît, apparaîtrait vite comme une mission impossible ou, en tout cas, hors de portée de nos moyens budgétaires.

* *
*

Le contrôle des frontières extérieures des États membres est légitime. Toutes les grandes puissances du monde le pratiquent avec plus ou moins de difficultés, car toutes ne sont pas des démocraties respectueuses des droits individuels.

L'Union européenne doit relever le double défi d'être un espace démocratique et d'avoir des frontières difficiles à contrôler : ce sont des frontières terrestres étendues – songeons à la frontière de plusieurs États membres avec la Russie – ou des frontières maritimes d'accès facile – songeons à la Grèce et l'Italie dont certaines côtes sont à proximité de la Turquie et de la Tunisie.

Les groupes de pression favorables à l'immigration dénoncent régulièrement ce qu'ils appellent l'« Europe forteresse ». Les mêmes s'inquiètent de ce que la politique d'immigration de l'Union européenne serait trop inspirée par des considérations sécuritaires. Leur propos fait régulièrement référence aux droits de l'homme et regarde les contrôles aux frontières extérieures comme discriminatoires à l'égard des ressortissants des pays tiers.

Ces groupes ne devraient pourtant pas ignorer que la Cour européenne des droits de l'homme, dans un arrêt récent[1], a consacré la légitimité du contrôle des frontières extérieures de l'Europe en rappelant qu'il existe des procédures légales d'accès au territoire des États membres et que les ressortissants des pays tiers qui ne les respectent pas se placent eux-mêmes dans une situation d'illégalité et s'exposent à être refoulés sans même faire l'objet d'une décision individuelle d'éloignement.

L'affaire est d'autant plus intéressante qu'elle concerne l'enclave espagnole de Melilla, située au nord-est du Maroc sur la côte nord-africaine et entourée par le territoire marocain. Pour protéger cette enclave, les autorités espagnoles ont construit le long des 13 kilomètres de frontière une enceinte formée de trois clôtures parallèles avec quatre postes-frontières entre lesquels la Guardia civil fait des patrouilles terrestres et côtières. La Cour a jugé que deux ressortissants, malien et ivoirien, qui n'encouraient aucun risque au Maroc s'étaient mis eux-mêmes en situation d'illégalité en tentant délibérément de franchir le dispositif de protection de la frontière de Melilla, à des endroits non autorisés et en recourant à la force au sein d'un groupe nombreux. Pour parvenir à cette conclusion, la Cour a d'abord rappelé que les États dont les frontières coïncident avec les frontières extérieures de l'espace Schengen (ce qui est le cas de l'Espagne) devaient, pour respecter la Convention européenne des droits de l'homme, mettre à disposition des personnes qui parviennent à sa frontière un accès réel et effectif aux voies d'entrée régulières, permettant à toute personne persécutée d'introduire une demande de protection. Puis elle a jugé que, dès lors qu'existait un tel accès, les États pouvaient, sans méconnaître la Convention européenne des droits de l'homme, et dans le cadre de la gestion des frontières qui leur incombe, exiger que les demandes de protection soient présentées auprès des points de passage frontaliers existants. Elle en a déduit que les États pouvaient refuser l'accès

1. CEDH 063 (2020), N.D. et N.T. c. Espagne, n°s 8675/15 et 8697/15, 13.02.20.

à leur territoire aux étrangers, y compris les demandeurs d'asile, n'ayant pas respecté ces exigences et ayant cherché à franchir la frontière à un autre endroit. Au passage, la Cour a relevé que le droit espagnol offrait aux deux ressortissants, malien et ivoirien, la possibilité de solliciter leur admission en Espagne en demandant soit un visa, soit une protection internationale au poste-frontière, mais aussi auprès des représentations diplomatiques et consulaires espagnoles dans leurs pays d'origine respectifs ou dans les pays par lesquels ils avaient transité ou encore au Maroc. Les requérants n'ayant ni contesté cette possibilité ni avancé quelque justification sérieuse de leur abstention de s'adresser au poste-frontière, la Cour a conclu que ces deux étrangers, en participant à l'assaut donné aux clôtures frontalières à Melilla, n'avaient pas utilisé les voies légales pour accéder au territoire espagnol dans le respect du code frontières Schengen et ne pouvaient donc se plaindre des modalités de leur refoulement.

Rendu par une Cour parfois suspecte de laxisme et d'empiètement sur la souveraineté des États membres, cet arrêt est d'une grande importance.

D'abord parce qu'il est sans doute transposable aux étrangers qui, depuis 2015 et notamment en 2020, tentent d'accoster de force dans les cinq îles grecques de la mer Égée ou de franchir en dehors du point de passage de Pazarkule-Kastanies le fleuve Évros qui sépare la Turquie de la Grèce.

Mais aussi et surtout parce qu'il démontre que l'Union européenne n'est ni une forteresse coupée du reste du monde ni un terrain vague accessible n'importe où et n'importe comment. L'Union européenne est ouverte, par des voies d'accès qu'elle a définies et selon des procédures variées qui peuvent être mises en œuvre dans les pays d'origine des étrangers, dans les pays par lesquels ils transitent ou à la frontière. Mais encore faut-il que ces procédures légales soient utilisées, y compris par les demandeurs d'asile dès lors que ces derniers ne sont pas refoulés dans le pays où ils disent craindre d'être persécutés.

Le contrôle des frontières extérieures n'est pas davantage discriminatoire à l'égard des ressortissants des pays tiers qu'il n'est illégitime. À la suite d'une révision du code frontières de Schengen, initiée par la France après les attentats de 2015, la réglementation européenne[1] impose le contrôle systématique de tous les voyageurs, européens ou non, à l'entrée ou à la sortie de l'espace unique européen. Les ressortissants des États membres y sont contrôlés au même titre que les ressortissants de pays tiers.

Depuis 2016, des progrès sensibles ont été faits dans le contrôle des frontières extérieures des États membres.

Une première preuve est ce qui s'est passé en février et mars 2020 à la frontière gréco-turque.

Alors qu'en 2015 la Méditerranée orientale et la route des Balkans avaient été débordées par des centaines de milliers de personnes ayant transité par la Turquie et cherchant à rejoindre l'Autriche et l'Allemagne, la tentative de chantage exercée à partir du 26 février 2020 par le président turc Recep Tayyip Erdogan a eu le mérite de montrer que la Grèce, l'Union européenne et Frontex étaient mieux préparées à faire face à une nouvelle vague migratoire.

Pour justifier la rupture de l'accord conclu au printemps 2016 avec l'Union européenne, le président turc a appelé l'Europe à « prendre sa part du fardeau ». C'est oublier un peu vite que la Turquie n'est pas restée neutre dans le conflit qui ravage la Syrie depuis 2011. En soutenant des rebelles islamistes dans la guerre civile les opposant au président syrien Bachar el-Assad, la Turquie a fait acte d'ingérence. Elle s'est exposée à ce que plusieurs millions de ressortissants syriens cherchent à fuir les zones de guerre et à mettre leurs familles à l'abri en Turquie. S'y sont ajoutés des étrangers venus d'Afghanistan, du Pakistan ou encore d'Afrique, massés à Istanbul ou sur la côte occidentale de la Turquie, qui attendaient, parfois depuis plusieurs années, la possibilité de franchir la frontière avec la Grèce ou la Bulgarie. À la fin février 2020, en levant toute restriction à la liberté de circulation des étrangers, en affrétant pour eux des cars à destination des villes de sa côte occidentale (Edirne, Izmir ou Çanakkale), en faisant croire à ces étrangers qu'ils allaient enfin pouvoir quitter la Turquie pour la Grèce, en leur fournissant

1. Règlement (UE) 2017/458 du Parlement européen et du Conseil du 15 mars 2017 modifiant le règlement (UE) 2016/399 en ce qui concerne le renforcement des vérifications dans les bases de données pertinentes aux frontières extérieures.

des embarcations pour traverser l'Évros, en les encadrant par ses forces spéciales et en équipant certains d'entre eux de lance-grenades lacrymogènes, le pouvoir turc a endossé le costume de chef des passeurs. Parfaitement indifférent au sort des étrangers désireux de rejoindre l'Europe, le président turc s'en est servi comme d'une masse de manœuvre. Le tout dans une ambiance de guerre hybride dénoncée dès le 13 mars par le ministre de l'Intérieur grec lors d'une réunion avec ses collègues européens.

Mais cette fois-ci, l'Union européenne s'est montrée efficace et solidaire de la Grèce. La présidente de la Commission, Mme Ursula von der Leyen, a d'emblée affirmé que la frontière avec la Turquie « n'est pas seulement la frontière grecque, mais aussi la frontière européenne » et que « la gestion de cette frontière est la responsabilité de l'Europe dans son ensemble ». Et les actes ont suivi : une aide financière à la Grèce de 700 millions d'euros, la fourniture d'équipements de protection civile et enfin le déploiement par Frontex d'une force rapide composée de plusieurs navires, hélicoptères et avions ainsi que de 150 garde-frontières et garde-côtes européens venant s'ajouter aux 530 déjà présents aux confins de la Grèce.

La Grèce, qui partage avec l'Union européenne la responsabilité de cette frontière, avait choisi dès juillet 2019 de mieux la contrôler en déployant en mer Égée des patrouilleurs supplémentaires et en accélérant le renvoi en Turquie des demandeurs d'asile déboutés. C'était bien le moins face à l'activité déployée au grand jour par des passeurs qui font leur publicité sur Instagram en ciblant notamment la clientèle afghane et en lui fournissant de faux papiers. Fin janvier 2020, le ministère grec de la Défense a publié un appel d'offres en vue de l'installation au nord de l'île de Lesbos d'un système de barrières flottantes de près de 3 kilomètres de long et d'une hauteur supérieure à 1 mètre. Face au chantage du président Erdogan, un mois plus tard, la Grèce a réagi rapidement d'abord en doublant ses patrouilles le long des 212 kilomètres de frontière terrestre avec la Turquie, ensuite en repoussant de l'autre côté du fleuve Évros qui matérialise cette frontière plusieurs dizaines de milliers de candidats au franchissement de ce fleuve. Le fait le plus notable a été la participation aux contrôles de civils grecs, armés de fusils de chasse, ce qui choquera les bonnes âmes qui veulent ignorer les agissements de la Turquie.

La fermeté grecque et la solidarité sans faille des autres pays de l'Union européenne ont payé : dès le 7 mars, la Turquie faisait savoir qu'« aucune autorisation ne sera donnée aux migrants de traverser la mer Égée en raison des dangers que cela comporte », ce qui sonnait comme un aveu ! Dix jours plus tard, la crise sanitaire mondiale du coronavirus conduisit de surcroît l'Union européenne et les États membres de Schengen à fermer complètement les frontières extérieures de l'Europe. Mais avant même ces événements tragiques, l'Union européenne avait fait la preuve de son efficacité là où cinq ans plus tôt sa faiblesse s'était étalée au grand jour.

Une seconde preuve des progrès réalisés est la montée en puissance de Frontex.

Créée en 2004 sous l'appellation d'Agence européenne pour la gestion de la coopération opérationnelle aux frontières extérieures des États membres de l'Union européenne, ayant son siège à Varsovie, Frontex est devenue en 2016, en application du règlement (UE) 2016/1624 du Parlement européen et du Conseil du 14 septembre 2016, l'« agence européenne des garde-frontières et des garde-côtes ».

Dirigée par un Français, Fabrice Leggeri, dont le mandat a été renouvelé pour cinq ans en juin 2019, elle analyse le risque migratoire, organise la coopération entre les États membres et avec des pays tiers, conduit des opérations conjointes avec les États membres à leurs frontières extérieures et enfin leur apporte un soutien pour le retour dans leur pays d'origine des étrangers en situation irrégulière.

Parallèlement à ses compétences dans le domaine migratoire, Frontex exerce des missions spécifiques intéressant les garde-côtes en liaison notamment avec deux autres agences européennes : l'agence européenne de contrôle des pêches (EFCA) et l'agence européenne de sûreté maritime (EMSA). En outre, elle joue un rôle de premier plan, en lien avec Europol et Eurojust, les deux agences européennes spécialisées en matière de police et de justice, mais aussi avec Interpol, dans la lutte contre la criminalité transfrontière et notamment contre le trafic d'êtres humains et le terrorisme.

Bien que son mandat ait été élargi par le règlement de 2016, Frontex ne s'est pas substituée aux autorités nationales des États membres de Schengen qui restent chargées de la gestion de leurs frontières et notamment de leurs frontières extérieures, mais qui peuvent faire appel à Frontex qui leur doit assistance. Frontex n'intervient pas sans demande d'un État membre. C'est aussi de 2016 que date la possibilité pour Frontex d'intervenir dans des pays tiers voisins de l'Union européenne avec l'accord de ces pays et sur la base d'un statut de force négocié avec eux par la Commission. Dès octobre 2018, l'Union européenne signait un accord avec l'Albanie permettant à Frontex de fournir à ce pays une assistance en matière de gestion des frontières, de mener avec lui des opérations conjointes et de déployer des équipes dans la partie de l'Albanie frontalière de l'Union européenne et plus particulièrement de la Grèce. Lors d'une visite à Frontex en juin 2019 à Varsovie, j'ai pu rencontrer une équipe de garde-frontières détachés de plusieurs États membres qui agissaient de concert avec leurs homologues albanais, y compris en Albanie, pour coordonner le contrôle de la frontière entre la Grèce et l'Albanie et ce dans les deux sens. Des accords analogues ont été signés en octobre et en novembre 2019 avec le Monténégro et la Serbie et sont en voie de finalisation avec la Macédoine du Nord et la Bosnie-Herzégovine. Alors que la route des Balkans avait été massivement empruntée à l'automne 2015 par des étrangers en provenance de Turquie, l'Union européenne et les pays concernés en ont tiré les leçons avec comme objectif que les Balkans ne soient plus le ventre mou de l'Europe en matière migratoire. L'adhésion de la Croatie à Schengen, à laquelle la Commission a donné un avis favorable en octobre 2019, améliorera la maîtrise par l'Union européenne de ses frontières extérieures.

L'année 2019 est une nouvelle étape dans cette montée en puissance de Frontex. Alors que les effectifs de l'agence étaient jusqu'à cette date très limités (690 agents au siège en 2019) et que les déploiements dans les opérations conjointes consistaient pour l'essentiel en personnels mis à disposition de manière temporaire par les États membres, le règlement (UE) 2019/1896 du 13 novembre 2019 prévoit de doter Frontex de moyens nouveaux puissants. Outre les agents en fonction à son siège, les effectifs de l'agence doivent atteindre 6 500 personnes en 2021 dont une partie recrutée par elle. Ces derniers seront formés par elle et logés dans des bâtiments propres, à l'image de ce qui se fait pour les missions militaires de l'Union européenne. Cette forte augmentation des effectifs et le nouveau statut qui en résulte pour une partie importante d'entre eux représentent un changement de nature de l'agence. Frontex est ainsi le premier corps d'agents européens, en uniforme, armés et dotés de pouvoirs juridiques et d'exécution (vérification d'identité, refus d'entrée, escorte d'étrangers reconduits dans leur pays d'origine). En parallèle, une décision du 27 mars 2019 du conseil d'administration de l'agence porte adoption d'une stratégie technique et opérationnelle pour une gestion intégrée des frontières de l'Europe.

Pour mesurer l'ampleur de la tâche qui est celle des États membres et de Frontex qui en partagent la responsabilité et le fardeau financier, je rappelle que l'Union européenne compte 12 000 kilomètres de frontières extérieures terrestres et 32 000 kilomètres de frontières extérieures maritimes avec au total un peu moins de 1 900 points de passage autorisés dont plus de 600 dans les aéroports et que le nombre de passagers qui franchissent chaque année ces frontières extérieures est de plus de 600 millions et ce dans les deux sens.

Le contrôle des frontières extérieures ne serait pas possible sans des systèmes d'information intégrés qui sont un des apports essentiels de l'Union européenne à la sécurité de ses habitants et à la maîtrise des migrations. Plusieurs applications informatiques sont au cœur de la gestion des migrations en ce qu'elles permettent un partage des données sensibles entre les États membres.

La première et la plus ancienne de ces applications est le système d'information Schengen (SIS), conçu dès la fin des années 1980, qui regroupe dans une même base les informations fournies par les États membres sur les personnes dangereuses ou interdites d'entrée dans un État membre, les véhicules volés, les armes… Aucun contrôle sérieux des frontières ne serait possible sans un tel dispositif. En parallèle a été mis en place le système Eurodac qui permet l'enregistrement des empreintes digitales des demandeurs d'asile et des étrangers qui franchissent irrégulièrement une frontière extérieure. L'application de l'accord de Dublin repose très largement sur le bon fonctionnement de ce système qui assure l'identification certaine des étrangers concernés et a mis un terme à des décennies de fraude consistant pour un étranger à utiliser des *alias* ou à changer d'identité à sa guise. Plus récent enfin mais tout aussi important est le système d'information sur les visas (VIS) qui enregistre les données biométriques de tous les étrangers ayant présenté une demande de visa dans l'un quelconque des consulats de chacun des États membres ainsi que la décision prise à ce sujet. Un des corollaires de l'espace unique sans frontières intérieures est qu'un ressortissant d'un pays tiers peut s'adresser au consulat de n'importe quel État membre pour y solliciter la délivrance d'un visa Schengen qui lui ouvrira les portes de l'ensemble de cet espace unique. Ce système ne peut fonctionner que si les autorités consulaires de l'État membre ainsi saisies consultent les autorités des autres États membres pour vérifier qu'elles n'ont pas d'objection à la délivrance du visa Schengen et si les informations relatives aux visas délivrés ou refusés sont partagées par tous les États membres. Pour la France, la montée en puissance du VIS et la nécessité d'équiper progressivement tous nos postes consulaires ont été un formidable accélérateur de l'informatisation de nos consulats et de la mise en place d'une coopération étroite entre les consulats et les services du ministère de l'Intérieur détenteurs d'informations sur les étrangers présentant un risque pour l'ordre public ou pour la maîtrise de l'immigration. En matière de politique des visas, Schengen est un succès incontestable et a amélioré la sécurité des procédures : on ne le dira jamais assez !

L'informatisation des procédures a d'ailleurs de beaux jours devant elle. Les règlements 2018/1240 et 2018/1241 du Parlement européen et du Conseil prévoient le déploiement d'un système européen d'information et d'autorisation sur les voyages (ETIAS), inspiré du système américain ESTA, qui permettra une parfaite traçabilité des déplacements des ressortissants des pays tiers qui ne sont pas soumis à l'obligation de détenir un visa pour pénétrer dans l'espace unique européen. Tous les voyageurs français qui se sont rendus aux États-Unis connaissent ce système et aucun ne l'a jamais regardé comme liberticide. Le système central ETIAS qui fonctionnera vingt-quatre heures sur vingt-quatre, sept jours sur sept, sera géré par Frontex. Il aura fallu plus de dix ans pour opérer la transposition du dispositif américain : la bataille pour la maîtrise de l'immigration et la lutte contre la criminalité transfrontalière est une bataille de longue haleine et les progrès obtenus, pour décisifs qu'ils soient, ne sont pas regardés par nos concitoyens comme spectaculaires. ETIAS pourra être connecté aux autres systèmes européens d'information.

ETIAS aura d'ailleurs de nombreux points communs (infrastructures de communication, matériels, logiciels) avec un autre dispositif adopté en 2017 : le système d'entrée-sortie (EES) qui, comme son nom l'indique, sera à même d'enregistrer les données biométriques relatives à l'entrée et à la sortie de l'espace Schengen de tous les ressortissants des pays tiers y faisant un court séjour (moins de trois mois). Les équipes de Frontex pourront accéder à ce registre.

La nécessité d'assurer la sécurité de l'espace unique européen et de le protéger contre l'immigration clandestine a balayé les atermoiements, les manœuvres d'obstruction et les combats à retardement dont la France s'était fait une spécialité depuis le début des années 1980. L'informatisation et l'introduction de données biométriques sur nos documents d'identité et de voyage et sur ceux des étrangers des pays tiers ont fait en vingt ans des pas de géant. L'impulsion européenne et la capacité des derniers États membres à avoir intégré l'Union européenne à mettre en place des systèmes informatiques à la pointe de la modernité – je pense par exemple à l'Estonie – ont bousculé l'administration française et, pour ne pas se couvrir de ridicule, nos politiques ont été contraints de suivre le mouvement. Contrairement à ce qu'affirment trop souvent les contempteurs de l'Union européenne, la construction d'un espace de liberté, de sécurité et de justice a représenté un progrès décisif.

Malgré ces progrès, des critiques récurrentes sont adressées aux dirigeants de l'Union européenne, de Frontex et de certains États membres sur les modalités de contrôle des frontières extérieures.

Écartons d'abord la critique selon laquelle Frontex échapperait à tout contrôle démocratique. Le conseil d'administration de l'agence comporte des représentants de tous les États membres et des pays associés à Schengen ainsi que de la Commission. Frontex impose à tous les garde-frontières européens un code de conduite dont les dispositions sont en ligne avec la charte européenne des droits fondamentaux. Tous les personnels participant à des opérations conduites par Frontex sont formés à la connaissance des droits fondamentaux de la personne humaine et aux règles d'accès au statut de réfugié. Depuis 2011, un officier en charge des droits fondamentaux et un forum consultatif sur les droits fondamentaux ont été intégrés à l'organigramme de Frontex. Au demeurant, aucune plainte n'a jamais été déposée contre un agent de Frontex, dont il faut cependant rappeler qu'elle n'a ni autorité ni droit de regard sur les agissements des forces de sécurité en charge des contrôles frontaliers dans les États membres.

Écartons aussi la critique sur l'attitude de la Grèce et de Frontex sur ce qui se passe à la frontière gréco-turque. L'arrêt du 13 février 2020 de la Cour européenne des droits de l'homme que j'ai déjà cité permet de le faire. Les étrangers qui se sont massés, parfois depuis plusieurs années, à la frontière occidentale de la Turquie ont eu de nombreuses occasions, dans tout ou partie des pays qu'ils ont traversés, de solliciter un visa ou de déposer une demande d'asile dans un consulat grec. Ils ne l'ont pas fait et, en tentant de passer coûte que coûte en Grèce, ils se rendent coupables d'une tentative de franchissement illégal de la frontière. De surcroît, en refoulant des Syriens, des Afghans, des Pakistanais ou des Camerounais en Turquie où ils n'encourent pas de risque de persécution, les autorités grecques ne méconnaissent pas l'article 33 de la convention de Genève sur les réfugiés qui prohibe seulement le refoulement sur les limites des territoires où la vie et la liberté des intéressés sont menacées. Naturellement, l'approche juridique a ses limites et nul ne peut rester indifférent au sort des familles qui ont entrepris, parfois au péril de leur vie, un long périple pour quitter des pays ravagés par la guerre ou le terrorisme. J'y reviendrai à la fin de ce chapitre en faisant des propositions.

La troisième série de critiques adressées à l'Union européenne et à ses États membres a trait aux risques mortels encourus par les étrangers qui tentent de traverser la Méditerranée, au motif que l'Union européenne donnerait la priorité à la lutte contre l'immigration clandestine au détriment du secours en mer. Cette critique qui vise en particulier la Méditerranée centrale et l'attitude de l'Italie semble partiellement justifiée s'agissant de l'Italie au temps de Matteo Salvini.

L'annexe 9 au présent chapitre analyse le cadre juridique relatif au secours en mer. Les conventions internationales applicables consacrent la responsabilité particulière de l'État en charge de la région de recherche et de sauvetage dans laquelle assistance est prêtée à un navire en difficulté et c'est à l'aune de cette stipulation que l'on peut apprécier le comportement de Matteo Salvini.

La Libye, pays de transit par excellence du fait de sa position géographique, a joué le rôle de poste-frontière avancé de l'Europe avant la chute du régime de Kadhafi. Non sans essayer d'en tirer avantage. J'ai gardé un souvenir précis d'une réunion des ministres de l'Immigration à Paris, en novembre 2008, pendant la présidence française de l'Union, sur le thème des relations avec les pays tiers. La Libye y était représentée et elle menaça, alors que la règle de l'unanimité présidait à l'adoption de la résolution finale, de s'opposer à cette adoption au motif que le montant de l'aide que l'Union européenne était prête à accorder aux pays tiers était insuffisante. Il fallut à Brice Hortefeux qui présidait la réunion des trésors de patience et de diplomatie pour obtenir que la Libye s'abstienne, ouvrant ainsi la voie au succès de la conférence qui marquait la fin de la présidence française.

Les conséquences du chaos libyen né de l'élimination du colonel Kadhafi furent immédiates sur le plan migratoire. En 2014, près de 140 000 migrants firent le choix de rejoindre l'Italie à partir des côtes libyennes.

La réaction de l'Union européenne ne se fit pas attendre. Dès 2015, les ressources financières allouées aux opérations de sauvetage en mer (Triton, depuis 2014 en Méditerranée centrale, et Poséidon, depuis 2006 en Méditerranée orientale) furent triplées. En parallèle fut lancée en mai 2015 une opération militaire intitulée Sophia dont l'objectif était de démanteler les réseaux de passeurs et de trafiquants d'êtres humains en Méditerranée. Au fil des années, le mandat de cette opération, prorogé jusqu'en février 2020, fut élargi à la formation de la marine et des garde-côtes libyens, à la lutte contre le trafic d'armes en haute mer au large des côtes libyennes et à la surveillance des exportations illicites de pétrole en provenance de Libye. Par ailleurs, jamais des personnes secourues en mer par Frontex n'ont été remises aux autorités libyennes.

Au total, les trois opérations Thémis (suite de Triton à partir de février 2018), Poséidon et Sophia ont permis de sauver environ 375 000 personnes entre 2015 et 2019 en Méditerranée. Dans le même temps, le nombre de personnes mortes ou portées disparues a été de 5 824. Affirmer que l'Union européenne se désintéresse du secours en mer est donc purement diffamatoire. Et chercher à culpabiliser l'opinion publique européenne participe d'une grande opération de désinformation orchestrée par ceux qui sont plus prompts à mettre en exergue les naufrages survenant périodiquement que les opérations de secours réussies au quotidien par l'Union européenne, les États membres et les navires privés. Naturellement, ces naufrages sont dramatiques. Mais remettre tous les chiffres en perspective n'est pas inutile.

Dans le même temps, après l'installation à Tripoli, sous l'égide de l'Onu, au début de 2016, d'un gouvernement d'union nationale, l'Union européenne et l'Italie ont posé les fondements d'une coopération durable avec la Libye en lien étroit avec l'Organisation maritime internationale. L'objectif était, en application de la convention de 1979 (SAR), de définir dans les eaux internationales une zone de recherche et de sauvetage dépendant de la Libye et de mettre en place dans la capitale libyenne un centre de coordination des secours maritimes. Ce fut chose faite au début de 2018 avec la création officielle du centre libyen de coordination des secours maritimes, en partie financé par le fonds fiduciaire de l'Union européenne pour l'Afrique. La Libye prenait ainsi le relais de l'Italie et plus précisément du centre de coordination des sauvetages de Rome.

Les résultats de l'ensemble des actions initiées par l'Union européenne et par l'Italie ont été très satisfaisants du point de vue du contrôle des frontières extérieures de l'Europe : entre 2017 et 2018, le nombre d'immigrés clandestins arrivés en Italie par la mer a diminué de 80 %, passant de 120 000 à 23 000.

L'arrivée au pouvoir en Italie d'une nouvelle coalition dominée par la figure du ministre de l'Intérieur Matteo Salvini et l'aggravation de la guerre civile en Libye sur fond d'ingérences extérieures de plus en plus massives avec comme conséquence la disparition de l'État dans ce pays ont changé la donne.

Le 11 juin 2018, le nouveau vice-président du Conseil et ministre de l'Intérieur italien, Matteo Salvini, annonce qu'il refusera d'accueillir dans le port de Messine l'*Aquarius*, navire humanitaire affrété par SOS Méditerranée et Médecins sans frontières avec à son bord plus de 600 migrants alors même que leur sauvetage en mer a été opéré sous le contrôle du centre de coordination des secours de Rome, lui-même alerté par les avions de la mission européenne en charge de la lutte contre le trafic de migrants en Méditerranée. Après que Malte a également opposé un refus au motif que les secours avaient été organisés sous le contrôle de l'Italie, l'*Aquarius,* accompagné de deux bateaux de la marine et des garde-côtes italiens, est accueilli le 17 juin dans le port espagnol de Valence. Le refus italien va s'inscrire dans la durée. Dès la fin juin, il trouve à s'appliquer au *Lifeline*, navire humanitaire allemand ayant agi de sa propre initiative, avec à son bord plus de 230 migrants, et contraint d'accoster à Malte.

Ainsi s'est ouverte une longue période de guérilla politico-juridique entre le gouvernement italien et les organisations non gouvernementales affrétant des navires pour secourir les migrants en détresse en Méditerranée. À chaque refus italien succédait, dans la précipitation, une discussion entre plusieurs pays européens pour se répartir les étrangers concernés, discussion dont l'issue positive permettait en général de convaincre Malte ou l'Espagne d'accueillir le navire. Matteo Salvini a donc atteint son objectif politique qui était d'obliger les autres États européens à se substituer à l'Italie. Mais il l'a fait en méconnaissant le droit de la mer, au moins pour les étrangers secourus dans le cadre d'opérations de sauvetage menées sous le contrôle du centre italien de coordination des secours. Il fait d'ailleurs l'objet dans son pays de poursuites pénales pour avoir refusé de laisser débarquer les passagers d'un navire humanitaire parvenu dans un port italien et le nouveau gouvernement italien a adopté une attitude moins provocatrice et plus respectueuse du droit et des exigences de la coopération européenne.

Il reste que la Libye s'est enfoncée progressivement dans une guerre sans merci entre les milices et les groupes terroristes, qui s'est transformée en une véritable guerre civile arbitrée, comme souvent dans l'histoire, par des puissances étrangères. Dans ce contexte, les témoignages se sont multipliés sur les sévices de tous ordres subis par des étrangers ayant cru pouvoir transiter par la Libye et tombés entre les mains de groupes mafieux. En décembre 2016, un rapport de la mission d'appui des Nations unies en Libye dénonce l'extorsion de fonds, le travail forcé, les mauvais traitements et même la torture dont font l'objet les étrangers acheminés en Libye par les réseaux de passeurs et retenus dans le meilleur des cas dans des centres de détention dépendant du ministère de l'Intérieur libyen et le plus souvent dans des prisons administrées par des milices. Et ces témoignages ont aussi dénoncé l'attitude des passeurs affrétant des Zodiac dont les moteurs tombent en panne quelques « milles » après le départ des côtes, permettant ainsi aux passeurs de les récupérer et de faire payer de nouveau les passagers dans la perspective d'un autre départ. Le reportage de la chaîne de télévision CNN sur la vente de migrants africains noirs sur un « marché aux esclaves » en Libye en novembre 2017 a également agi comme un révélateur. Enfin, un raid aérien attribué aux forces du maréchal Haftar par le gouvernement d'union nationale de Tripoli a fait au moins 44 morts et 130 blessés le 2 juillet 2019 dans la banlieue de la capitale libyenne.

Dès lors, il est difficile de regarder les ports libyens comme des lieux sûrs au sens des conventions internationales sur le droit de la mer.

* *
*

La crise de la covid-19 a entraîné au premier semestre 2020 une forte baisse, de l'ordre de 20 %, des franchissements illégaux des frontières extérieures de l'Union européenne. Ce résultat est une moyenne : si les routes de la Méditerranée occidentale (vers l'Espagne) et de la Méditerranée orientale (vers la Grèce) enregistrent une baisse de moitié des passages frontaliers illégaux, en revanche le nombre de ceux-ci a doublé en Méditerranée centrale (vers l'Italie et Malte). Sur cette dernière route, l'augmentation s'est produite en début d'année avant la fermeture, le 17 mars, des frontières extérieures de l'Union. Il est trop tôt pour savoir si cette baisse d'ensemble sera durable.

Au-delà des progrès déjà réalisés, des améliorations sont possibles. Elles doivent être soigneusement préparées de sorte que leur mise en œuvre soit effective dès que la pandémie aura été éradiquée.

D'abord au niveau des États membres. Les contrôles aux frontières extérieures doivent être complétés par des contrôles systématiques sur les territoires de ces États.

Hors période de crise, il est vain de vouloir répéter au niveau de leurs frontières intérieures les contrôles exercés aux frontières extérieures. Certes, certaines frontières internes sont aujourd'hui le lieu d'un intense trafic de personnes et de fret, voire la plaque tournante de migrations nombreuses à destination de pays tiers comme c'est le cas de la frontière franco-belge traversée tous les jours par des milliers de personnes désireuses de rejoindre le Royaume-Uni ou de la frontière franco-suisse. Et il serait tout à fait naïf de penser que ne se greffent pas sur ces échanges légaux toutes sortes de trafics illicites (drogues, armes, véhicules volés…).

La solution consiste à multiplier les patrouilles mixtes composées de policiers ou douaniers français et belges ou français et suisses ou encore français et italiens, capables de coordonner leurs actions dans des centres de coopération policière et douanière et de se projeter ensuite de part et d'autre de la frontière pour y mener dans un rayon qui peut, selon la réglementation Schengen, aller jusqu'à 20 kilomètres non seulement des contrôles inopinés, mais aussi des interpellations, des perquisitions ou des saisies. Ces interventions permettront aussi d'appréhender des personnes ayant franchi régulièrement les frontières extérieures de l'Union européenne ou y séjournant légalement, mais qui se livrent à des activités répréhensibles. Elles seront d'autant plus efficaces qu'elles seront organisées dans des lieux où l'on ne s'y attend pas.

Les difficultés structurelles rencontrées par certains de nos voisins européens à contrôler leur frontière extérieure doivent nous encourager à développer ce type de coopération. C'est à juste titre que le nouveau ministre de l'Intérieur, Gérald Darmanin, a décidé dès son arrivée place Beauvau d'intensifier les actions conjointes avec l'Italie.

En matière de contrôle de l'immigration comme de lutte contre la grande criminalité, pour que nos frontières, extérieures comme intérieures, ne soient pas autant de lignes Maginot, il faut se projeter résolument au XXIe siècle et pratiquer la guerre de mouvement. La priorité est aux contrôles inopinés et mobiles sur l'ensemble des territoires des États membres. La priorité est à l'utilisation systématique, lors de ces contrôles, des techniques d'identification biométrique et des systèmes d'information pour faire échec aux fraudes à l'identité. La priorité est au renforcement, si nécessaire avec l'aide de Frontex, de la coopération entre des pays européens situés sur une même route migratoire. La priorité enfin est à l'éloignement effectif de l'espace unique européen des ressortissants des pays tiers dont les contrôles inopinés auront révélé l'irrégularité de la situation. Telle est la question clef. Au regard de mon expérience professionnelle, je ne suis pas suspect de sous-estimer l'importance des frontières. Mais elles ne sont pas une fin en soi. Il ne faudrait pas que la nouvelle religion de la frontière soit une simple incantation et dispense nos responsables publics de donner à leurs administrations, partout sur le territoire des États membres, la capacité de renvoyer les clandestins dans leurs pays d'origine et les demandeurs d'asile dans l'État membre qui en a la responsabilité au sens de la convention de Dublin. C'est parce que nous échouons depuis plus de vingt ans à relever ce double défi que la confiance dans l'action des États et de l'Europe s'est érodée.

Nous ne souffrons pas de trop d'Europe, de trop de Schengen ou de trop de Dublin. Nous souffrons d'avoir baissé la garde à nos frontières extérieures en cédant aux sirènes de la mondialisation heureuse. Nous souffrons surtout de n'être pas allés au bout de la logique de ces accords en faisant le pari de la modernisation des contrôles et du recours aux technologies du XXIe siècle.

S'agissant du contrôle des frontières maritimes de l'Union européenne, je suis très sceptique sur le concept de plates-formes de débarquement dans les pays tiers adopté lors du Conseil européen de juin 2018.

Ce concept sera très difficile à mettre en œuvre en raison de l'instabilité des pays de transit que sont aujourd'hui la Libye, la Tunisie et la Turquie. De façon plus générale, l'idée d'installer dans des pays tiers des centres destinés à permettre de séparer les demandeurs d'asile authentiques des étrangers désireux d'émigrer pour des raisons économiques n'est pas réaliste. Autant les consulats des pays de l'Union européenne installés dans les pays tiers sont légitimes à enregistrer et à instruire les demandes d'asile des ressortissants de ces pays ou des étrangers qui y transitent, autant il n'est pas envisageable d'installer dans ces pays tiers des camps où les étrangers désireux de rejoindre l'Europe seraient maintenus en résidence en attendant l'issue de l'examen de leur demande. L'expérience des camps gérés par le HCR au Kenya ou en Ouganda, à proximité de pays en guerre comme le Soudan ou la Somalie, montre que ces camps finissent par s'inscrire durablement dans le paysage avec des personnes qui y vivent parfois pendant des années, ce qui peut susciter les réticences, voire l'hostilité du gouvernement légitime du pays d'installation. Pourquoi les pays du Maghreb accepteraient-ils ce que la France n'accepte pas à Calais ? L'Union européenne ne doit pas demander aux autres ce qu'elle n'est pas prête à accepter sur son sol. Enfin ce qui s'est passé en Turquie à la fin février 2020 montre que la tentation peut être grande pour un pays de se servir des étrangers en transit sur son territoire comme d'une masse de manœuvre dans des « bras de fer » diplomatiques qui n'ont rien à voir avec la situation objective ou les espoirs de ces étrangers.

Il serait donc plus judicieux que l'Union européenne finance, à proximité des ports des pays les plus exposés aux arrivées par la mer, à Malte, en Italie, en Grèce ou peut-être demain en Espagne, des zones qui seraient l'équivalent de la zone internationale dans les aéroports français. Les demandeurs d'asile secourus en mer ou accostant sur les côtes de ces pays y seraient regroupés, sans la possibilité d'en sortir, et les autorités compétentes de l'État membre concerné s'y prononceraient en urgence, avec le soutien du bureau européen d'appui en matière d'asile (EASO), sur la recevabilité de chaque demande. Les demandeurs faisant l'objet d'un rejet pour irrecevabilité seraient réacheminés avec l'appui de Frontex vers leur pays d'origine. Les autres demandeurs verraient leur demande examinée par l'État membre de débarquement ou par un autre État membre volontaire. J'y reviendrai à la fin du chapitre suivant consacré à l'asile.

Des améliorations sont également possibles avec le soutien de Frontex :

— Frontex procède, dans le cadre de l'analyse des risques, à une évaluation mensuelle de la vulnérabilité de chaque État membre. Les résultats de cette évaluation ne sont pas rendus publics. Même si cela est compréhensible, c'est bien dommage, car nul doute qu'une telle publication ne comporterait son lot de surprises. À partir d'un échantillon de 7 pays (Grèce, Espagne, Slovénie, Belgique, Italie, Pays-Bas et Pologne), on estime que 22 % des passagers franchissant une frontière extérieure de l'Union européenne ne sont pas contrôlés dans le SIS, ce qui représente la bagatelle de 122 millions de passagers ! Quant au défaut d'interrogation du fichier des documents volés ou falsifiés d'Interpol, il porte sur plus de 40 % des voyageurs ! La généralisation de contrôles de qualité sur l'ensemble des personnes entrant dans l'espace unique européen reste une priorité très concrète. À ceux qui pensent que la France n'est pas suspecte d'être un mauvais élève, je veux rappeler le fiasco, alors que M. Cazeneuve, pourtant réputé pour son sérieux, était ministre de l'Intérieur, qu'a représenté, en pleine crise syrienne, l'absence de tout contrôle, à l'aéroport de Marseille, sur la personne de deux étrangers en provenance de Turquie, fichés comme terroristes, et qui se sont présentés d'eux-mêmes à la police quarante-huit heures après leur arrivée en France : le ministère de l'Intérieur a invoqué une panne du système informatique !

— Les *hot spots*, c'est-à-dire les centres d'enregistrement créés en 2016 qui permettent d'identifier les clandestins interpellés lors du passage d'une frontière extérieure, de relever leurs empreintes digitales et de les interroger sur leurs parcours et les filières qui les ont aidés à parvenir en Europe, n'existent actuellement qu'en Grèce et en Italie. Et seuls 5 % de ces clandestins sont actuellement soumis à interrogatoire. Si l'on veut lutter avec efficacité contre les réseaux de passeurs et les filières criminelles qui les soutiennent, il faudrait pouvoir interroger la totalité des clandestins interpellés lors du franchissement d'une frontière extérieure et partager les informations ainsi recueillies avec toutes les agences européennes et les États membres intéressés. Frontex s'est fixé cet objectif.

— La lutte contre l'immigration clandestine souffre, dans la plupart des États membres, d'une inefficacité chronique qui tient au fait que le pourcentage des clandestins effectivement éloignés de l'espace unique européen après avoir été interpellés sur le territoire d'un État membre est trop faible. Cela tient notamment aux difficultés à obtenir des laissez-passer consulaires de la part des États d'origine. La France par exemple a toujours eu les plus grandes difficultés à organiser des vols de retour vers des pays avec lesquels elle a eu peu de relations dans son histoire : l'Afghanistan, les pays d'Afrique de l'Est et notamment ceux de la Corne de l'Afrique qui avaient été colonisés par le Royaume-Uni… La mutualisation des vols de retour avec l'aide de Frontex est donc un progrès majeur : 64 destinations sont aujourd'hui couvertes par Frontex contre 32 seulement en 2017. Mais la France n'utilise pas encore suffisamment cette faculté : en 2018, sur 14 000 clandestins reconduits par Frontex, 8 000 l'ont été pour le compte de l'Allemagne, 2 000 pour l'Italie et 1 000 seulement pour la France. En outre, là encore, la marge de progression de Frontex est considérable : les 360 opérations de retour conjointes organisées en 2018 n'ont représenté que 10 % du total des clandestins effectivement éloignés de l'espace unique européen.

Reste l'incertitude budgétaire. Avant la crise sanitaire, il était prévu qu'en 2027 le budget de Frontex soit de 1,7 milliard d'euros avec 1 000 agents au siège et la capacité d'en déployer 10 000 en opération. À cette fin, en octobre 2019, le Parlement européen avait proposé que le budget de l'Union européenne (cadre financier pluriannuel) soit, au total, pour la période 2021-2027, de 32,2 milliards d'euros pour le poste « Migrations et gestion des frontières ». Mais la priorité a été donnée au sommet européen de juillet 2020 au plan de relance et la dotation budgétaire du poste « Migrations et gestion des frontières » a été réduite à 22,7 milliards d'euros, ce qui, pour Frontex, correspond à un budget annuel d'environ 1 milliard d'euros. C'est moins qu'espéré, mais beaucoup plus que dans le cadre financier pluriannuel précédent (en 2019, le budget de Frontex avait atteint 340 millions d'euros).

* *
*

La crise sanitaire a conduit les États membres de l'Union européenne à réagir en ordre dispersé, qu'il s'agisse de la fermeture des frontières intérieures en mars 2020 ou de la réouverture des frontières extérieures qui est loin d'être achevée au moment où j'écris ces lignes. Il est à craindre que le désordre ne se prolonge au gré des recrudescences plus ou moins localisées de l'épidémie.

Mais elle a agi comme un révélateur. Notre santé s'accommode mal du défaut de vigilance et la dimension sanitaire des contrôles aux frontières, même si elle donne lieu en particulier en France à beaucoup de tâtonnements ou d'incohérences, est revenue au premier rang des préoccupations des États.

Ce qui vaut pour les pandémies vaut pour d'autres risques, terroristes ou migratoires par exemple.

La libre circulation au sein de l'Union européenne n'est pas une fin en soi. Parce qu'ils en ont été privés, les Européens en ont mieux mesuré l'intérêt, mais aussi le prix. Comme toutes les libertés, la liberté de circulation n'est pas sans risque. Elle ne peut s'exercer dans la sérénité que si elle est organisée et qu'une série de précautions ont été prises, notamment aux frontières extérieures des États membres. Des progrès très sensibles ont été accomplis à cet égard depuis dix ans par l'Union européenne, Frontex et les États membres.

Mais le contrôle des frontières extérieures, pour essentiel qu'il soit, doit s'inscrire dans une vision plus large du contrôle de l'immigration. Il faut que l'Union européenne s'organise pour que les candidats à l'immigration légale ou les demandeurs d'une protection internationale puissent introduire leur demande dans les consulats des États membres, dans leur pays d'origine ou dans un pays tiers. Le réseau consulaire européen, aujourd'hui sous-employé au regard de la nécessaire maîtrise des flux migratoires, doit devenir la règle, c'est-à-dire la porte d'entrée principale, et les autres possibilités d'entrée l'exception.

L'immigration vers l'Europe n'est la panacée ni pour les étrangers pauvres, malades ou simplement à la recherche d'une vie meilleure, ni pour les États membres. Mais si elle doit avoir lieu, elle doit impérativement obéir à des règles, et la première d'entre elles est le libre consentement du pays de destination.

Annexe 9

Le cadre juridique des opérations de secours en mer

Le cadre juridique résulte pour l'essentiel de *trois conventions internationales* dont deux ont été adoptées sous l'égide de l'Organisation maritime internationale (OMI) :

— La convention des Nations unies sur le droit de la mer de 1982 dont l'article 98 § 1 stipule que : « Tout État exige du capitaine d'un navire battant son pavillon que [...] a) il prête assistance à quiconque est trouvé en péril en mer ; b) il se porte aussi vite que possible au secours des personnes en détresse s'il est informé qu'elles ont besoin d'assistance [...]. »

— La convention internationale de 1974 pour la sauvegarde de la vie humaine en mer (Solas pour *Safety of Life at Sea*), ensemble *une annexe*, adoptée à Londres le 1er novembre 1974, entrée en vigueur le 25 mai 1980 et à laquelle ont adhéré, pour s'en tenir aux principaux protagonistes de la Méditerranée centrale, l'Italie le 11 juin 1980, la Libye le 2 juillet 1981, Malte le 8 août 1986 et la Tunisie le 6 août 1980.

— La convention internationale sur la recherche et le sauvetage maritimes (SAR pour *Search and Rescue*) adoptée à Hambourg le 27 avril 1979 et entrée en vigueur le 22 juin 1985.

Il résulte des stipulations de ces conventions et notamment de la règle 33(1) de la convention Solas et du point 3.1.9 de l'annexe de la convention SAR que le capitaine d'un navire en mer qui est en mesure de prêter assistance et qui reçoit, de quelque source que ce soit, une information indiquant que des personnes se trouvent en détresse en mer, est tenu de se porter à toute vitesse à leur secours et de les conduire dans un lieu sûr. Ces stipulations ne dégagent pas la responsabilité des États qui sont tenus de porter secours aux naufragés dans leurs eaux territoriales. Les États adhérents à la convention de 1979 ont d'ailleurs créé, sous l'égide de l'OMI, des zones de recherche et de sauvetage dans lesquelles ils coordonnent les opérations en mobilisant leurs garde-côtes, mais aussi en donnant des ordres à des bâtiments privés, de commerce ou de croisière, présents sur la zone. Au sein de chaque zone de recherche et de sauvetage, un État adhérent à la convention de 1979 met en place un ou plusieurs centres de coordination des secours maritimes reliés entre eux par des systèmes de communication satellitaire. Ces centres doivent être opérationnels vingt-quatre heures sur vingt-quatre et dotés de personnels formés et ayant une connaissance pratique de l'anglais. Les opérations de secours sont régies par un manuel international de recherche et de sauvetage aéronautiques et maritimes.

Si le principe du secours en mer est bien balisé en droit international, il n'en est pas de même du débarquement des personnes secourues. D'abord parce que le droit d'accès aux installations portuaires d'un État consacre la souveraineté de celui-ci, avec comme seule exception le cas d'un navire en détresse, concept qui semble impliquer que la vie des personnes présentes sur le navire soit menacée. Ensuite parce que la convention de 1974 (Solas), amendée en 2004, stipule seulement, dans sa règle 33(1), que « les gouvernements contractants doivent assurer la coordination et la coopération nécessaires pour que les capitaines de navires qui prêtent assistance en embarquant des personnes en détresse en mer [...] s'écartent le moins possible de la route prévue [...] » et que « le gouvernement contractant responsable de la région de recherche et de sauvetage dans laquelle une assistance est prêtée assume au premier chef la responsabilité de veiller à ce que cette coordination et cette coopération soient assurées, afin que les survivants secourus soient débarqués du navire qui les a recueillis et conduits **en lieu sûr** ».

Une directive de l'OMI de 2004[1] définit le lieu sûr, dans son § 6.12, comme « un emplacement où les opérations de sauvetage sont censées prendre fin » et aussi « un endroit où la vie des survivants n'est plus menacée et où l'on peut subvenir à leurs besoins fondamentaux (tels que des vivres, un abri et des soins médicaux) ». La même directive précise dans son § 6.17 que « la nécessité d'éviter le débarquement dans des territoires où la vie et la liberté des personnes qui affirment avoir des craintes bien fondées de persécution seraient menacées est à prendre en compte dans le cas de demandeurs d'asile et de réfugiés récupérés en mer ». La portée juridique de cette directive est celle d'une simple recommandation à l'intention des gouvernements et des capitaines de navires. Mais la Cour européenne des droits de l'homme a jugé que le principe de non-refoulement posé par l'article 33 § 1 de la convention de Genève était opposable aux États sous le contrôle desquels les opérations de sauvetage avaient été réalisées et ce même pour des opérations menées dans les eaux internationales[2].

Les textes ne comportent donc pas explicitement la notion de port sûr le plus proche dont les médias font pourtant fréquemment état. La convention de 1974 semble d'ailleurs ne s'intéresser à la notion de proximité que pour alléger la charge des capitaines de navires portant secours. Le critère retenu est en effet celui du port dont l'atteinte modifie le moins possible la trajectoire initiale du navire.

À l'évidence, ces concepts n'ont pas été forgés en prenant en compte l'existence de navires spécialisés dans le sauvetage en mer comme le sont les navires affrétés par les ONG. Et on a le sentiment que l'on a greffé sur le droit de la mer des concepts issus de la convention de Genève sur les réfugiés. Toutes les conditions sont donc réunies pour des controverses juridiques. En 2001, l'Australie a refusé d'accueillir sur son territoire 438 étrangers, afghans dans leur immense majorité, secourus par le *Tampa*, cargo norvégien qui avait opéré dans le cadre d'une opération de secours coordonnée par

1. Résolution MSC.167 (78), Annexe 34, Directives sur le traitement des personnes secourues en mer.

2. Grande Chambre, Affaire Hirsi Jamaa et autres c. Italie, 23 février 2012, § 134, requête n° 27765/09.

l'Australie, puis pénétré dans les eaux territoriales de ce pays. En définitive, les intéressés furent transportés en Nouvelle-Zélande et à Nauru dans le cadre d'une solution négociée avec ces deux pays et l'Onu. C'est après cet épisode que fut amendée la convention de 1974 (Solas). Plus près de nous, à l'été 2004, l'Italie avait refusé dans un premier temps d'accueillir à Porto Empedocle (Sicile) le *Cap Anamur*, navire d'une ONG allemande ayant secouru dans les eaux internationales, au large de Lampedusa, 37 ressortissants africains, au motif que le port le plus proche se trouvait en Libye. Mais la Libye qui n'avait pas ratifié la convention de Genève n'apparaissait déjà pas comme susceptible d'offrir un lieu sûr pour le débarquement de ces étrangers. Et l'Italie se laissa convaincre, après deux semaines de bras de fer, d'accueillir le *Cap Anamur* en raison notamment de l'état de santé des personnes secourues. Le navire fut néanmoins saisi, les étrangers expulsés vers leurs pays d'origine et le capitaine du bateau arrêté pour infraction à la législation sur l'immigration avant d'être acquitté par la cour d'Agrigente.

5

L'asile en Europe : quand le fait accompli pave le chemin de Sisyphe

« Alors, monsieur le directeur, vous m'aviez annoncé un bel accord européen à douze, mais on n'est plus que onze et peut-être même dix ! » Venu à Dublin le 15 juin 1990 pour signer au nom de la France une convention sur le traitement de la demande d'asile en Europe, Pierre Joxe, ministre de l'Intérieur, profère, devant la petite délégation qui l'entoure, cette remarque sarcastique à l'intention de Jean-Marc Sauvé, directeur des libertés publiques et des affaires juridiques qui fut l'âme d'une négociation difficile. Le Danemark vient d'annoncer qu'il ne signerait pas le projet de convention et, avant que les ministres ne se réunissent une dernière fois pour ce qui devait être l'apothéose de la présidence irlandaise, l'incertitude plane toujours sur ce que sera l'attitude des Pays-Bas. Ainsi naquit la convention de Dublin, boiteuse au départ, puisque le Danemark n'apposera sa signature qu'un an plus tard, le 13 juin 1991.

Au sein de l'Union européenne, la répartition des responsabilités entre États membres pour le traitement d'une demande d'asile est organisée actuellement par le règlement « Dublin III ».

L'histoire de ce règlement est en grande partie une histoire française. Il est l'héritier de la convention signée le 15 juin 1990 et dont le père spirituel fut Jean-Marc Sauvé qui devint ensuite secrétaire général du gouvernement, puis vice-président du Conseil d'État. Lorsque se profila la perspective de la présidence française de l'Union européenne, prévue au second semestre 1989 et qui coïncida fort opportunément avec le bicentenaire de la Révolution française,

Jean-Marc Sauvé proposa que la France présente à ses partenaires de l'Union européenne un projet de convention sur l'asile.

À l'époque, l'Europe devait faire face à une première crise de l'asile liée notamment à l'ébranlement des démocraties populaires à l'est du rideau de fer, avec à la clef pour la France une forte augmentation du nombre des demandes, passé de 26 290 en 1986 à 61 422 en 1989 : ce pic historique ne fut par la suite dépassé de manière durable qu'en 2015. Parallèlement à l'effondrement du bloc soviétique, une partie de l'Europe s'apprêtait à goûter aux charmes de la libre circulation des personnes : l'accord de Schengen entre la France, l'Allemagne et les trois États du Benelux avait été signé le 14 juin 1985 et la négociation de sa convention d'application, destinée à préparer de manière très pratique la suppression de tout contrôle aux frontières intérieures des cinq États concernés, battait son plein.

Or cette suppression faisait peser la menace d'une forte augmentation de ce qu'on appelait à l'époque l'*asylum shopping* ou encore le « tourisme de l'asile », c'est-à-dire la possibilité pour un demandeur d'asile débouté dans un pays européen, la France par exemple, de franchir la frontière française pour rejoindre un autre pays européen, l'Allemagne par exemple, et y déposer une nouvelle demande d'asile. Les décisions prises en matière d'asile par un État européen n'étant pas reconnues par les autres États, un demandeur d'asile ingénieux pouvait se maintenir très longtemps en Europe, en en faisant le tour et en présentant des demandes successives à des États différents, sans jamais obtenir satisfaction. Cette manœuvre, au demeurant parfaitement légale, était une première illustration du « fait accompli » qui est une des signatures du comportement de beaucoup de demandeurs d'asile depuis quarante ans. C'est pour y faire échec qu'est né le concept de détermination d'un État responsable de l'examen d'une demande d'asile, seul à même d'accorder ou non le statut de réfugié à un demandeur d'asile précisément identifié, et dont les décisions s'appliqueraient ensuite sur le territoire de tous les États acceptant ce concept. La circonstance que tous les États membres de l'Union européenne fussent signataires de la convention de Genève du 28 juillet 1951 relative au statut des réfugiés facilitait cette nouvelle forme de coopération.

L'intuition de Jean-Marc Sauvé fut en effet de ne pas cantonner la négociation aux seuls États signataires de l'accord de Schengen et de l'élargir à tous les États de l'Union européenne, qui comptait alors douze membres. Ce choix nécessitait l'élaboration d'un instrument juridique distinct de l'accord de Schengen. À l'époque sous-directeur des étrangers et de la circulation transfrontière au ministère de l'Intérieur, j'eus l'honneur et la chance, avec Frédérique Doublet qui occupe toujours aujourd'hui une fonction de responsabilité en matière d'asile au ministère de l'Intérieur et Anne-Sylvie Delouvrier qui y a pris récemment sa retraite, de mettre en œuvre la proposition de Jean-Marc Sauvé. Ce fut une formidable aventure humaine et juridique. D'abord parce qu'il n'existait pas de précédent et qu'il nous fallait donc inventer, en écrivant de toutes pièces un projet de convention, et non pas recopier. Ensuite parce que la négociation impliquait du côté français les équipes du ministère des Affaires étrangères et notamment Isabelle Renouard, diplomate d'une grande sagesse, peu friande de querelles d'amour-propre, à l'époque directrice des Français à l'étranger et des étrangers en France, et l'un de ses plus proches collaborateurs, Jean-Christophe Peaucelle. Enfin et surtout parce que la question de l'asile ne relevait pas encore de la compétence de l'Union européenne : nous ne dépendions pas d'une initiative de la Commission et nous avons négocié une convention entre États, la Commission participant seulement à certaines de nos réunions en qualité d'observatrice.

Rédaction d'un avant-projet de convention, déplacement dans plusieurs capitales européennes – j'ai le souvenir notamment d'Athènes et de Copenhague –, négociation à plusieurs niveaux : il nous fallut près de dix-huit mois pour aboutir, non pas comme en aurait sans doute rêvé Jean-Marc Sauvé, sous la présidence française, mais lors de la présidence suivante qui revenait à l'Irlande. Si l'accouchement fut plus long que prévu, le bébé était promis à un bel avenir. Grâce notamment à mon adjointe, Martine Viallet, le contenu de l'accord signé à Dublin fut transcrit à l'identique dans la convention d'application de l'accord de Schengen signée quatre jours plus tard, le 19 juin 1990, et il devint ce qu'on appelle un « acquis de l'Union européenne », s'imposant à tous les États candidats à une adhésion à l'Union.

La convention de Dublin garantissait à tout demandeur d'asile l'examen de sa demande. À cette fin, elle posait le principe de la détermination, sur la base d'une combinaison de critères formant un arbre de décisions, d'un État membre comme responsable de l'examen d'une demande d'asile déposée sur l'un quelconque des territoires des États de la Communauté européenne. Un demandeur ayant déposé sa demande sur le territoire d'un État mais relevant de la responsabilité d'un autre État membre devait être transféré vers ce dernier. Mais la convention permettait à tout autre État le souhaitant d'assumer seul la responsabilité de l'examen d'une demande alors même que les critères fixés par la convention ne le désignaient pas comme État responsable. Enfin l'État responsable de l'examen de la demande avait aussi la responsabilité d'éloigner le demandeur débouté de son territoire à destination d'un pays tiers.

Contrairement à ce que les détracteurs de la convention disent aujourd'hui, les critères fixés par la convention ne se résumaient pas, tant s'en faut, à la question de savoir quel était l'État membre dans lequel le demandeur d'asile était entré pour la première fois dans l'espace européen. Beaucoup d'autres critères, d'un maniement parfois subtil, étaient utilisés pour désigner l'État responsable : leur prise en compte par la convention correspondait à ce qu'on savait à l'époque des principaux modes opératoires utilisés par les demandeurs d'asile pour parvenir dans l'Union européenne. Ainsi, par exemple, le critère de l'État ayant délivré au demandeur d'asile un visa ou un titre de séjour ou encore celui de l'État dans lequel le demandeur peut prouver être entré de manière irrégulière pour la première fois ou enfin le critère de l'État dans lequel résident des membres de famille du demandeur. La combinaison de ces critères représentait un algorithme assez élaboré dont Frédérique Doublet et Anne-Sylvie Delouvrier peuvent être, trente ans plus tard, légitimement fières.

En France, la ratification de la convention de Dublin (comme d'ailleurs des accords de Schengen) a nécessité une révision de la Constitution à la suite d'une décision du Conseil constitutionnel du 13 août 1993 qui soulignait que l'asile en France ne trouve pas son seul fondement dans la convention de Genève sur les réfugiés, mais aussi dans la Constitution et plus précisément dans les dispositions du quatrième alinéa du Préambule de la Constitution de 1946 qui prévoit que « tout homme persécuté en raison de son action en faveur de la liberté a droit d'asile sur les territoires de la République ». L'interprétation faite à l'époque de cette décision du Conseil constitutionnel fut qu'il n'était pas possible d'instruire ailleurs qu'en France une demande d'asile formulée par un étranger invoquant un motif précis : son action en faveur de la liberté. Elle conduisit à une révision constitutionnelle qui est à l'origine de l'article 53-1 de la Constitution de la Ve République qui prévoit que « la République peut conclure avec les États européens qui sont liés par des engagements identiques aux siens en matière d'asile et de protection des droits de l'homme et des libertés fondamentales des accords déterminant leurs compétences respectives pour l'examen des demandes d'asile qui leur sont présentées. Toutefois, même si la demande n'entre pas dans leur compétence en vertu de ces accords, les autorités de la République ont toujours le droit de donner asile à tout étranger persécuté en raison de son action en faveur de la liberté ou qui sollicite la protection de la France pour un autre motif ». J'y reviendrai ultérieurement au sujet de la notion de pays tiers sûr et de la possibilité pour la France d'en faire application.

La consécration de la convention de Dublin fut sa transformation en un instrument du droit communautaire avec son remplacement en 2003 par le règlement n° 343-2003 du Conseil du 18 février 2003 établissant les critères et mécanismes de détermination de l'État membre responsable de l'examen d'une demande d'asile présentée dans l'un des États membres par un ressortissant de pays tiers (dit « Dublin II »), lui-même remplacé par le règlement n° 604-2013 du 26 juin 2013 du Parlement européen et du Conseil, dit « Dublin III », entré en vigueur le 19 juillet 2013. Le succès du mécanisme inventé à Dublin fut tel que plusieurs États n'appartenant pas à l'Union européenne appliquent le règlement « Dublin III » : la Norvège, l'Islande et la Suisse.

J'ai eu une deuxième fois à traiter de l'asile, dans mes fonctions de secrétaire général du ministère de l'Immigration, de l'Intégration, de l'Identité nationale et du Codéveloppement l'occasion de la présidence française de l'Union européenne, au second semestre 2008, Nicolas Sarkozy nous avait assigné comme objectif de faire adopter un « pacte européen sur l'immigration et l'asile ». À la différence de la convention de Dublin, il ne s'agissait pas d'un accord international à effet juridique contraignant, mais pour l'essentiel d'une déclaration d'intention dont la rédaction soulevait moins de difficultés juridiques. En revanche, l'exercice était politiquement plus compliqué en raison de l'élargissement de l'Union européenne à de nombreux États de l'ancien bloc soviétique pour lesquels l'asile était un concept assez théorique, même si leurs sportifs ou leurs artistes qui avaient eu la chance de participer à une compétition ou de faire une tournée de l'autre côté du rideau de fer avaient été nombreux à demander asile à l'ouest !

J'organisai la rédaction du pacte au premier semestre 2008, en mobilisant toutes les compétences du tout nouveau ministère, avec l'aide efficace de Jean-Christophe Peaucelle, puis Brice Hortefeux multiplia les visites dans les États membres. Je me rendis pour ma part en Hongrie et en Roumanie.

À l'époque, la question de l'asile n'était ni très prégnante ni politiquement prioritaire. La demande d'asile était en diminution en France depuis 2003 et avait atteint un étiage en 2007 avec un peu moins de 24 000 demandes (cinq fois moins qu'aujourd'hui !). Il en était de même dans la plupart des autres pays européens et l'application du règlement « Dublin II » ne soulevait pas de difficultés particulières, sauf peut-être en Grèce. Ce n'est donc pas la partie « asile » du pacte adopté à l'unanimité par les États membres le 15 octobre 2008 qui nous mobilisa le plus. La France, en bonne intelligence avec le haut-commissariat des Nations unies pour les réfugiés, y fit néanmoins inscrire – et ce fut la seule partie normative du document final – la mise en place au premier trimestre 2009 d'un bureau d'appui européen auquel était dévolu un rôle d'information, d'anticipation des demandes d'asile en coordination avec le haut-commissaire des Nations unies pour les réfugiés et de coordination des projets communs de formation des personnels. Le bureau européen d'appui en matière d'asile fut créé ensuite par le règlement (UE) n° 439-2010 du 19 mai 2010 du Parlement européen et du Conseil, entré en vigueur le 18 juin 2010, et son siège établi à Malte.

Aussi bien en 1989 qu'en 2008, la France a donc été, politiquement et juridiquement, à la pointe des initiatives prises avec succès pour construire un régime européen d'asile. Et ce sous des gouvernements de gauche comme de droite. Mais si la réputation de la France pour élaborer de belles constructions juridiques n'est plus à faire, seule l'épreuve du temps permet d'en éprouver la solidité.

En 2008, le climat politique international était encore au beau fixe. C'était l'époque où Nicolas Sarkozy portait sur les fonts baptismaux l'Union pour la Méditerranée, créée le 13 juillet 2008 et rassemblant les pays membres de l'Union européenne et quinze pays d'Afrique du Nord et du Moyen-Orient. La *Mare Nostrum* chère à l'Empire romain se voulait, comme au Ier siècle après Jésus-Christ, mais dans le cadre d'un équilibre multipolaire inédit, une mer pacifique. Personne ne pouvait alors imaginer ce qui allait se passer en 2015 sous l'effet cumulé des printemps arabes, de la déstabilisation de la Libye par l'intervention militaire franco-britannique et enfin de la guerre civile en Syrie.

* *
*

Malgré tout le soin que nous avions mis à sa rédaction, l'accord de Dublin (c'est ainsi que je désignerai par souci de simplicité le système juridique issu de la convention de 1990 et des deux règlement successifs) n'a pas permis aux États européens de faire face à un afflux massif de demandeurs d'asile en 2015 en Méditerranée orientale et dans les Balkans, puis, de façon plus atténuée, sur l'ensemble des routes migratoires à destination de l'Europe.

Cette crise plongea l'accord de Dublin en coma prolongé.

Les signes avant-coureurs n'avaient pourtant pas manqué, bien avant 2015.

En provenance de Grèce tout d'abord. En 1989, la négociation de la convention de Dublin avec les diplomates grecs ne m'avait laissé que de bons souvenirs. À l'évidence francophiles comme une grande partie de la haute administration de ce pays et se souvenant que c'était un président français, Valéry Giscard d'Estaing, qui avait le premier pris publiquement position en faveur de l'adhésion de la Grèce à l'Union européenne, ils s'exprimaient dans un français parfait. Ils n'avaient à aucun moment évoqué les difficultés susceptibles de naître de la géographie de leur pays qui compte, en mer Égée, une myriade d'îles, situées à quelques milles nautiques de la Turquie et qui sont autant de portes d'entrée, très difficiles à contrôler, sur le territoire hellénique.

Vingt ans plus tard, la Grèce était sous le feu des critiques de l'Onu et de plusieurs organisations internationales au sujet des conditions d'accueil des demandeurs d'asile. Un changement s'était opéré dans la géographie des routes migratoires avec la montée en puissance de la route de la Méditerranée orientale, et la Grèce était débordée. Indignée par les conditions d'accueil faites aux demandeurs, la Norvège avait suspendu dès février 2008 leur transfert vers la Grèce dans le cadre de l'accord de Dublin et elle fut bientôt imitée par la Finlande, l'Allemagne et la Suède. Ce fut le premier accroc dans la mise en œuvre de Dublin.

En provenance d'Italie ensuite, et ce fut une conséquence indirecte de la guerre en Libye. Ce pays qui avait joué le rôle de garde-frontière de l'Europe avait sombré dans le chaos et était devenu une passoire migratoire. C'est de ses côtes que beaucoup de demandeurs d'asile tentaient, au péril de leur vie, de rejoindre le Vieux Continent. En 2013, l'Italie, consciente que le mandat de Frontex ne s'étendait pas au secours en mer, prenait courageusement ses responsabilités et lançait en octobre, avec sa marine, l'opération Mare Nostrum. Mais devant son succès – plus de 100 000 demandeurs d'asile recueillis en mer en l'espace de dix mois – elle annonçait ne pas pouvoir poursuivre cette mission au-delà de novembre 2014. Au total, en 2014, ce sont plus de 3 400 passagers qui perdaient la vie en Méditerranée, principalement sur la route menant des côtes libyennes à Malte et à l'Italie. Cette route, dite « de la Méditerranée centrale », avec 170 000 migrants illégaux interceptés en 2014 contre 50 000 environ pour la route de la Méditerranée orientale et moins de 8 000 pour celle de la Méditerranée occidentale, était redevenue la plus importante. Et les clandestins empruntant la route libyenne venaient désormais en majorité non plus de Syrie ou d'Irak, mais d'Afrique subsaharienne et notamment d'Afrique occidentale francophone.

La politique du fait accompli n'étant pas le monopole des demandeurs d'asile qui débarquent sans prévenir, l'Italie et la Grèce, confrontées à un afflux sans précédent et ayant les plus grandes difficultés à enregistrer les demandeurs dans le respect des procédures européennes, furent sans doute tentées de les laisser partir vers d'autres pays européens.

Début 2015, la lucidité n'était pas la qualité la mieux partagée en Europe. Interrogée sur la possibilité de faire réparer la clôture de béton armé et de fil barbelé construite en décembre 2012 par le précédent gouvernement conservateur sur la frontière gréco-turque matérialisée par le fleuve Évros, la ministre grecque en charge de la politique migratoire au sein du nouveau gouvernement de gauche radicale indiqua qu'il ne s'agissait pas d'une priorité.

Le 18 avril, le naufrage d'un bateau au large de Lampedusa coûta la vie à 800 migrants.

Le 24 avril suivant, la chancelière allemande, Angela Merkel, profitant d'un sommet des chefs d'État et de gouvernement consacré à la crise des réfugiés, posa un diagnostic sans concession en affirmant pour la première fois la nécessité de réformer le régime européen d'asile pour mieux répartir les demandeurs d'asile entre les différents États membres. Ne pratiquant pas la langue de bois, elle pointa les défaillances de l'enregistrement des demandeurs d'asile en Italie et en Grèce avec comme conséquence la prise en charge des trois quarts des demandeurs d'asile par cinq États membres seulement (soit, en 2014, l'Allemagne avec environ 202 700 demandes, la Suède avec 81 200 demandes, l'Italie avec 64 600 demandes, la France avec 62 700 demandes et le Royaume-Uni avec un peu moins de 32 000 demandes contre moins de 9 500 en Grèce). Et elle plaida pour que soit expérimenté un dispositif de répartition de ces demandeurs sur une base volontaire. En France, le ministre de l'Intérieur se contenta de déclarer qu'il fallait se doter d'une politique européenne de l'asile. Et c'est à Pierre Henry, président de France terre d'asile, que revint le mérite, comme en écho aux déclarations de la chancelière, d'affirmer que l'accord de Dublin devait être révisé. Dès ce sommet, la division des pays européens éclata au grand jour. Le Premier ministre hongrois, Viktor Orban, écarta toute perspective d'une répartition plus juste des demandeurs d'asile et exigea que les États membres aient les mains libres pour définir leur stratégie migratoire.

Les mois qui suivirent ne firent que confirmer la division entre la vieille et la nouvelle Europe. Un mois après la déclaration d'Angela Merkel, la Commission européenne proposa aux États membres d'accueillir 40 000 demandeurs d'asile, représentant 40 % des demandeurs arrivés l'année précédente en Grèce et en Italie, ainsi que 24 000 réfugiés. La proposition était présentée comme une dérogation temporaire à l'accord de Dublin. La clef de répartition proposée par la Commission combinait plusieurs critères (le nombre d'habitants, le produit intérieur brut, le taux de chômage et les efforts passés), ce qui aboutissait à désigner comme principaux pays d'accueil l'Allemagne, la France, l'Italie et l'Espagne. Mais la proposition de la Commission fut refusée en ce qu'elle instaurait des quotas obligatoires, les chefs d'État et de gouvernement ayant exprimé leur préférence pour un dispositif d'accueil reposant sur le volontariat. Un mois plus tard, 32 000 places seulement étaient disponibles, dont la moitié en Allemagne et en France.

Le 11 août 2015, la chancelière allemande fit part au président Hollande des difficultés que l'Allemagne éprouvait à accueillir les demandeurs d'asile affluant sur son territoire, en Bavière notamment. Le président français n'était pas à l'aise avec ce sujet comme l'avait montré à l'automne 2013 l'affaire Leonarda, du prénom d'une jeune immigrée kosovare, mineure à l'époque, expulsée avec sa famille et à laquelle le président avait cru pouvoir proposer de rentrer en France seule, sans sa famille, provoquant son refus et s'attirant ainsi les sarcasmes justifiés de la quasi-totalité de la classe politique. Un projet de lettre franco-allemand fut néanmoins mis en chantier pour tenter de sortir de l'ornière les propositions de la Commission.

Fin août 2015, tout s'accélère en raison d'une nouvelle poussée de fièvre sur la route de la Méditerranée orientale et son prolongement terrestre, la route des Balkans. Cette poussée trouve sa source dans les guerres du Proche et du Moyen-Orient, mais aussi dans la volonté de ressortissants des Balkans de profiter au mieux des exemptions de visa vers l'espace Schengen accordées depuis plusieurs années aux ressortissants de pays comme l'Albanie, la Bosnie, la Macédoine, le Monténégro ou la Serbie. Pour l'essentiel, c'est vers l'Allemagne où ils représentent plus de la moitié des demandes d'asile déposées au premier semestre 2015 que veulent se diriger ces immigrés désireux de fuir les Balkans. Ainsi se vérifiait la règle d'airain selon laquelle la libéralisation politique affectant des nations pauvres et qui font l'apprentissage de la démocratie a comme effet paradoxal d'encourager l'émigration massive des habitants de ces pays qui partent demander l'asile parce qu'ils sont désormais libres de quitter leur pays. On retrouve le même phénomène aujourd'hui en France avec la Géorgie et l'Albanie.

Un camion est découvert, le 27 août, en Autriche, sur une autoroute à 20 kilomètres de la frontière hongroise avec à son bord 71 immigrés morts asphyxiés dont 8 femmes et 4 enfants. Le passeur était afghan et ses complices bulgares.

Le 31 août 2015, la chancelière allemande fit part de son impatience et en appela aux valeurs de l'Europe. Estimant avoir donné l'exemple en augmentant les capacités d'accueil de l'Allemagne et en refusant de renvoyer, comme le lui aurait permis une stricte application de l'accord de Dublin, les ressortissants syriens vers leurs pays de première entrée dans l'Union européenne (la Grèce et l'Italie notamment), elle affirma : « Les droits civils universels étaient jusqu'ici étroitement associés à l'Europe et à son histoire. Si elle échouait sur la question des réfugiés, ce lien étroit se briserait et ce ne serait plus l'Europe telle que nous nous la représentons. » Et d'ajouter de façon plus politique et tout aussi prémonitoire : « Si nous ne réussissons pas à répartir de manière juste les réfugiés, il est évident que la question de l'espace Schengen sera à l'ordre du jour. »

Le 2 septembre 2015, la diffusion de la photographie du corps sans vie du petit Aylan, Syrien de 3 ans, découvert sur la plage de Bodrum en Turquie provoque une vague d'indignation dans le monde entier.

Vient donc le temps des décisions unilatérales, du fait accompli répondant à d'autres faits accomplis et de l'accentuation de la fracture entre les pays de l'est et de l'ouest de l'Europe.

Trois cents personnes s'étant évadées en Hongrie d'un camp de premier accueil, Viktor Orban décida d'ouvrir aux demandeurs d'asile l'accès à l'autoroute qui va de Budapest à Munich et de mobiliser des bus pour faciliter leur passage vers la frontière nord-ouest de son pays cependant que quatre anciens pays du bloc soviétique

(Pologne, République tchèque, Slovaquie et Hongrie) réaffirmaient leur refus des quotas proposés par la Commission. C'est dans ce contexte que, dans la nuit du 4 au 5 septembre, la chancelière allemande et son homologue autrichien, Werner Faymann, décidèrent d'un commun accord d'ouvrir les frontières de leurs deux pays au flux des immigrés en provenance de Hongrie, sauvant ainsi l'honneur de l'Europe. Une semaine plus tard, le réalisme reprenait ses droits et l'Allemagne rétablissait les contrôles aux frontières avec l'Autriche comme le permettent, à titre temporaire, les accords de Schengen.

L'incapacité de la Grèce et de la Hongrie à assumer leurs obligations a été catastrophique. À leur décharge, il n'y a pas seulement leur situation en première ligne face à des demandeurs d'asile venus de Turquie ou d'une partie des Balkans. Il y a plus fondamentalement le fait que l'accord de Dublin ne prend pas directement en compte le souhait du demandeur d'asile quant à son pays de destination. En 2015, c'est l'Allemagne, puissance économique dominante en Europe et symbole de prospérité, qui est apparue comme le pays refuge par excellence. Les décisions prises unilatéralement par les demandeurs d'asile, puis par les États ont eu raison des règles savantes définies par Dublin, plaçant ainsi cet accord en coma prolongé.

C'est donc dans l'urgence que les ministres de l'Intérieur européens validèrent, le 22 septembre 2015, un mécanisme de répartition des demandeurs d'asile intéressant 120 000 d'entre eux. Cette décision ne répondait que partiellement à la demande formulée dès le 15 septembre par la chancelière allemande qui avait demandé que se réunisse un nouveau sommet des chefs d'État et de gouvernement. Avec la hauteur de vues et la perspicacité dont elle sera la seule à faire preuve pendant toute cette période, Angela Merkel aurait souhaité que les chefs d'État et de gouvernement commencent à discuter des solutions de fond à apporter à la crise, parmi lesquelles la création de centres d'identification et d'enregistrement des demandeurs d'asile en Grèce et en Italie, un accord avec la Turquie et un soutien aux pays d'origine des réfugiés. Mais c'était compter sans la pusillanimité de ses collègues.

Pour tout arranger, la Commission européenne publia le 5 novembre un document sur l'impact économique de la crise migratoire, dans lequel elle prévoyait que le nombre des demandeurs d'asile passerait de 1 million en 2015 à 1,5 million en 2016. Un vent de panique souffla alors sur l'Europe. Le 12 novembre 2015, la Suède rétablit, pour dix jours renouvelables, le contrôle aux frontières avec le Danemark et l'Allemagne. Après l'accord de Dublin, c'est Schengen qui vacillait dans un pays considéré comme un des meilleurs élèves de la classe européenne pour l'accueil des réfugiés puisque, depuis 2013, toutes les personnes venant de Syrie pouvaient y obtenir automatiquement un permis de séjour permanent, ce qui devrait faire réfléchir ceux qui accusent Angela Merkel d'avoir ouvert la boîte de Pandore ! Au total, ce pays de moins de 10 millions d'habitants enregistra plus de 156 000 demandeurs d'asile en 2015. Début décembre, plusieurs dirigeants européens évoquèrent l'hypothèse d'une exclusion de la Grèce de Schengen. Dans le même temps, les « relocalisations » de demandeurs d'asile, décidées en septembre et dont l'objectif avait été porté à 160 000 en octobre, s'avéraient un échec total : au 10 décembre 2015, 184 places avaient été pourvues dont 19 en France où il en était prévu 19 694 !

Le dénouement de cette crise majeure intervient dans la nuit du 6 au 7 mars 2016. Angela Merkel, qui doit faire face une semaine plus tard dans trois *Länder* à des élections régionales compliquées, négocie jusqu'à 3 h 30 du matin, en la seule compagnie du Premier ministre néerlandais qui assure la présidence de l'Union européenne, avec le Premier ministre turc, dans les locaux de l'ambassade turque à Bruxelles. Elle va beaucoup plus loin que l'accord de principe signé le 29 novembre précédent entre la Turquie et l'Union européenne, aux termes duquel la Turquie s'était engagée à fixer sur son sol les candidats à la migration vers l'Europe en échange d'un assouplissement de la politique européenne des visas et d'une aide financière de 3 milliards d'euros. À l'époque, aucun calendrier d'application n'était prévu et Frontex avait seulement accepté d'installer un officier de liaison à Ankara. Cette fois-ci, la Turquie s'engage à contrôler la sortie de son territoire en direction de la Grèce. Elle accepte de reprendre sur son territoire des Syriens déjà présents sur les îles grecques et dont le réacheminement sera opéré en collaboration avec Frontex et, en échange, l'Union européenne s'engage à admettre sur les territoires de ses États membres des Syriens qui se trouvent dans des camps de réfugiés en Turquie. C'est le principe « Un Syrien admis pour un Syrien expulsé ». Pour l'Union européenne, le coût de l'accord passe à 6 milliards d'euros. L'initiative politique d'Angela Merkel fut suivie, le 18 mars 2016, d'une déclaration conjointe de l'Union européenne et de la Turquie[1] comportant une série de mesures visant à « mettre fin à la migration irrégulière » de la Turquie vers l'Union européenne.

L'accord ainsi conclu n'est contraire ni à la convention de Genève dont l'article 33 interdit seulement le refoulement d'un réfugié dans un pays où il craint des persécutions – ce qui n'est pas le cas alors de la Turquie –, ni aux directives et règlements européens puisque les articles 33 et 38 de la directive « Procédures[2] » permettent à un État membre de ne pas examiner la demande d'asile d'une personne qui ayant un lien avec un pays tiers sûr, c'est-à-dire un pays qui respecte le principe de non-refoulement et dans lequel le demandeur qui n'a à craindre ni pour sa vie ni pour sa liberté peut solliciter la reconnaissance du statut de réfugié et bénéficier, en cas d'octroi du statut, d'une protection conformément à la convention de Genève.

La mise en œuvre efficace de la déclaration conjointe du 18 mars 2016 impliquait seulement que la Grèce introduise dans sa législation la notion de pays tiers sûr, ce qu'elle fit le 3 avril 2016 cependant que la Turquie admettait que les Syriens renvoyés de Grèce puissent accéder sur son sol à la protection temporaire en dépit de leur départ illégal du territoire turc. Le Conseil d'État grec, saisi par deux Syriens dont la demande d'asile avait été regardée comme irrecevable en raison de l'existence d'un pays tiers sûr, a rejeté leur pourvoi au motif que leur lien avec la Turquie pouvait être regardé comme établi dès lors qu'ils avaient transité par ce pays pendant au moins deux mois.

---

1. Communiqué de presse diffusé sur le site Internet du Conseil européen. Saisis par trois demandeurs d'asile qui estimaient que cette déclaration était un accord international conclu par le Conseil européen sans qu'ait été respectée la procédure prévue pour ce type d'accords par l'article 218 du traité sur le fonctionnement de l'Union européenne, le Tribunal de l'Union européenne, puis la Cour de justice ont rejeté ces recours avec des motivations distinctes, mais convergentes (*Revue des droits de l'homme*, Antoine Guérin, 16, 2019).

2. Directive 2013/32/UE du Parlement européen et du Conseil du 26 juin 2013 relative à des procédures communes pour l'octroi et le retrait de la protection internationale (refonte), article 33 § 2, c et article 38 § 1.

Les résultats ne se firent pas attendre. Le nombre de traversées entre la Turquie et les îles grecques est passé de 10 000 par jour en moyenne en octobre 2015 à moins d'une cinquantaine au printemps 2017. Et le nombre des décès en mer Égée de 1 150 en 2015 à 105. Selon l'Organisation internationale des migrations (OIM), le nombre de Syriens, d'Afghans et d'Irakiens atteignant les côtes grecques a brutalement chuté en 2016, passant respectivement de 475 000, 205 000 et 87 000 en 2015 à 80 000, 41 000 et 26 000.

Ainsi s'est achevée en Méditerranée orientale la crise de l'asile de 2015. La chancelière allemande, avec le mélange de fidélité aux valeurs chrétiennes et de réalisme qui la caractérise, a sauvé Dublin et des milliers de vies après avoir sauvé l'euro. Elle a aussi protégé son pays contre le risque d'une invasion durable et, ce faisant, s'est affirmée comme le véritable « patron » de l'Europe. Et le concept de pays tiers sûr a été l'instrument principal de ce sauvetage. Mais à quel prix et pour combien de temps ?

La France, qui n'a joué aucun rôle dans la conclusion de l'accord avec la Turquie et qui n'applique pas le concept de pays tiers sûr (qui n'est qu'une possibilité offerte par la directive « Procédures »), court désormais le risque que les demandeurs d'asile n'utilisent d'autres routes migratoires qui la concerneraient davantage.

* *
*

Comme tout tremblement de terre a ses répliques, la crise de l'asile s'est répétée sur d'autres théâtres géographiques. À partir de 2016, l'Europe cherche à tâtons, dans l'urgence et l'improvisation, comment construire une nouvelle politique de l'asile.

Comme c'était prévisible, la reprise en main par la Turquie et la Grèce de la route maritime de Méditerranée orientale s'est traduite par une nouvelle poussée migratoire en direction des côtes italiennes. Toujours selon l'OIM, le nombre de Nigérians et de Guinéens atteignant les côtes italiennes est passé respectivement de 22 230 et 2 800 en 2015 à 37 500 et 13 300 en 2016. La France a subi le contrecoup de cette poussée qui concernait un grand nombre de personnes originaires du Maghreb ou d'Afrique subsaharienne transitant par la Libye, mais désireuses de rejoindre la France *via* l'Italie.

S'ouvre alors une période marquée à la fois par la volonté de l'Italie de reprendre le contrôle des débarquements sur son territoire, les difficultés à appliquer à l'Afrique du Nord le concept de pays tiers sûr et un vif débat au sein de l'Union européenne sur les solutions susceptibles d'être mises en œuvre pour maîtriser la demande d'asile.

L'Italie n'a pas attendu Matteo Salvini pour limiter le nombre des arrivées sur ses côtes au risque de croiser le fer avec les ONG. Dès le mois d'août 2017, l'Italie a fait signer aux organisations humanitaires un « code de conduite » conditionnant la poursuite de leur collaboration avec les garde-côtes en charge des opérations de sauvetage en Méditerranée centrale. Pour les navires de sauvetage en mer de ces organisations, ce code comporte, outre l'interdiction de communiquer avec les passeurs et d'éteindre les appareils signalant à tout moment leur position, l'obligation d'accepter à bord des inspecteurs de police judiciaire et l'interdiction d'entrer dans les eaux territoriales libyennes. En parallèle, la Libye a interdit à tout navire étranger de naviguer près de ses côtes en définissant une zone de recherche et de sauvetage dans laquelle les bateaux étrangers ne pourront plus circuler, « sauf demande expresse de la part des autorités libyennes ». Initiée sous le gouvernement de Paolo Gentiloni, cette politique de fermeté italienne a été poursuivie de manière spectaculaire.

Mais au-delà du débat sur le sauvetage en mer, la question s'est à nouveau posée aux dirigeants européens de la maîtrise de la demande d'asile et, par suite, du flux migratoire à destination du Vieux Continent.

Pendant plus d'un an, les dirigeants européens, déboussolés, vont évoquer des solutions qui s'avéreront autant d'impasses.

C'est Emmanuel Macron qui ouvre le bal en annonçant le 27 juillet 2017 son intention d'installer en Libye des centres d'examen (ce que les Anglo-Saxons appellent des *hot spots*) pour les candidats à la migration désireux de rejoindre l'Europe à partir de l'Afrique et singulièrement de l'Afrique du Nord. Très vite l'Élysée précisera que les conditions de sécurité ne sont pas réunies en Libye et que la création de ces centres est envisagée plutôt au Niger et au Tchad.

Moins d'un an plus tard, le 5 juin 2018, le Premier ministre danois, Lars Løkke Rasmussen, évoque la possibilité de créer en Europe, mais hors du territoire de l'Union européenne, des centres communs de réception et d'expulsion, permettant d'enfermer des candidats à l'immigration pendant la durée d'examen de leur demande, mais aussi des demandeurs d'asile déboutés ne pouvant être rapidement renvoyés dans leur pays d'origine. Sa prise de position n'est pas isolée et fait suite à des discussions qui ont eu lieu quelques semaines plus tôt, notamment avec l'Autriche et les Pays-Bas, en marge d'un sommet entre l'Union européenne et cinq pays des Balkans occidentaux.

L'Italie, où une coalition gouvernementale inédite associe la Ligue et le Mouvement 5 Étoiles sous la direction de l'habile Giuseppe Conte, veut à tout prix obtenir un système automatique de relocalisation obligatoire des demandeurs d'asile. Malgré une proximité idéologique affichée et sans doute surjouée avec l'Autriche et les pays du groupe de Visegrád, elle campe sur une position très différente puisque ces pays sont opposés à toute relocalisation. L'Italie sera la grande perdante du sommet.

Le 29 juin au matin, en effet, le Conseil européen donne son accord d'une part à la création, sur une base volontaire, de « centres contrôlés » en Europe pour prendre en charge les migrants secourus en Méditerranée, d'autre part à l'examen par la Commission du concept de plates-formes régionales de débarquement dans des pays n'appartenant pas à l'Union européenne. Le président de la République française indique que « c'est la coopération européenne qui l'a emporté ». Mais les deux propositions adoptées correspondent à deux logiques opposées : l'une relève de l'accueil des demandeurs d'asile au sein de l'Union européenne ; l'autre, soutenue notamment par l'Autriche qui s'apprête à prendre la présidence de l'Union européenne, mais aussi par la Pologne, la Hongrie et le Danemark, consiste à « externaliser » l'asile hors de l'Union européenne. Le Conseil européen a ménagé la chèvre et le chou. Le 24 juillet suivant, la Commission européenne sort son chéquier en annonçant qu'elle est prête à couvrir les coûts des centres contrôlés que les

États membres accepteraient d'ouvrir sur leur territoire, sur la base de 6 000 euros par candidat à l'immigration, mais aussi à fournir un soutien financier et opérationnel aux pays acceptant de participer à la mise en place des plates-formes régionales de débarquement.

À vrai dire, les décisions du Conseil européen sont des faux-semblants. Personne n'est dupe : il s'agit seulement de faire oublier qu'aucun progrès n'a été enregistré quant à la révision du règlement de Dublin. Et plus personne n'entendra parler des usines à gaz que sont les centres contrôlés et les plates-formes de débarquement. Le seul intérêt du sommet des 28 et 29 juin 2018 est d'avoir donné un répit à la chancelière allemande, Angela Merkel. Le compromis qu'elle trouve avec la CSU le 2 juillet consiste à appliquer l'accord de Dublin en acceptant que soient installés à la frontière entre l'Allemagne et l'Autriche des « centres de transit » permettant de vérifier si les demandeurs d'asile arrivant en Allemagne ont été enregistrés comme tels dans un autre pays européen et, dans l'affirmative, de les y renvoyer. C'est la stricte application des articles 3 et 28 du règlement « Dublin III ». Et des accords administratifs visant à systématiser ces transferts seront négociés par l'Allemagne avec la Grèce et la France. C'en est fini de l'Allemagne porte ouverte aux demandeurs d'asile. Le 5 juillet, Angela Merkel fait approuver la création de ces centres par son autre partenaire de la coalition gouvernementale, le SPD, en les baptisant du nouveau nom de « centres de transfert » et en précisant que les candidats à l'immigration ne pourront y être retenus que quarante-huit heures. Dans la foulée, l'Autriche, qui vient de prendre la présidence de l'Union européenne, rétablit les contrôles à sa frontière avec l'Italie et plus précisément au col du Brenner. **L'accord de Dublin continue à s'appliquer entre les plus sérieux des États membres alors que les sommets européens sont devenus un théâtre d'ombres**.

Bien que la Cour de justice de l'Union européenne ait validé le mécanisme de relocalisation obligatoire des demandeurs d'asile adopté, à titre temporaire, sur proposition de la Commission en octobre 2015, ce mécanisme est un échec. Au terme d'une période de trois ans, seuls 35 000 demandeurs d'asile ont été effectivement relocalisés et les grands pays européens n'ont pas forcé leur talent pour atteindre les quotas qui leur avaient été assignés.

L'erreur de la Commission a été de vouloir imposer des quotas obligatoires.

Promouvoir une répartition volontaire des demandeurs d'asile entre États membres est la voie laborieuse que tentent dès lors d'emprunter la France et l'Allemagne rejointes, depuis le départ du gouvernement italien de Matteo Salvini, par l'Italie et Malte. Mais à la fin de l'année 2019, les résultats de l'initiative franco-allemande étaient bien maigres. Seuls huit pays (France, Allemagne, Italie, Malte, Irlande, Lituanie, Luxembourg et Portugal) auraient approuvé un dispositif de répartition automatique entre eux des personnes secourues en mer. Encore faut-il relever que ce mécanisme serait temporaire (six mois renouvelables), ne concernerait que les secours en Méditerranée centrale et ne s'appliquerait donc pas à toutes les personnes débarquant en Italie ou à Malte. De surcroît, l'intérêt du dispositif est limité dès lors que le nouveau gouvernement italien est revenu sur la décision de fermeture des ports prise par Matteo Salvini et que la poussée de la demande d'asile s'est déplacée à nouveau en Méditerranée orientale.

* *
*

Dès la fin de l'année 2017, en effet, la situation s'est à nouveau tendue dans les cinq camps d'accueil des demandeurs d'asile sur les îles grecques et plus particulièrement à Lesbos, cette île chantée par Baudelaire, qui fut en 2015 la porte d'entrée de l'Europe pour des centaines de milliers de Syriens et d'Irakiens et qui est devenue, depuis, un hall d'attente où les conditions de vie sont très difficiles. Une des raisons en est la longueur des procédures d'instruction des demandes à Athènes, qui freine les transferts vers la Grèce continentale. L'autre raison est la reprise des arrivées en provenance de Turquie.

L'année 2018 marque à cet égard un tournant. La Turquie avait parié en 2011, au début de la guerre civile en Syrie, sur une chute rapide du régime de Bachar el-Assad et, tout en apportant son soutien à l'armée syrienne libre en guerre contre ce régime, elle avait ouvert sa porte à ceux qui fuyaient les combats. De 58 000 en 2011, le nombre des réfugiés en Turquie s'est élevé à 3,6 millions en 2018. Le terme « réfugiés » est d'ailleurs inadéquat, car la majeure partie des personnes ayant fui la Syrie en Turquie y a simplement obtenu une protection temporaire qui n'équivaut nullement à la reconnaissance du statut de réfugié au sens de la convention de Genève de 1951. Après sa réélection en juin 2018, acquise avec le soutien de partis nationalistes, le président Erdogan a durci sa politique : construction d'un mur à la frontière entre la Turquie et la Syrie, suspension des enregistrements des nouveaux arrivants en provenance de Syrie et renvoi en Syrie des personnes non enregistrées. En août 2019, le gouverneur d'Istanbul a même sommé les exilés non enregistrés de quitter la principale ville du pays, avec à la clef le risque d'un renvoi plus ou moins forcé en Syrie. L'occupation par les forces armées turques de territoires kurdes au nord de la Syrie pendant l'été 2019 avait pour but de briser le mouvement national kurde, mais aussi d'y permettre la réinstallation de Syriens exilés en Turquie. Le changement d'attitude des autorités turques a donné raison, avec trois ans de décalage, à ceux qui, comme Pascal Brice, alors directeur de l'Ofpra, avaient estimé en 2016, lors de la signature de l'accord entre l'Union européenne et la Turquie, que ce dernier pays ne pouvait pas être regardé comme un pays tiers sûr au sens de la directive « Procédures ».

Les conséquences du changement d'attitude de la Turquie ne se sont pas fait attendre. Le nombre des candidats à l'immigration arrivés en Grèce en 2019 a bondi spectaculairement, dépassant les 70 000 (contre 56 000 en 2018) dont un tiers sur la seule île de Lesbos située, il est vrai, à quelques kilomètres seulement de la Turquie. Et les cinq camps d'accueil situés sur chacune des îles de Lesbos, Samos, Leros, Chios et Kos ont été submergés. Fin 2019, ce sont près de 38 000 personnes qui s'y trouvaient rassemblées pour une capacité d'accueil de 6 200 places seulement. La description de la vie dans ces camps ou aux alentours, faite tant par la presse que par les ONG, n'était pas à l'honneur de l'Europe et posait de manière brûlante la question du fonctionnement des centres permettant l'examen des demandes d'asile et le tri entre les authentiques réfugiés et les migrants économiques.

Quelques jours plus tard, le 2 janvier 2020, le Parlement turc autorisait le déploiement d'une force militaire pour venir en aide au gouvernement d'accord national de Libye, menacé par une offensive du maréchal Khalifa Haftar. Au-delà de la projection en Libye de la lutte d'influence qui opposait déjà en Syrie la Turquie et la Russie, une nouvelle menace de chantage à la migration, avec comme potentiel chef d'orchestre la Turquie, se faisait ainsi jour, en amont de la route maritime de la Méditerranée centrale, dans un pays ravagé depuis 2012 par la guerre civile et dans lequel vivent, dans des conditions parfois atroces, plusieurs centaines de milliers de candidats à la migration vers l'Europe.

Si on y ajoute la fragilité des situations politiques en Algérie où la dernière élection présidentielle n'a pas répondu aux aspirations d'une partie importante de la population, ainsi qu'au Maroc et en Tunisie où les partis islamistes ont d'ores et déjà conquis des positions fortes dans les Parlements nationaux, force est de constater que les menaces qui vont peser dans les années qui viennent sur les trois principales routes migratoires en direction de l'Union européenne sont considérables.

* *
*

Le premier élément de ce bilan est la fragilité de la situation de la France. La crise de l'asile fut très violente en Allemagne, en Suède et dans plusieurs pays d'Europe centrale au premier rang desquels la Hongrie et l'Autriche. Mais elle y fut de courte durée. Dès la fin de l'année 2015 ou le début de 2016, le nombre de demandeurs d'asile en Hongrie ou en Suède est retombé en dessous de ce qu'il avait été à l'été 2015. Dans toute l'Union européenne, la demande mensuelle d'asile qui avait atteint un pic en septembre 2015 avec plus de 165 000 demandes était inférieure à 50 000 demandes trois ans plus tard.

Mais la France, qui fut moins touchée par la crise en 2015, se distingue de tous les autres grands pays européens par le fait que la demande d'asile a continué d'y augmenter, la moyenne mensuelle du nombre des demandeurs d'asile y étant aujourd'hui supérieure à ce qu'elle était même au plus fort de la crise européenne. Depuis novembre 2019, la France accueille plus de demandeurs que l'Allemagne. Ce n'est pas une première, car la France a déjà été dans cette situation entre 2008 et 2011. Mais c'est préoccupant.

Plusieurs explications à cette situation.

La France serait d'abord victime de mouvements secondaires et notamment de l'arrivée sur son territoire de demandeurs d'asile initialement enregistrés dans un autre État membre, venus ensuite solliciter l'asile sur notre sol. Parmi ceux-ci, certains sont encore susceptibles d'être renvoyés dans l'État où ils ont été enregistrés – ce sont les « dublinés » – et d'autres non, parce que la responsabilité de l'État d'enregistrement a pris fin. Mais cette explication n'est que partielle. En s'en tenant aux seules premières demandes, l'année 2019 aura été une année record pour l'asile en France avec un nombre total de 101 841 contre 92 338 en 2018.

Une autre explication est que la France est plus attractive que ses voisins européens, et ce pour une raison respectable – les conditions matérielles d'accueil y sont plus favorables – mais aussi pour deux mauvaises raisons.

Bien qu'en réduction, le délai de traitement d'une première demande en procédure normale devant l'Ofpra est encore de l'ordre de quatre mois et, en tenant compte des délais devant la CNDA (six mois et quinze jours en 2018), le délai total d'examen en cas de recours est de l'ordre de un an. C'est un délai qui permet un début d'insertion (scolarisation des enfants, exercice d'une activité professionnelle légale…) et rend donc plus difficile l'éloignement des déboutés. S'y ajoute la possibilité pour un débouté dont la demande a été « définitivement rejetée » – c'est la formule juridique en usage – par la Cour nationale du droit d'asile de formuler une « demande de réexamen » qui conduit à reprendre toute la procédure de zéro, avec des délais qui sont en pratique plus courts mais qui permettent à l'intéressé de se maintenir en France ou de faire une « demande de réouverture » en invoquant des circonstances nouvelles dans son pays d'origine. Et ces demandes de réexamen ou de réouverture ont été au nombre de plus de 9 000 en 2019.

Le taux d'éloignement des déboutés est l'autre mauvaise raison de l'attractivité de la France. En 2015, la Cour des comptes avait relevé dans un référé que un débouté sur deux seulement faisait l'objet d'une décision d'éloignement (ce qu'on appelle actuellement une « obligation de quitter le territoire français ») et que le taux d'exécution de ces décisions était de 6,8 % seulement « à comparer avec une moyenne de 16,8 % pour l'ensemble des décisions d'éloignement d'étrangers en situation irrégulière ». La Cour des comptes soulignait que « plus de 96 % des personnes déboutées resteraient en France ». Tout se passe donc comme si la France qui consacre pourtant des moyens humains et matériels de plus en plus gros au traitement des demandes d'asile avait fait le choix de ne tirer aucune conséquence des décisions de non-admission au statut de réfugié prises, au terme d'une longue procédure, par des instances dont le fonctionnement est regardé comme exemplaire en Europe par les défenseurs des droits de l'homme.

Le deuxième élément de ce bilan est la profonde division de l'Union européenne. La France, timorée, reste attachée à Dublin. L'Allemagne, qui a l'habitude de répartir les demandeurs d'asile entre ses *Länder*, ne comprend pas pourquoi un mécanisme analogue ne pourrait pas jouer entre les pays européens. L'Italie, suivie par la Grèce et Malte, veut desserrer l'étau et se débarrasser de Dublin en obtenant des relocalisations automatiques dans les autres États alors que l'Autriche et les pays du groupe de Visegrád y sont hostiles.

Le dernier élément de ce bilan est que l'accord de Dublin reste incontournable même s'il appelle une réforme sur deux points fondamentaux au moins.

Il est de bon goût, notamment en France dans les milieux associatifs, de réclamer l'abrogation de l'accord de Dublin. Et cette position a été soutenue par certains États membres dont l'Italie.

J'observe au passage que je n'ai pas souvenir que l'Italie, pays fondateur de l'Union européenne, ait manifesté beaucoup d'intérêt pour la négociation de la convention signée à Dublin le 15 juin 1990. Pendant les discussions préparatoires, sa délégation était pour l'essentiel composée de diplomates peu au fait des questions migratoires et qui étaient plus suiveurs que moteurs, à la différence par exemple de la délégation néerlandaise. Et je suis certain qu'à aucun moment pendant ces discussions le risque de faire peser une charge insupportable sur les États de première arrivée n'a été soulevé par quelque État membre que ce soit et notamment pas par l'Italie.

Aveuglement collectif ? Pas vraiment. L'accord de Dublin comporte en effet une série d'hypothèses qui conduisent à attribuer la responsabilité de l'examen d'une demande d'asile à un État membre en fonction d'une décision positive prise par lui (octroi d'un visa ou d'un titre de séjour au demandeur d'asile ou octroi d'un titre de séjour à un membre de sa famille). Ces hypothèses étaient et restent parfaitement rationnelles. Même si l'accord de Dublin a aujourd'hui mauvaise presse, beaucoup de responsables politiques ou administratifs qui l'abordent de ce fait avec moult préventions conviennent en privé, après l'avoir lu et étudié, qu'il constitue un instrument juridique pertinent. En revanche, il est exact que, en cas d'afflux massif de demandeurs d'asile n'ayant aucun lien avec un pays européen et n'ayant jamais entrepris de démarche pour venir en Europe, le critère, pourtant conçu à l'origine comme subsidiaire, de l'État qui a laissé pénétrer sur son territoire un demandeur d'asile efface tous les autres, faisant ainsi peser toute la charge sur l'État membre dont la frontière extérieure est la plus proche de celle de l'État à l'origine de cet afflux.

Faut-il pour autant abroger l'accord de Dublin ? Aussi longtemps que l'Europe ne sera pas fédérale, ce sera très difficile.

La logique d'une telle abrogation serait de mettre un terme à la libre circulation des personnes en Europe. On a vu au chapitre précédent que le rétablissement durable des contrôles aux frontières intérieures des États membres non seulement pourrait donner le signal du « détricotage » de toute la construction européenne, mais surtout ne pourrait être mis en œuvre qu'en mobilisant des moyens et notamment des effectifs de personnels de sécurité qui sont désormais hors de portée des États membres. La logique d'une telle abrogation serait en outre d'exposer en première ligne la France à la fois parce qu'elle est regardée à tort ou à raison dans une grande partie du monde comme le pays des droits de l'homme et parce que son système social est un des plus généreux.

Par ailleurs, il n'y a pas de majorité en Europe pour remplacer Dublin par des quotas, obligatoires ou volontaires, de répartition des demandeurs d'asile entre les États membres. Dublin reste donc incontournable.

Mais les propositions faites par la Commission depuis le printemps 2016 pour réformer Dublin ont conduit à une impasse. Leur caractère trop radical a forgé une coalition entre l'Italie hostile à la responsabilité de l'État de première entrée et les pays du groupe de Visegrád opposés à la relocalisation obligatoire des demandeurs d'asile depuis les pays de première entrée.

Il faut pourtant réformer Dublin et, de façon plus générale, le régime européen d'asile sur deux points :

— Il faut d'abord allonger la durée pendant laquelle un État membre reste responsable de l'examen d'une demande d'asile. La durée actuelle (six mois, extensibles à dix-huit mois) est trop courte, ce qui incite les demandeurs d'asile à se rendre dans un autre État membre pour y attendre l'expiration de ce délai et y solliciter à nouveau l'examen de leur demande. Les demandeurs d'asile ont ainsi recouvré l'entière liberté de mouvement qui était la leur avant Dublin. Sur ce point, la lettre de l'accord de Dublin diffère de son esprit et cette faiblesse congénitale explique la multiplication des mouvements secondaires qui s'opèrent notamment au détriment de la France. Il faut porter cette durée à cinq ans, ce qui permettrait à l'État responsable d'instruire la demande, puis d'éloigner l'éventuel débouté. C'était l'esprit initial de Dublin et il doit plus que jamais s'imposer pour sortir de l'anarchie actuelle.

— Il faut développer au maximum les procédures permettant d'éviter que les pays européens ne soient confrontés à des demandes d'asile formulées par des personnes déjà présentes sur leur territoire. Compte tenu des difficultés à mettre en œuvre les procédures d'éloignement, notamment en France, la présence d'un demandeur d'asile dans un pays européen vaut souvent garantie pour lui d'y rester quoi qu'il arrive. Nos concitoyens sont sensibles aux drames vécus par ceux qui obtiennent le statut de réfugiés, mais ne comprennent pas que la grande majorité des demandeurs d'asile puisse en quelque sorte « prendre en otage » le pays dans lequel ils déposent leur demande et où l'expérience prouve qu'ils réussiront à se maintenir même après avoir été déboutés. Or il existe une palette de solutions qui doivent permettre aux États européens de n'accueillir que de véritables réfugiés ou de partager la charge de l'accueil des demandeurs d'asile avec des pays tiers. Aucune de ces solutions n'est sans doute parfaite, mais leur combinaison peut être très efficace. J'en citerai quatre :

- La première est celle des « visas au titre de l'asile » : avant d'arriver en France, nombre de demandeurs d'asile quittent leur pays d'origine et passent par des pays tiers dans lesquels ils auraient tout loisir de déposer une demande d'asile dans un de nos consulats. Cette procédure n'est encadrée par aucune norme juridique internationale, mais est reconnue par le Conseil d'État. Elle se traduit par la transmission de la demande au ministère de l'Intérieur qui l'instruit en lien avec le ministère des Affaires étrangères. Cette procédure a été utilisée depuis 2013 au bénéfice de près de 15 000 ressortissants irakiens ou syriens. On pourrait imaginer qu'elle soit généralisée et que la décision d'octroyer le visa d'entrée en France au titre de l'asile soit prise après avis de l'Ofpra. On m'objectera que nos consulats risquent d'être submergés par les demandes. Mais j'accepte volontiers ce risque si un surcroît de tâches pour nos consulats permet de sauver des vies en épargnant à des personnes, déjà affaiblies par les persécutions qu'elles ont pu subir dans leur pays d'origine, la traversée périlleuse de la Méditerranée ou de déserts infestés par des bandes islamistes.
- La deuxième solution est la « réinstallation » en France de réfugiés auxquels le haut-commissariat des Nations unies pour les réfugiés a d'ores et déjà accordé sa protection dans un premier pays d'accueil. Emmanuel Macron s'est engagé en octobre 2017 auprès du HCR à réinstaller en deux ans en France 10 000 réfugiés syriens installés au Proche-Orient, faisant ainsi de la France le premier pays en Europe pour la réinstallation. La procédure s'applique à l'Afrique avec laquelle Emmanuel Macron a annoncé en juillet 2017 vouloir ouvrir un corridor humanitaire : en pratique 3 000 personnes identifiées au Tchad et au Niger par le HCR devaient en bénéficier avant 2020. Sous réserve que des contrôles de sécurité approfondis soient mis en œuvre, cette procédure permet à la France d'être au rendez-vous de son histoire et de l'honneur.

• La troisième solution est l'application de la procédure dite « du pays tiers sûr » (PTS). Son objet est de faire prendre en charge l'examen d'une demande d'asile par un autre pays. Comme déjà indiqué, cette procédure est ancienne en Europe puisque prévue par une directive de 2005 et confirmée par les articles 13 et 38 de la directive « Procédures » du 26 juin 2013 et par l'article 3 paragraphe 3 du règlement « Dublin III ». Elle permet à un État membre de l'Union européenne de regarder comme irrecevable une demande d'asile présentée sur son territoire par une personne qui a un lien avec un pays tiers dans lequel cette personne n'est pas exposée à des persécutions et peut solliciter, sans risquer d'être refoulée dans son pays d'origine, la qualité de réfugié en obtenant une protection effective conformément à la convention de Genève. Ce lien peut être le fait d'y avoir vécu pendant quelques semaines ou quelques mois avant d'arriver en France. La mise en œuvre de cette procédure, aujourd'hui facultative, est le fait d'une dizaine de pays européens. La Commission avait imaginé de la rendre obligatoire dans tous les États membres. Cette généralisation soulève en France un problème juridique au regard du quatrième alinéa du Préambule de la Constitution de 1946 qui proclame que « tout homme persécuté en raison de son action en faveur de la liberté a droit d'asile sur les territoires de la République ».

Dans un avis du 16 mai 2018, le Conseil d'État a estimé qu'un règlement européen qui imposerait à la France d'appliquer la procédure du pays tiers sûr ne serait pas conforme au quatrième alinéa du Préambule de la Constitution de 1946 auquel renvoie la Constitution de 1958.

Si l'Union européenne décidait, en adoptant un règlement *ad hoc*, de rendre obligatoire la procédure du pays tiers sûr, la France devrait donc soit modifier sa Constitution comme elle l'a fait en 1993 avant que le Parlement n'autorise la ratification de l'accord de Schengen, soit se réserver le droit de ne pas appliquer cette procédure aux demandeurs d'asile invoquant leur action en faveur de la liberté. Une modification constitutionnelle serait particulièrement difficile, car elle obligerait à s'écarter des critères fixés par l'article 53-1 de la Constitution. En effet la plupart des pays tiers auxquels on peut penser, notamment ceux situés au sud de la Méditerranée, ne sont pas liés par des engagements identiques à ceux de la France en matière de droits de l'homme et de libertés fondamentales. Les printemps arabes se sont à cet égard avérés bien décevants ! Quant à la solution consistant à ce que la France soit un des rares pays d'Europe à ne pas appliquer la notion de pays tiers sûr aux personnes persécutées en raison de leur action en faveur de la liberté, elle nous ferait courir le risque que tous les demandeurs d'asile ne se réclament de cette situation et que la France n'en devienne le principal réceptacle en Europe.

• La quatrième et dernière solution consisterait à développer en Europe la procédure d'« asile à la frontière » qui est une particularité du droit français[1]. Cette procédure permet au ministre de l'Intérieur de refuser l'entrée en France à un étranger qui se présente à la frontière et demande à bénéficier du droit d'asile, notamment lorsque sa demande est manifestement infondée. Dans cette dernière hypothèse, un refus d'entrée ne peut être décidé par le ministre que sur avis de l'Ofpra. Sous l'impulsion de la France, les négociations en cours au sein de l'Union européenne visent à généraliser la procédure d'asile à la frontière.

La logique de l'asile à la frontière procède en partie d'une fiction juridique : les demandeurs d'asile sont réputés ne pas avoir franchi la frontière extérieure de l'État membre et sont maintenus pendant toute la procédure dans ce qu'on appelle une « zone internationale ». Mais cette logique qui s'applique bien aux frontières maritimes ou aériennes est puissante. Sa généralisation exige cependant que les conditions d'accueil des demandeurs soient satisfaisantes et qu'après enregistrement leurs demandes soient instruites rapidement. Les centres existant en Grèce dans cinq des îles de la mer Égée sont, à cet égard, un parfait contre-exemple. J'ignore si les conditions de vie détestables qui y prévalent sont le fruit d'une stratégie délibérée destinée à dissuader les demandeurs. Si tel était le cas, ce serait une erreur. La situation dans ces centres alimente la mauvaise conscience de l'Europe, pousse à ce qu'une partie importante des demandeurs soient rapidement

1. Code de l'entrée et du séjour des étrangers en France (articles L. 213-8-1 à L. 213-9).

transférés sur le continent et, par suite, nuit à l'efficacité des politiques d'éloignement des déboutés.

Une palette de solutions existe donc. Leur dénominateur commun est d'éviter que les demandeurs d'asile ne pratiquent la politique du *fait accompli* en déposant leur demande dans le pays où ils veulent s'installer et où l'expérience prouve qu'ils réussissent à se maintenir, même en ayant été déboutés. Extension des visas pour asile, montée en puissance des réinstallations, application plus systématique de la notion de pays tiers sûr et généralisation à toute l'Europe de l'asile à la frontière : aucune de ces solutions n'est une panacée, mais leur combinaison à grande échelle permettrait de regarder les demandes présentées à l'intérieur des territoires des pays européens comme relevant d'une procédure accélérée avec, à la clef, une vraie perspective d'éloignement des déboutés.

Pour parvenir à un accord sur ces solutions, il faudra en Europe une volonté politique forte. La France dont le rôle dans la conception des politiques européennes d'immigration et d'asile s'est beaucoup affaibli sous la présidence de François Hollande gagnerait à en être à nouveau le moteur. Si ces solutions ne sont pas mises en œuvre, une nouvelle crise de l'asile, analogue à celle de 2015, peut à tout moment menacer la stabilité de l'Europe.

Mais cela ne suffira pas à résoudre la question de l'asile en France. Notre impuissance a également des causes nationales qui appellent quatre solutions :

— Nos délais d'instruction des demandes sont excessifs et la solution ne peut pas consister à accroître toujours davantage les effectifs de l'Ofpra et de la Cour nationale du droit d'asile. Malgré ces renforts, l'engagement pris par Jacques Chirac en 2005 de réduire à six mois la durée totale d'instruction d'une demande d'asile n'a jamais été respecté. Et c'est le premier obstacle à l'éloignement. Je propose de réformer la Cour nationale du droit d'asile qui fonctionne aujourd'hui avec des magistrats vacataires qui sont pour beaucoup d'anciens membres du Conseil d'État, de la Cour de cassation et de la Cour des comptes. Ce mode de fonctionnement qui a pu donner à Bercy l'illusion d'éviter des créations d'emplois a montré ses limites. La première juridiction de France par le nombre des affaires qui y sont enrôlées chaque année doit fonctionner avec des magistrats en activité qui se consacrent à plein temps à leur mission.

— Les demandeurs d'asile jouissent en France d'une grande liberté quant au choix de la préfecture auprès de laquelle ils déposent leur demande d'asile. Cette liberté explique la forte concentration sur trois régions (Île-de-France pour plus de la moitié, Auvergne-Rhône-Alpes et Provence-Alpes-Côte d'Azur) des demandeurs d'asile et les difficultés d'hébergement qui en résultent. En Allemagne, les pouvoirs publics sont beaucoup plus directifs et les demandeurs d'asile n'ont pas le choix du *Land* dans lequel ils peuvent se faire enregistrer. Par ailleurs, une fois leur demande d'asile enregistrée, les demandeurs d'asile en France obtiennent en règle générale une autorisation provisoire de séjour valable sur l'ensemble du territoire. Ce libéralisme est excessif et n'a pas de raison d'être s'agissant d'étrangers dont beaucoup ignorent tout de la France ou n'ont aucune chance d'obtenir le statut de réfugié. Je suggère que, sauf s'ils disposent d'un hébergement mis à leur disposition par un membre de leur famille, les demandeurs d'asile se voient affecter un département (ou une commune) de résidence et que leur autorisation de séjour ne soit valable que pour ce département (ou cette commune).

— L'hébergement des demandeurs d'asile est une compétence de l'État. Mais depuis vingt ans l'État, prisonnier d'une vision budgétaire à court terme, a refusé de se donner les moyens d'héberger lui-même les demandeurs d'asile. Il a eu recours à des centres d'accueil dont la gestion a été largement sous-traitée à des associations. Puis il a loué parallèlement des hôtels tout en laissant les demandeurs d'asile phagocyter le dispositif de droit commun d'hébergement des SDF. Et le résultat de cette gestion à la petite semaine est que bon nombre de demandeurs d'asile passent chaque soir la nuit dehors. La crise de l'hébergement des demandeurs d'asile est à l'image de notre indécrottable attachement au système D, aux économies de bouts de chandelle et à la pagaille organisée. Je suggère que, progressivement, l'État reprenne la main sur l'hébergement des demandeurs d'asile en construisant des centres d'accueil dont il serait le propriétaire et le gestionnaire. On criera au scandale en affirmant que j'ai une vision policière de l'asile et que je me méfie à tort des associations. Pour avoir travaillé avec beaucoup d'entre elles, je reconnais qu'elles font un travail considérable aux côtés des demandeurs d'asile en guidant leurs premiers pas, en les aidant à constituer leurs dossiers et en soulageant bien des peines. Mais ce type d'actions ne nécessite pas qu'elles gèrent les centres d'hébergement des demandeurs d'asile.

— L'éloignement des demandeurs déjà enregistrés dans un autre pays de l'Union européenne n'est pas satisfaisant. Dans son référé de 2015, la Cour des comptes l'a relevé avec précision. Et de façon plus générale, notre piètre performance en matière d'éloignement des déboutés est un facteur clef de notre attractivité dans un contexte où la demande d'asile dans les autres grands pays de l'Union a très fortement diminué depuis 2015. Il y a matière pour la France à prendre exemple sur les résultats obtenus en matière d'éloignement par d'autres pays européens.

Ne pas s'attaquer au mal français, c'est nourrir le fait accompli des demandeurs d'asile et condamner l'État, tel Sisyphe, à rouler son rocher.

En définitive, au-delà des problèmes juridiques ou matériels, la question de l'asile renvoie à un choix de principe. Le statut de demandeur d'asile est-il un statut provisoire, dont la durée doit être la plus courte possible, aboutissant à une distinction claire entre les réfugiés qu'il nous faut intégrer au mieux et les déboutés qu'il nous faut reconduire dans leur pays d'origine ? Ou ces catégories juridiques ne sont-elles que des faux-semblants, tout étranger ayant vocation à être accueilli durablement en France quels que soient les motifs pour lesquels il a choisi de quitter son pays ? Opter pour la seconde réponse, c'est se donner bonne conscience, c'est contourner les difficultés de la maîtrise des flux migratoires, c'est faire le choix de la colère et de la pitié et c'est d'une grande générosité. Mais ce qui est peut-être possible pour un individu, à condition qu'il mette ses actes en accord avec ses paroles, ne l'est ni pour une nation ni pour l'État qui est le garant de sa cohésion.

* *
*

Sur la route d'un régime européen d'asile, un dernier obstacle sera à surmonter : la différence des taux de reconnaissance de la qualité de réfugié d'un État membre à un autre. Cette différence est surprenante alors que les pays de l'Union européenne font partie d'un même espace politique et appliquent une seule et même norme : la convention de Genève sur les réfugiés dont on célébrera le soixante-dixième anniversaire dans un an.

Eurostat publie chaque année une analyse des décisions prises par les États membres de l'Union européenne sur les demandes d'asile dont ils ont été saisis. Les décisions accordant une protection sont de trois types : statut de réfugié (48 % du total en 2019), protection subsidiaire (28 %) et enfin autorisation de séjour pour raisons humanitaires (24 %). Les résultats publiés pour 2019[1] bousculent bien des idées reçues :

— C'est sans surprise que les trois premières nationalités à avoir obtenu une protection en 2019 sont les Syriens (27 % du total), les Afghans (14 %) et, compte tenu de l'actualité récente, les Vénézuéliens (13 %). On notera l'absence de l'Afrique dans ce trio de tête.

— Si c'est l'Allemagne qui a pris le plus de décisions positives en 2019 (116 230), suivie par la France (42 120) et l'Italie (31 010), de façon plus surprenante le pays qui a accordé le nombre de protections le plus élevé rapporté à sa population est la Grèce avec 18 600 décisions positives (soit 1 735 par million d'habitants), suivie par l'Autriche de Sebastian Kurz avec 13 730 décisions positives (soit 1 550 par million d'habitants). Avec 630 décisions positives par million d'habitants, la France se situe un peu en dessous de la moyenne de l'Union européenne (660). L'intégration dans les statistiques d'Eurostat des autorisations de séjour accordées pour raisons humanitaires désavantage un peu la France qui ne prend pas ce type de décisions au vu d'une demande d'asile, mais ne change rien au classement final : l'essentiel des décisions de protection prises en Autriche a trait au statut de réfugié ou à la protection subsidiaire.

— Enfin, si on examine le taux de reconnaissance, c'est-à-dire le rapport entre le nombre de protections accordées et le total des

1. Eurostat, communiqué de presse, 70/2020, 27 avril 2020.

décisions prises, ce sont l'Espagne, le Luxembourg et l'Autriche qui se montrent les plus généreux en première instance avec des taux de reconnaissance respectifs de 66 %, 57 % et 53 %. La France avec 25 % est nettement en dessous de la moyenne européenne (38 %) et ce constat reste vrai si l'on ne raisonne que sur l'octroi du statut de réfugié ou de la protection subsidiaire. Le constat est le même pour les décisions prises en appel : le taux de reconnaissance s'établit à 21 % en France contre 31 % pour la moyenne de l'Union européenne. Dans l'Autriche de Sebastian Kurz, le taux de reconnaissance est de 56 % en appel.

Ces résultats vont à l'encontre des appréciations souvent définitives du politiquement correct. Le thème d'une Europe centrale qui traiterait mal les demandeurs d'asile ne correspond pas toujours à la réalité. Il reste que l'écart entre le taux de reconnaissance de l'Espagne (66 % en première instance) et celui de la Hongrie (8 %) ou de la République tchèque (11 %) se justifie difficilement. Comme est incompréhensible le fait que 91 % des décisions positives prises par l'Espagne consistent à n'octroyer ni le statut de réfugié ni la protection subsidiaire, mais seulement une autorisation de séjour pour raisons humanitaires. Par ailleurs le fait qu'un Afghan ait plus de chances d'être reconnu comme réfugié en France qu'en Pologne ou en Hongrie n'est pas acceptable dans une union politique dont les membres disent partager des valeurs communes. La route de l'harmonisation sera donc longue. Retenons seulement que ce n'est pas en prétendant donner des leçons que nous ferons évoluer les pays de l'ancien bloc soviétique qui ont comme caractéristique commune de n'être saisis que d'un faible nombre de demandes. La France est la championne européenne des demandes, mais avec un taux de reconnaissance médiocre. Si nous continuons à attirer beaucoup, ce n'est pas parce que nous sommes le pays des droits de l'homme, c'est parce que notre modèle social est le plus généreux et que nous sommes d'une faiblesse insigne en matière d'éloignement. Pas de quoi pavoiser !

* *
*

La question de l'asile a une dimension universelle. Dans le monde, ce sont 26 millions de personnes qui ont quitté leur pays pour échapper à des persécutions ou à des guerres. Et leurs principaux pays d'accueil sont la Turquie, le Pakistan, l'Ouganda et le Soudan devant l'Allemagne en cinquième position.

La crise de 2015 a été exceptionnelle par le nombre des demandes enregistrées pour l'essentiel en quelques mois. Mais si l'on songe à la situation politique en Algérie ou au Maroc et de façon plus générale dans le monde arabe ou encore aux persécutions dont font l'objet les chrétiens en Afrique ou en Orient, d'autres crises pourraient survenir. L'Europe se grandirait en continuant de progresser dans la construction d'un régime d'asile commun. L'action du bureau européen d'appui en matière d'asile dont le rapport pour 2018[1] est très intéressant préfigure la création d'une agence européenne de l'asile. Mais ce n'est pas pour demain. En attendant, la France doit balayer devant sa porte : qu'il s'agisse des conditions d'accueil des demandeurs d'asile pendant l'instruction de leur dossier, de l'éloignement effectif des déboutés ou de l'intégration des réfugiés, beaucoup reste à faire si l'on veut persuader nos concitoyens que la demande d'asile n'est pas devenue une simple stratégie de contournement de nos lois sur l'immigration.

---

1. EASO, Rapport annuel sur la situation en matière d'asile dans l'UE en 2018 (24 juin 2019).

6

L'Afrique, menace objective ou partenaire incontournable

Au cours des dernières années, une série d'ouvrages ont appelé l'attention sur le risque d'une submersion de l'Europe par l'immigration en provenance d'Afrique subsaharienne. Ces prédictions catastrophistes n'ont pas, à ce jour, été confirmées par les faits. Mais les messages d'alerte ainsi émis méritent toujours de retenir l'attention des responsables européens auxquels il appartient de définir une politique d'immigration digne de ce nom.

Pour la France, à court et moyen terme, le principal risque en termes d'immigration en provenance d'Afrique subsaharienne n'est pas la bombe démographique décrite par certains, mais la déstabilisation de plusieurs États par le terrorisme islamiste. Depuis 1979, celui-ci a commis en Afrique subsaharienne 6 775 attentats ayant tué près de 35 700 personnes, soit un cinquième des victimes du terrorisme islamiste dans le monde[1].

Au printemps 2009, je me suis rendu au Mali pour y négocier un accord de gestion concertée des flux migratoires et de codéveloppement analogue à ceux déjà signés depuis 2007 avec une dizaine de pays africains. La première partie de la négociation avait eu lieu à Paris et la seconde manche prévue pour deux jours à Bamako s'annonçait difficile. Les exigences des négociateurs maliens étaient fortes. Charles Millon que je connaissais depuis la campagne présidentielle de Jacques Chirac en 1994-1995 et qui, après avoir été

1. Fondation pour l'innovation politique, 2019.

ministre de la Défense, fut pendant plusieurs années le représentant de la France à la FAO, l'institution spécialisée des Nations unies pour l'agriculture et l'alimentation, était devenu un excellent spécialiste de l'Afrique. Présent à Bamako en même temps que ma délégation et connaissant bien le président malien Amadou Toumani Touré, il proposa à notre ambassadeur et à moi-même de nous organiser un rendez-vous avec le chef de l'État. Non sans naïveté, je fondai beaucoup d'espoir sur ce rendez-vous pour m'aider à surmonter les surenchères de la délégation malienne désireuse d'obtenir toujours plus de concessions de la France. Las ! mes espoirs furent douchés. Avec beaucoup de franchise, le président malien m'expliqua que la question migratoire était particulièrement sensible au Mali où l'on se préoccupait à la fois des conditions de vie de la communauté malienne en France et des difficultés provoquées par les expulsions par la France de clandestins. Mais surtout il ajouta : « J'ai déjà bien assez à faire avec les problèmes soulevés au nord par les Touareg ! » Je compris que l'émigration d'une partie de ses concitoyens n'était pas sa préoccupation première et que je ne parviendrais pas à conclure. À mon retour à Paris, Brice Hortefeux ne s'en montra point marri, car il redoutait que je ne sois conduit à faire trop de concessions pour arracher la signature d'un nouvel accord avec un des principaux pays d'origine de l'immigration africaine en France.

La crise terroriste qui sévit aujourd'hui au Mali a pour origine l'incapacité de l'État malien à apporter une réponse satisfaisante aux revendications ethniques d'une communauté bien particulière, présente au nord du Mali comme elle l'est à l'ouest du Niger et au sud de l'Algérie : les Touareg. C'est dire que cette crise a une dimension ethnique ou, si l'on préfère une expression qui soit politiquement correcte, « communautaire ». Mais elle a aussi une dimension internationale.

L'intervention occidentale en Libye (2011-2012) et la chute du régime du colonel Kadhafi ne firent en effet qu'accentuer la « crise touareg » en permettant à cette communauté de se procurer à bon compte des armes en provenance de Libye, cependant que les milices d'al-Qaida ou de l'État islamique, profitant elles aussi de l'arsenal libyen à l'abandon, renforçaient leur présence dans plusieurs provinces de Libye et de façon plus générale dans le Grand Sahara.

En janvier 2013, c'est en extrême urgence que des forces françaises furent déployées par le président Hollande pour éviter l'effondrement de l'État malien et la prise de sa capitale, Bamako, par les djihadistes. Ce fut l'opération Serval, relayée un an plus tard, à partir d'août 2014, par l'opération Barkhane pour laquelle l'armée française mobilise aujourd'hui plus de 5 000 hommes répartis sur les cinq pays de ce qu'on appelle la « bande sahélo-saharienne » : la Mauritanie, le Mali, le Niger, le Burkina et le Tchad. En effet, la crise malienne a fait tache d'huile.

Ces cinq pays dont la majorité de la population est de confession musulmane et qui comptent parmi les plus pauvres de la Terre avaient entre-temps constitué, en février 2014, une alliance, le G5 Sahel, qui affichait une double dimension, militaire et de développement. Mais au Mali, au Burkina et au Niger, les structures étatiques sont faibles et les armées nationales peu représentatives des diversités ethniques, ce qui a favorisé la création de groupes d'autodéfense, véritables milices qui tentent de protéger les populations et vont jusqu'à rendre la justice sur certaines portions des territoires de ces trois États. Et dans plusieurs régions du nord du Mali, ce sont des groupes salafistes qui lèvent l'impôt tout en sécurisant la circulation des marchandises et les activités économiques.

Les spécialistes de l'Afrique discuteront encore longtemps de la question de savoir si, dans ces pays, les conflits entre ethnies sont la principale clef de lecture de la progression du terrorisme. En effet, le conflit entre les Peuls, éleveurs du Nord, et les autres ethnies plutôt sédentaires du Sud n'y date pas d'hier. Mais on pourrait tout aussi bien soutenir que le terrorisme fait revivre de vieilles querelles ethniques oubliées à la fin de la période coloniale et au début de l'indépendance. Du point de vue du risque migratoire, peu importe : les pays du Sahel sont devenus une zone d'instabilité majeure et appellent une vigilance toute particulière de la France.

Fin 2018, l'action du G5 Sahel peinait à démontrer son efficacité. La force conjointe constituée de régiments prêtés par les cinq États concernés et comportant sur le papier 5 000 hommes n'avait aucune victoire militaire à son actif et se contentait de patrouilles symboliques aux frontières. Un attentat commis début mars 2018 à Ouagadougou, capitale du Burkina, au sein même de la caserne de l'État-major général des armées, et l'attaque, le 29 juin suivant, du QG de la force conjointe au centre du Mali, à Sévaré, avaient sonné comme autant de défaites prémonitoires.

L'année 2019 et le début de 2020 furent encore plus éprouvants tant pour les forces armées que pour les civils. Dibilou, Koutougou, Sévaré, Douentza, Mondoro, Boulkessi, Hantoukoura, Inates, Arbinda, Chinagodrar, Ogossagou, autant de villages, de villes ou de camps militaires situés au Burkina, au Mali ou au Niger et qui furent les cibles d'attaques terroristes avec chaque fois plusieurs dizaines de victimes. Au total, plus de 4 000 personnes ont été victimes du terrorisme en 2019 dans ces trois pays. L'opinion publique française n'entend guère parler de cette guerre sauf lorsque des soldats venus de l'Hexagone y trouvent la mort : 46 militaires y ont péri depuis 2013 dont 17 pour la seule année 2019.

Cette litanie sanglante touchant trois pays montre que le terrorisme islamiste est partout à l'offensive au Sahel.

Il fallut attendre le sommet de Pau, convoqué par le président de la République française à la mi-janvier 2020 au vu de l'aggravation du bilan des attaques et attentats, pour que les dirigeants des pays du Sahel expriment leur souhait de la poursuite de l'engagement militaire de la France et plaident pour un renforcement de la présence internationale à leurs côtés. Dans la foulée, l'engagement des forces armées françaises fut renforcé, le contingent Barkhane passant à 5 100 militaires et 900 véhicules contre 3 000 militaires et 400 véhicules seulement lors de sa création en 2014. Cette montée en puissance s'est accompagnée du resserrement du champ d'action du dispositif français centré désormais sur la zone dite « des trois frontières », ainsi désignée parce que située à la jonction des territoires du Mali, du Niger et du Burkina et terrain de jeu favori de l'État islamique au Grand Sahara, présenté comme l'ennemi principal. La France obtenait parallèlement l'accord de plusieurs États européens pour constituer une coalition de forces spéciales, forte de 500 militaires, appelée à intervenir dans cette zone. Dans le même temps, l'armée malienne reprenait le contrôle de la ville de Kidal dans le nord-est du pays dont elle avait été chassée en 2012 par un groupe affilié à al-Qaida au Maghreb islamique. Enfin, quelques jours plus tard, quelque 500 oulémas, imams et prédicateurs islamiques adoptèrent, sous l'impulsion de la Mauritanie et dans la capitale de cet État, une déclaration condamnant l'interprétation fondamentaliste du Coran, appelant au respect de la souveraineté des États et des conventions internationales et plaidant pour une meilleure coopération économique à l'échelle de l'Afrique de l'Ouest.

L'avenir dira ce que valent ces annonces et cette réorientation stratégique. Pendant le confinement provoqué par la crise de la covid-19, plusieurs militaires français ont perdu la vie au Sahel et les attaques terroristes s'y sont poursuivies. Fin mai, en deux jours, au Burkina, trois attaques terroristes à Kompienbiga ou sur les routes reliant Foubé à Barsalogho et Titao à Sollé ont fait au moins 50 victimes. Six Français travaillant pour une organisation humanitaire ont été assassinés le 9 août 2020 au Niger, dans la région de Kouré, à une heure de voiture de Niamey. Deux bonnes nouvelles ont cependant marqué l'année 2020 : l'élimination par l'armée française dans le nord du Mali début juin d'un des responsables historiques d'al-Qaida au Maghreb islamique, Abdelmalek Droukdel, et des affrontements sanglants entre les deux principales organisations terroristes présentes au Sahel, l'État islamique au Grand Sahara et le Groupe de soutien à l'islam et aux musulmans, affilié à al-Qaida.

Sur le plan militaire, l'implication de la France reste décisive et l'heure de vérité sonnera lorsque la France estimera que la force conjointe du G5 Sahel et les armées locales peuvent voler de leurs propres ailes. À moyen terme, le maintien de la présence militaire française reste la meilleure solution du point de vue de la maîtrise de l'immigration.

Mais la guerre contre le terrorisme qui se déroule désormais dans plusieurs pays du Sahel francophone ne doit pas seulement s'analyser à l'aune des batailles gagnées ou perdues par la France et les pays qu'elle secourt ou des soubresauts politiques qui en résultent.

Cette guerre se traduit aussi par *des déplacements massifs de population*. Au Burkina, pays d'environ 20 millions d'habitants, où un tiers du territoire échappe au contrôle du gouvernement, ce sont au moins 800 000 personnes dont une majorité de femmes et d'enfants qui, ayant fui leurs villes ou leurs villages, sont aujourd'hui des « réfugiés de l'intérieur ». Pénuries alimentaires, drames sanitaires, fermetures d'écoles sont le lot quotidien des déplacés au sein de ce pays. Et le Burkina abrite en outre plus de 20 000 réfugiés maliens. Les régions nigériennes de Tillabéry et Tahoua accueillaient en février 2020 plus de 80 000 déplacés internes à ce pays et près de 60 000 réfugiés du Mali. Le Mali, enfin, n'est pas épargné non plus par les déplacements de population avec plus de 200 000 personnes concernées.

L'Afrique de l'Est et l'Afrique centrale avaient déjà l'habitude d'accueillir massivement des réfugiés : plus de 1 million de personnes en Ouganda, plus de 900 000 en Éthiopie, plus de 600 000 au Kenya, regroupées le plus souvent dans d'immenses camps se réclamant de la protection du haut-commissariat des Nations unies pour les réfugiés. Mais ces pays n'étaient pas eux-mêmes en guerre et accueillaient surtout des personnes ayant fui le Soudan, la Somalie ou la République démocratique du Congo. Ce qui fait la gravité de la crise humanitaire au Sahel est l'implantation de camps de réfugiés ou de déplacés à proximité même des zones de guerre.

Dans un ouvrage publié en octobre 2015[1], *Africanistan. L'Afrique en crise va-t-elle se retrouver dans nos banlieues ?*, Serge Michaïlof, ancien directeur des opérations de l'agence française de développement, pointait du doigt le développement de l'insécurité au Sahel. Il indiquait que, si le Sahel était déstabilisé par des djihadistes, la France serait aux premières loges « pour accueillir par centaines de milliers des populations désespérées, peu éduquées, dont la culture nous est très étrangère et qui seront naturellement attirées par leurs diasporas respectives présentes en France ».

Cinq années plus tard, la crise terroriste s'est aggravée au Sahel, mais aussi en Afrique centrale et, en particulier, s'agissant des pays proches de la France, au Cameroun et en République centrafricaine. La progression du terrorisme au Sahel francophone doit en effet être replacée dans un contexte plus général. Depuis 2009, Boko Haram, mouvement islamiste dont le nom signifie « l'éducation occidentale est un péché », est entré dans la lutte armée. Très actif au Nigeria, il a également commis de nombreux attentats dans la zone d'influence française, dans le nord du Cameroun, au Niger et au Tchad.

À ce jour, force est de constater que le terrorisme au Sahel francophone n'a pas entraîné d'afflux migratoire exceptionnel vers la France.

---

1. Chez Fayard.

Le tableau figurant en annexe 10 montre que le Sahel francophone reste marginal dans la demande de protection internationale présentée à la France et, *a fortiori*, dans l'octroi du statut.

Il reste qu'en France le nombre des réfugiés originaires de l'un des cinq pays du Sahel francophone est passé de 2 275 en 2001 à 10 292 en 2019. Le nombre annuel des demandeurs d'asile en provenance de l'un de ces pays qui était de 759 en 2007 s'est établi à 5 953 en 2019. Avec 3 909 demandes d'asile enregistrées par l'Ofpra en 2019[1], le Mali affiche une progression de 18,2 % par rapport à 2018 et de 114 % par rapport à 2017 !

Il reste aussi que la crise terroriste s'est encore aggravée au Sahel en 2019 et qu'il faudra attendre de disposer des données relatives aux années 2020 et suivantes pour apprécier sérieusement les conséquences de cette crise sur la demande de protection adressée à la France.

S'agissant des délivrances de titres de séjour, le tableau ci-dessous fait apparaître l'évolution constatée entre 2015 et 2018 pour les quatre pays du Sahel les plus exposés au terrorisme :

Pays	2015	2018	Variation
Burkina	827	1 042	+ 26 %
Mali	4 177	4 895	+ 17,2 %
Niger	376	454	+ 20,7 %
Tchad	460	944	+ 105,2 %
Total	5 840	7 335	+ 25,5 %

Là encore, il est trop tôt pour en tirer une conclusion probante qui ne se dégagera qu'au vu des données relatives à 2020 et aux années à venir.

Mais l'exemple de plusieurs pays de l'est de l'Afrique déstabilisés par la guerre civile, la disparition de l'État ou la dictature des milices islamiques (le Soudan, la Somalie et jusqu'à une date récente l'Érythrée) et dont sont originaires de nombreux demandeurs d'asile qui affluent depuis des années en Europe incite à la plus grande prudence.

1. Ofpra, Rapport d'activité 2019, Annexe 3, p. 102 et s.

Si, à la faveur d'un retrait de l'armée française, d'ores et déjà envisagé comme une hypothèse de travail par le chef d'État-major des armées en juillet 2020[1], le cancer du terrorisme islamiste avec ses conséquences dramatiques sur la scolarisation des jeunes et la vie des familles devait poursuivre son expansion au Mali, au Niger et au Burkina, si la poussée de Boko Haram dans le nord du Cameroun se confirmait, la persécution ethnique, politique et religieuse dont on a déjà observé les effets en Afrique de l'Est provoquerait une poussée migratoire vers le Vieux Continent. Mais cette fois-ci, c'est vers la France que se dirigeront des populations auxquelles nous ne pourrons pas refuser le bénéfice de la convention de Genève sur les réfugiés.

* *
*

S'interroger sur la poussée migratoire possible en provenance d'Afrique subsaharienne dans les années qui viennent, ce n'est pas seulement réfléchir aux conséquences de la guerre terroriste qui y sévit, c'est aussi s'interroger sur le dynamisme de son économie et sa capacité à offrir des emplois à sa jeunesse.

Et c'est d'emblée faire le constat que l'Afrique subsaharienne est en matière économique *une terre de contrastes*. Elle est forte de 45 pays dont le taux de croissance moyen a été en 2019 d'environ 3,3 %. Mais cette moyenne cache de fortes disparités.

Ceux de ces pays qui sont peu dotés en matières premières ont bénéficié en 2019 d'une croissance moyenne de 6 % : y figurent l'Éthiopie et le Ghana, mais aussi des pays francophones importants comme la Côte d'Ivoire et le Sénégal.

Mais dans le même temps, ceux des autres pays qui sont exportateurs de matières premières n'ont connu en 2019 qu'un taux de croissance de 2,5 %, soit moins que la moyenne mondiale. Parmi ces derniers figurent notamment les producteurs de pétrole. Depuis 2014, année du début de la chute des cours du baril, le Nigeria alterne des années de récession et de faible croissance. Les autres pays produc-

1. Entretien avec *Le Monde*, 14 juillet 2020.

teurs du golfe de Guinée ne sont guère mieux lotis, certains d'entre eux comme l'Angola ou la Guinée équatoriale affichant même des taux de croissance négatifs depuis 2015 ou 2016. Parmi eux figurent trois pays francophones, le Cameroun, le Gabon et le Congo : en 2019, leur taux de croissance respectif s'est établi à 4,1 %, 3,4 % et 2 % et le Congo n'a pas échappé à une sévère récession en 2016 et 2017. Les événements du début de l'année 2020 – la pandémie de covid-19 et l'effondrement des cours du pétrole provoqué tant par cette pandémie que par les divergences tactiques entre l'Arabie saoudite et la Russie au sein de l'Opep – sont de nature à créer dans les pays du golfe de Guinée les conditions d'une récession brutale. Et ce qui vaut pour le pétrole vaut pour d'autres matières premières dont regorge le sous-sol de l'Afrique.

Si l'on fait abstraction de l'actualité immédiate, la croissance de l'Afrique a accéléré à partir de 2005 après les annulations de dettes et l'envolée des prix des matières premières, puis, après un coup d'arrêt au début des années 2010, a accéléré à nouveau à partir de 2015. S'agissant de la seule Afrique subsaharienne, son taux de croissance est passé de 1,4 % en 2016 à 2,8 % en 2017 et 3,2 % en 2018. Au-delà du choc négatif provoqué par la crise sanitaire qui pourrait entraîner en 2020 une diminution de l'ordre de 2 % du produit intérieur brut du continent africain, les afro-optimistes font valoir que les plus dynamiques des pays d'Afrique subsaharienne ont choisi de passer d'une économie de rente à une économie de production, mieux insérée dans le marché mondial comme en témoigne la forte progression des échanges avec la Chine, l'Inde ou le Brésil et davantage ouverte aux investissements étrangers. Les mêmes, s'appuyant sur une étude de la Banque africaine de développement publiée en 2011, affirment que l'Afrique a vu émerger une classe moyenne forte de 350 millions de personnes, soit près du tiers de sa population. Mais cette étude intégrait dans la classe moyenne les Africains gagnant entre 2 et 20 dollars par jour !

Force est cependant de constater que cette analyse optimiste ne trouve pas à s'appliquer à la plupart des pays de la bande du Sahel et notamment pas au Mali, à la Mauritanie et au Niger dont l'économie ne se compare pas à celle de l'Éthiopie, du Ghana ou de la Côte d'Ivoire. Force est aussi de constater qu'il faut rapporter les taux de croissance du produit national brut à ceux de la population, ce qui montre à la fois que la progression du revenu par tête reste très limitée dans la plupart des pays africains et que, pour se limiter à l'Afrique subsaharienne, elle a créé annuellement environ 10 millions de postes de travail depuis le début des années 2000 sur un marché qui enregistrera dans les prochaines années 20 millions de nouveaux entrants par an. Force est enfin et surtout de constater que *l'Afrique reste le continent de la pauvreté et même de l'extrême pauvreté*. Dans une étude publiée le 20 septembre 2018, la Banque mondiale, rappelant que le seuil de pauvreté extrême est de 1,9 dollar par jour, a fait le constat que 10 % de la population mondiale, soit 736 millions de personnes, se situait en dessous de ce seuil en 2015. Pour la seule Afrique subsaharienne, le nombre de pauvres extrêmes était cette année-là de 413,3 millions, soit 41,1 % de sa population ! Et les experts de la Banque mondiale d'estimer que, d'ici à 2030, le taux de pauvreté extrême restera supérieur à 10 % même dans les hypothèses les plus optimistes.

La pauvreté qui s'explique largement par le dynamisme de la démographie en Afrique subsaharienne et notamment par le fait que le recul de la mortalité infantile s'y est accompagné d'un faible reflux du taux de fécondité est-elle une bombe à retardement qui menace à terme l'Europe d'une véritable submersion migratoire ?

Poser cette question, c'est s'interroger sur le lien entre développement et migration. Ce lien a fait l'objet de nombreuses études dont le résultat converge sur le constat que ce ne sont pas les plus pauvres qui émigrent les premiers. Certes, l'écart de revenus avec les sociétés d'accueil est un des principaux moteurs de l'émigration, mais, comme le souligne Paul Collier dans son ouvrage magistral[1], l'émigration se heurte à une myriade d'obstacles qui font d'une telle entreprise une aventure coûteuse dont les plus pauvres sont les moins capables d'assumer le poids. Cette conclusion recoupe celle du géographe américain Wilbur Zelinsky qui, dans un célèbre article publié en 1971[2], a mis en parallèle les phases du processus

1. *Exodus. Immigration et multiculturalisme au XXIe siècle*, *op. cit.*, p. 61.

2. « The Hypothesis of the Mobility Transition », *Geographical Review*, vol. LXI, n° 2, avril 1971, p. 219 à 249.

démographique et celles de la mobilité géographique en comparant en particulier les pays sous-développés actuels avec l'Europe du début du XIXe siècle et en démontrant que, de façon apparemment paradoxale, le taux d'émigration augmente dans un premier temps lorsqu'un pays se développe avant de décliner au-dessus d'un certain seuil de développement. Pour être capable d'émigrer, il faut disposer d'un capital de départ (pour payer le voyage, les passeurs…) et donc d'un certain niveau de revenus, au moins dans son cercle familial. Une étude plus récente de l'OCDE[1] a même estimé à 6 000 dollars par an le revenu annuel par habitant au-dessus duquel la croissance d'un pays pouvait entraîner une diminution de son taux d'émigration.

Dans son ouvrage *La Ruée vers l'Europe. La jeune Afrique en route pour le Vieux Continent*, paru en 2018[2], Stephen Smith fait sienne cette analyse. Selon lui, l'Afrique subsaharienne émigre peu aujourd'hui en raison de sa pauvreté. Mais son décollage économique dans les trente prochaines années va bouleverser le paysage des migrations, en apportant aux Africains le minimum de prospérité indispensable à leur départ et en leur permettant de mieux tirer profit des communautés d'immigrés déjà installées en Europe et qui faciliteront leur venue. C'est donc paradoxalement le développement (tout relatif) de l'Afrique subsaharienne qui devrait faciliter l'émigration vers l'Europe ! En s'appuyant sur les précédents de l'émigration vers les États-Unis, en provenance d'Europe entre 1880 et 1914, puis du Mexique entre 1975 et 2010, il affirme qu'en 2050 entre un cinquième et un quart de la population européenne pourrait être d'origine africaine. Alors que l'Europe compte aujourd'hui 9 millions d'habitants d'origine africaine (en ajoutant aux immigrés leurs enfants), ce nombre passerait à 150, voire 200 millions en 2050. Cette hypothèse peut paraître peu réaliste, voire farfelue. Mais, pour la formuler, Stephen Smith s'est appuyé sur une étude de la division démographique des Nations unies publiée en l'an 2000[3].

1. « Migration and Development : Dissecting the Anatomy of the Mobility Transition », *Journal of Development Economics*, n° 132, mai 2018.
2. Chez Grasset et Fasquelle, collection « J'ai lu ».
3. United Nations Population Division, « Les migrations de remplacement : s'agit-il d'une solution au déclin et au vieillissement des populations ? », 2000.

Cette prédiction a fait grand bruit et suscité une vague de protestations émanant de la partie de l'école démographique française qui s'acharne depuis plus de vingt ans à expliquer que l'immigration est tout à la fois inévitable et un bienfait pour la France, et notamment de François Héran. L'annexe 11 résume la controverse qui fit rage en 2018.

De ces querelles d'experts, que conclure ?

D'abord qu'il est piquant de voir un auteur qui écrivait en 2007 que « le brassage des populations est en marche et rien ne l'arrêtera[1] » s'inquiéter de ce qu'un autre auteur fasse sienne une approche concluant au caractère inéluctable de la poussée migratoire à destination de l'Europe et singulièrement de la France. Au fond, la différence entre François Héran et Stephen Smith est que le premier est un défaitiste heureux qui tente à tout prix de minimiser la menace – s'agissant du brassage des populations, il écrit que « la seule question qui vaille est de le réaliser dans les meilleures conditions[2] » – alors que le second s'inquiète sincèrement en écrivant que « l'Eurafrique signifiera la fin de la sécurité sociale en Europe » et que « l'État-providence sans frontières est une contradiction dans les termes »[3].

Ensuite que la prédiction est décidément un art difficile, notamment à trente ou quarante ans. J'avoue ma perplexité devant des batailles de chiffres affectant un continent où l'état civil reste un concept assez approximatif et les contrôles aux frontières une notion toute relative pour des raisons qui tiennent à la géographie – qu'en est-il de ces contrôles en zone désertique ou de forêt profonde ? – mais aussi à la politique : nombreuses sont les ethnies que les frontières tracées par les puissances coloniales ont divisées et que les gouvernements africains d'aujourd'hui cherchent à ménager en assouplissant les contrôles transfrontaliers.

Enfin que l'analyse de Stephen Smith aura eu le mérite de poser de bonnes questions. Elle n'est certes pas sans défaut. Il n'est pas acquis en particulier que l'Afrique subsaharienne, confrontée au triple défi d'une démographie galopante, du réchauffement climatique et du

1. François Héran, *Le Temps des immigrés*, *op. cit.*, p. 105.
2. *Ibid.*
3. *La Ruée vers l'Europe*, *op. cit.*, p. 212 à 213.

terrorisme, sorte de la pauvreté dans les trente ans qui viennent. Mais lorsqu'il rappelle que le nombre des demandeurs d'asile en Europe est passé de 80 000 en 1983 à 1,2 million en 2016 et qu'il se demande si le monde est devenu à ce point plus dangereux depuis la fin de la guerre froide, notamment dans des pays comme le Sénégal, la Côte d'Ivoire, le Ghana ou le Nigeria, il nous invite à un constat lucide sur l'authenticité de la demande d'asile. Mais surtout, il a mis en lumière la question de la démographie africaine. La circonstance que la fécondité moyenne de l'Afrique subsaharienne soit de l'ordre de 4,75 enfants par femme, avec des taux encore supérieurs dans plusieurs des pays francophones du Sahel et notamment au Tchad, au Mali ou au Niger où ce taux atteint même 7,15 (record mondial), caractérise l'exception africaine par rapport au reste du monde et vaut signal d'alarme pour tous les responsables européens en charge de la politique migratoire de l'Union. Si Stephen Smith se trompe, tant pis pour lui et tant mieux pour l'Afrique comme pour l'Europe ! Mais la politique européenne d'immigration doit se préparer au pire des scénarios.

* *
*

La menace migratoire que représente l'Afrique, qu'on l'attribue au risque terroriste, à la démographie ou aux changements climatiques, trouve en partie son origine dans le sous-développement. Et il faut le rappeler avec force.

Certes, comme je l'ai déjà indiqué, les études convergent pour démontrer que le développement économique d'un pays ne se traduit pas immédiatement par un frein à l'émigration en provenance de ce pays. Ce constat analysé d'un point de vue micro-économique par Paul Collier a été parfaitement documenté au terme d'une revue de littérature académique par Michael A. Clemens[1] pour un organisme allemand (l'Institut de recherche sur l'avenir du travail). Dans un premier temps, la sortie du sous-développement peut même entraîner

1. *Does Development Reduce Migration ?*, Forschungsinstitut zur Zukunft der Arbeit GmbH, IZA DP, n° 8592, octobre 2014.

une croissance de l'émigration, les jeunes munis d'un minimum de qualifications disposant alors des revenus leur permettant de tenter leur chance en Europe sans rester tributaires des aléas politiques et économiques de leur pays d'origine.

Mais il serait dramatique d'en déduire que nous devons relâcher notre effort en matière de développement. C'est pourtant ce que soutiennent ceux qui, aveuglés par leur idéologie favorable à l'ouverture inconditionnelle de l'Europe, confondent les agendas et voudraient, en présentant l'immigration comme inévitable, dissuader les dirigeants européens et leurs opinions publiques d'accroître l'effort consenti pour l'aide au développement. Si, à court ou moyen terme, la sortie du sous-développement peut faciliter l'émigration d'une partie des élites ou de la classe moyenne émergente des pays africains, à long terme seul le développement de toute l'Afrique et notamment du Sahel pourra contribuer à éradiquer le terrorisme, à mieux ancrer la démocratie et, par suite, à freiner les départs vers l'Europe en convainquant la jeunesse africaine que son avenir est en Afrique.

À la fin des années 1950 et au début des années 1960, en pleine crise de la décolonisation, la France a paru succomber à ce qu'on a appelé le « cartiérisme », du nom d'un journaliste de *Paris Match* qui soutenait que le colonialisme était, pour la France, davantage une charge qu'un profit. Ce courant de pensée a été résumé par la formule d'un député de Tulle : « La Corrèze avant le Zambèze. » Plutôt que d'encourager le retour à cette doctrine dans une France dont certains territoires souffrent d'une mondialisation débridée et redoutent une immigration incontrôlée, interrogeons-nous sur le partenariat qui peut exister aujourd'hui entre l'Europe et l'Afrique aussi bien sur le plan économique que sur celui de l'aide au développement et de la maîtrise des flux migratoires.

Malgré l'aggravation de la menace terroriste dans de nombreux pays d'Afrique, celle-ci reste en effet pour l'Europe et singulièrement pour la France un partenaire important et même incontournable et *vice versa*.

Pas seulement en souvenir des soldats d'Afrique appelés sous le drapeau français au cours des deux guerres mondiales.

Mais d'abord pour des raisons économiques.

Le constat en a été dressé en 2019 par Hervé Gaymard et Pierre-Ange Savelli[1]. Lors de la rédaction de ce rapport, les taux de croissance enregistrés dans plusieurs pays d'Afrique francophone (Côte d'Ivoire, Sénégal…) ou non (Éthiopie, Ghana, Ruanda…) suffisaient déjà à susciter l'intérêt de nombreuses entreprises.

À titre d'exemple, les exportations françaises en Afrique (28 milliards de dollars en 2017) ont doublé en moins de vingt ans.

D'autres indicateurs témoignent de ce que l'Afrique reste pour la France un partenaire important, même si la concurrence des autres pays européens et notamment de l'Allemagne s'y fait toujours plus vive. C'est ainsi que, selon le même rapport, les stocks d'investissements directs français en Afrique ont été multipliés par huit en deux décennies, avec à la clef une vraie diversification tant géographique que sectorielle, l'industrie extractive représentant désormais moins de la moitié de nos investissements. Les emplois directs créés par les entreprises françaises en Afrique sont au nombre d'environ 620 000 et les impôts payés par ces mêmes entreprises dans les dix principaux pays concernés représentent environ 14 milliards d'euros, soit plus que le montant annuel de l'aide française publique au développement pour le monde entier et cinq fois plus que le montant de cette même aide à destination de l'ensemble des pays africains.

Ce qui est vrai pour la France l'est aussi pour l'Europe. Même si l'offensive chinoise en Afrique a donné lieu à de nombreux commentaires médiatiques, l'augmentation des exportations de l'Europe vers l'Afrique depuis 2010 a dépassé en valeur absolue celle des exportations chinoises. Près de la moitié des importations africaines sont en provenance de l'Union européenne qui pèse toujours d'un poids très supérieur à celui de la Chine (205 milliards de dollars en 2016 contre 80 pour la Chine) et bien sûr des États-Unis (30 milliards). L'Allemagne est devenue le premier fournisseur européen du continent africain devant la France et elle inscrit son action dans la perspective d'un développement durable de ses investissements.

---

1. Rapport au ministre de l'Europe et des Affaires étrangères et au ministre de l'Économie et des Finances, « Relancer la présence économique française en Afrique : l'urgence d'une ambition collective à long terme », avril 2019.

Enfin, l'Afrique s'impose comme un partenaire d'avenir du fait même de ses perspectives de croissance. Sous réserve des incertitudes conjoncturelles et notamment des effets de la crise sanitaire provoquée par la covid-19 sur les cours des matières premières dont l'Afrique est un grand exportateur, une croissance de 6 % sur trente ans du produit intérieur brut de l'Afrique le multiplierait par six, faisant de l'Afrique de 2050 l'équivalent de la Chine de 2020.

Notre lien à l'Afrique tient aussi à l'importance des transferts des immigrés.

Les transferts de fonds des immigrés à destination de leurs pays d'origine sont en forte progression depuis plusieurs années. D'après une étude de la Banque mondiale, leur montant qui était de l'ordre de 430 milliards de dollars en 2016 aurait atteint 550 milliards en 2019. Cette progression s'explique pour partie par la baisse du coût des transferts, mais pour l'essentiel par la vague migratoire que j'ai analysée, s'agissant de la France, au chapitre 1, et qui concerne tous les pays développés. Entre 2000 et 2018, la part des immigrés dans la population des pays de l'OCDE est en effet passée de 8,8 % à 13,9 %, avec une forte hausse de l'immigration en provenance des pays du Sud.

Au plan mondial, ces transferts représentent plus de trois fois le montant de l'aide publique au développement qui s'est élevée à 153 milliards de dollars en 2018 d'après le rapport du comité d'aide au développement de l'OCDE.

L'Afrique n'est pas au premier rang des pays bénéficiaires de ces transferts qui sont, par ordre décroissant, l'Inde, la Chine, le Mexique et les Philippines. L'Égypte et le Nigeria pointent aux cinquième et sixième positions et aucun pays francophone ne figure parmi les dix premiers pays bénéficiaires. Toutefois l'importance des transferts de fonds des immigrés ne saurait être négligée pour les pays africains francophones sources d'immigration en France. Au Maroc, troisième pays bénéficiaire en Afrique, le montant des transferts opérés par les Marocains résidant à l'étranger a été en 2018 de 6 milliards d'euros, soit 7 % du PIB de ce pays (dont un tiers environ en provenance de France). C'est beaucoup plus que le montant des investissements directs des entreprises étrangères (3,2 milliards d'euros) dans ce pays. Au Mali, le montant des transferts des migrants est estimé à 6,8 % du PIB.

Ces transferts sont, pour les pays africains, la première source de financement extérieur, devant les investissements directs des entreprises et l'aide publique au développement. Encore les chiffres officiels passent-ils sous silence les transferts opérés de manière informelle que l'OCDE évalue à un montant compris entre 33 et 75 % des transferts officiels. Les transferts de fonds ont donc une grande importance pour la cohésion sociale des pays d'origine de l'immigration. Les remettre en cause serait très mal perçu par les gouvernements de ces pays. Il ne faut jamais le perdre de vue lorsqu'on s'interroge sur les réticences des pays d'origine de l'immigration à coopérer avec les pays de l'OCDE dans la lutte contre l'immigration clandestine. Un immigré présent en Europe, ce ne sont pas seulement des dépenses publiques en moins pour le pays d'origine, ce sont aussi des ressources supplémentaires pour ce pays ; et même les clandestins, dès lors qu'ils travaillent, ce qui est le cas de beaucoup, peuvent envoyer tous les mois une aide financière à leur famille.

Je me suis posé la question de savoir si les pays d'immigration comme la France ne devraient pas taxer ces transferts de fonds qui les privent d'une partie de leur richesse nationale alors que les sommes correspondantes pourraient y être utilisées pour financer les dépenses d'intégration des immigrés. La question n'est pas illégitime. À la réflexion, je crois que cette taxation serait inopportune, car le principe d'égalité devant l'impôt obligerait à y assujettir les étrangers originaires des pays les plus pauvres de la planète. En revanche, ayons toujours à l'esprit l'importance de ces transferts lorsqu'on discute de l'effort consenti par les pays de l'OCDE en matière d'aide au développement. Pour la France, par exemple, le montant des transferts de fonds des immigrés vers leurs pays d'origine a été de 12 milliards d'euros en 2017 alors que notre aide publique au développement était d'un peu plus de 10 milliards d'euros.

L'aide publique au développement est le troisième pilier de notre partenariat avec l'Afrique. Son montant est certes inférieur tant à celui des transferts de fonds des immigrés qu'à celui des investissements directs des entreprises étrangères dans les pays bénéficiaires. Mais sa place dans le débat public est beaucoup plus grande.

Dès 1970, les Nations unies avaient recommandé aux pays développés de consacrer 0,7 % de leur revenu national brut (RNB) à l'aide publique au développement. Cette recommandation restera sans effet, mais sera réitérée en 2002 par la première conférence internationale sur le financement du développement réunie à Monterrey au Mexique. Sans beaucoup plus de résultats puisque en 2018 l'aide moyenne des pays de l'OCDE s'élevait à 0,38 % de leur revenu national brut, la France se situant un peu au-dessus de la moyenne avec une aide publique égale à 0,43 % de son RNB. La plupart des grands pays d'Europe de l'Ouest font mieux que la France, même si cinq pays seulement (la Suède, le Luxembourg, la Norvège, le Danemark et le Royaume-Uni) atteignent ou dépassent l'objectif de 0,7 %.

C'est sans doute la raison pour laquelle le président de la République a décidé de porter l'aide publique française à 0,55 % du RNB en 2022, ce qui s'est traduit dès 2019 par une augmentation de 1 milliard d'euros des moyens mis à disposition de l'Agence française de développement (AFD) qui est le principal vecteur de notre aide publique.

Il est permis toutefois de s'interroger sur la destination de cette aide. D'abord parce que, depuis plusieurs années, la priorité est donnée au thème du changement climatique comme le montre la lecture des rapports d'activité de l'AFD. Le thème est certes à la mode et relève du politiquement correct. Il est permis de penser que d'autres thématiques comme la santé ou l'agriculture auraient été au moins aussi pertinentes, et j'y reviendrai en fin de chapitre.

Mais surtout c'est le choix des pays qui bénéficient le plus de l'aide qui pose un problème. En 2016, par exemple, comme l'illustre le tableau ci-dessous, les cinq premiers pays bénéficiaires de l'aide bilatérale nette française ont été (en millions d'euros et par ordre décroissant) :

Sénégal : 274
Algérie : 257
Turquie : 215
Brésil : 186
Inde : 170

Le moins que l'on puisse dire est que la priorité donnée à l'Afrique subsaharienne ne saute pas aux yeux dans ce classement. Certes le Sénégal est le mieux doté, mais il est loin d'être le plus pauvre et d'autres pays d'Afrique subsaharienne comptant parmi les plus pauvres se sont vu préférer des pays émergents dont certains sont des concurrents directs de la France soit sur le plan économique, soit sur le plan de l'influence politique et diplomatique. À quoi jouons-nous, à supposer qu'il s'agisse d'un jeu ?

La surprise cède le pas à la consternation lorsqu'on constate qu'en 2017 les pays d'Afrique subsaharienne n'ont reçu que 28 % de l'aide publique française contre 45 % en 2010. Décidément l'héritage de François Hollande est lourd à porter pour Emmanuel Macron ! En 2018, l'aide publique bilatérale nette versée aux pays les plus pauvres, au nombre de 19, représentait moins de la moitié du total de l'aide versée à toute l'Afrique subsaharienne et sa part relative était en diminution. En outre, la liste des pays dont il s'agit comporte des pays qui n'appartiennent pas à la sphère d'influence de la France comme le Burundi ou l'Éthiopie dont l'économie affiche aujourd'hui des taux de croissance présentés comme exemplaires pour toute l'Afrique.

Certes, en 2019, 870 millions d'euros (sur le milliard de subventions supplémentaires accordé cette année-là à l'AFD) ont été alloués à l'Afrique dont 45 % pour le Grand Sahel cependant qu'en 2020 une enveloppe de 200 millions d'euros était dédiée à un fonds spécifique intitulé Fonds paix et résilience – Minka. Force est de constater toutefois qu'au Sahel une grande partie de l'aide publique au développement ne va pas au-delà de l'accompagnement de la croissance démographique.

Il est vrai que l'intervention de l'AFD est composée non seulement de dons, mais aussi de prêts (dont le mode de comptabilisation en tant qu'aide publique a changé en 2018) qui ne profitent pas aux pays les plus pauvres. Or l'AFD est une institution financière qui a d'abord comme préoccupation de placer ses prêts. Il est vrai aussi que, depuis plusieurs années, une des priorités assignées à l'AFD a été le développement de son activité dans les grands pays émergents comme le Mexique, la Turquie ou la Chine. En 2016, par exemple, les autorisations financières de l'AFD à l'égard de ces grands pays ont progressé de 45 %, atteignant un total de 1,5 milliard d'euros. Le déséquilibre au sein des engagements financiers de l'AFD entre les dons et les autres financements constitués pour l'essentiel de prêts est ancien et pénalise les pays du Sahel. À titre d'exemple, en 2014, le total des dons accordés aux quatre pays les plus fragiles du Sahel francophone (Burkina, Mali, Niger et Tchad) s'était élevé à 67,3 millions d'euros sur un total de 314 millions d'euros toutes zones géographiques confondues cependant que le total général des financements accordés à ces quatre pays, y inclus ces dons, était de 341,4 millions d'euros sur un total général de 8,077 milliards d'euros. On voit donc que ce sont les financements autres que les dons qui se taillent la part du lion et que le Sahel ne représente qu'une part très minoritaire des financements accordés à l'Afrique. Les décisions prises depuis 2017 ont à peine corrigé ce déséquilibre initial qui en dit long sur l'ordre des priorités de notre politique d'aide publique au développement.

Les pays les plus pauvres qui sont aussi ceux confrontés au double défi du terrorisme et du réchauffement climatique ne sont toujours pas prioritaires dans notre stratégie d'aide au développement.

La France continue en effet à aider des géants économiques comme la Chine ou l'Inde – le rapport d'activité de l'AFD pour 2018 fait état par exemple de prêts d'un montant de 50 millions d'euros pour promouvoir les économies d'énergie dans les villes indiennes ! En Chine, deuxième puissance économique du monde, l'AFD se vante d'avoir engagé près de 1,7 milliard d'euros depuis 2004 et de conduire des projets ayant tous un « impact positif sur le climat ». On aurait aimé que l'AFD aide la Chine à respecter la convention de Washington sur l'interdiction de la vente des animaux vivants, ce qui aurait peut-être épargné au monde la pandémie de covid-19. Mais, sur le site de l'AFD, il n'était encore question, début avril 2020, dans la partie consacrée à la Chine, que de développement durable, de nature ou de civilisation écologique ! Mais de santé, point !

La France continue aussi à aider des pays comme la Turquie qui affiche pourtant son ambition de devenir la dixième puissance économique mondiale en 2023 : l'AFD y finance l'extension du réseau de métro d'Istanbul ou la modernisation des lignes de tramway d'Izmir, mais aussi des projets portés par une centaine de villes dans le domaine des transports, de l'eau ou du traitement des déchets. L'AFD se vante d'avoir engagé 2,2 milliards d'euros en Turquie depuis 2004 dont plus de 700 millions pour financer la transition énergétique. On m'objectera que des groupes français ont pu bénéficier indirectement de ces projets. Mais cet argument, qui reste à vérifier, ne justifie en rien la grave dérive de notre politique d'aide au développement qui a perdu tout sens de l'intérêt national. À qui faut-il rappeler que les entreprises turques taillent aujourd'hui des croupières aux entreprises françaises en Afrique ? C'est par exemple une entreprise turque qui gère aujourd'hui le nouvel aéroport international de Dakar. À qui faut-il rappeler qu'à la fin février 2020 le gouvernement turc a encouragé des dizaines de milliers d'étrangers présents, parfois depuis plusieurs années, dans la région d'Istanbul à franchir par la force les frontières terrestres et maritimes séparant la Turquie de la Grèce et que cette manœuvre odieuse n'a pris fin qu'avec la crise de la covid-19 ? À qui faut-il rappeler qu'en Libye, violant délibérément l'embargo sur les armes proclamé par l'Onu, la Turquie tente d'asseoir son emprise avant, sans doute, de faire jouer à nouveau à l'encontre de l'Europe son chantage migratoire en direction de l'Italie ? L'AFD ne peut ignorer ces circonstances nouvelles qui signent un basculement du monde aux frontières de l'Europe. A-t-elle, comme la morale et l'intérêt national et européen le lui commanderaient, immédiatement mis un terme à sa coopération avec les autorités turques ? Et ce n'est qu'un exemple !

Notre politique d'aide au développement est aujourd'hui contraire au sens commun. Il est urgent de la réorienter sur les vraies priorités de la France qui correspondent aux attentes des pays les plus pauvres, ceux du Sahel, mais aussi d'Afrique de l'Ouest ou d'Afrique centrale que la conquête du Sahel par les islamistes menacerait d'une profonde déstabilisation.

La dérive de la politique d'aide au développement au détriment des pays les plus pauvres (rebaptisés « pays les moins avancés » – PMA) n'est pas propre à la France. En 2018, l'aide publique des pays de l'OCDE aux pays d'Afrique subsaharienne a diminué plus fortement (– 4,4 %) que l'ensemble de leur aide (– 3 %). Dans un rapport publié en novembre 2019, la conférence des Nations unies sur le commerce et le développement relève que les États donateurs ne respectent pas leur engagement de consacrer au moins 0,15 % de leur revenu national aux PMA.

Pendant ce temps, la faim, rebaptisée pudiquement « sous-alimentation » (alimentation insuffisante pour fournir l'apport énergétique nécessaire à une vie normale, active et saine), continue à progresser dans le monde. Selon un rapport publié en juillet 2020 par plusieurs institutions spécialisées des Nations unies, le nombre de personnes sous-alimentées qui était de 629 millions en 2014, soit 8,6 % de la population mondiale, s'élevait à 688 millions en 2018, soit 8,9 % de cette même population. Sans surprise, en Afrique c'est près de un cinquième de la population (19,9 %) qui souffre de sous-alimentation et le pourcentage est encore plus élevé en Afrique subsaharienne.

Une politique d'aide publique au développement permettant de freiner l'émigration africaine vers l'Europe devrait se fixer plusieurs priorités :

— S'inscrire dans une perspective de long terme. Notre aide aux pays africains pour leur permettre de se doter d'un état civil fiable en est le meilleur exemple. Elle n'aura évidemment aucune influence à court terme sur les tentatives de départ provoquées par la faim ou la guerre, mais elle contribuera à une meilleure connaissance des populations de ces pays, à un meilleur fonctionnement de leurs structures étatiques et à une identification plus sûre de leurs ressortissants.

— Lutter contre la corruption. La bonne gouvernance doit être une condition de l'aide.

— Privilégier l'aide au secteur productif et, pour commencer, à l'agriculture. En Afrique, l'agriculture emploie plus de la moitié de la population et reste à terme le principal débouché pour des millions de jeunes. L'histoire nous apprend par ailleurs que le développement économique d'un pays passe par sa capacité à se doter d'une agriculture qui ne se contente pas de nourrir les paysans, mais qui soit capable de nourrir l'ensemble de la population et, par suite, de faire vivre correctement sa paysannerie. En Afrique, aujourd'hui, on est loin du compte. Dans sa revue annuelle pour 2016, la Banque africaine de développement relevait que « l'Afrique est en perte de vitesse et de repères dans le domaine de l'agriculture : le berceau de l'humanité produit peu, mais consomme beaucoup ». Cette même institution financière prévoyait aussi que l'Afrique qui importait alors pour plus de 40 milliards de dollars de nourriture verrait le montant de ses importations de produits alimentaires s'élever à 110 milliards en 2025.

Dans un article publié en 2018[1], un de nos experts agronomes faisait l'inventaire des difficultés rencontrées par les pays africains pour développer leur agriculture : la très petite taille des exploitations, le réchauffement climatique, l'insuffisance des installations de stockage, la pénurie de semences, d'OGM, d'engrais et de pesticides. Il soulignait aussi que les différences de rendement entre les agricultures des pays riches et celles des PMA sont considérables (de 1 à 5 par exemple pour les céréales ou le maïs ou de 1 à 20 pour le lait) de sorte que les producteurs locaux ne peuvent lutter contre les importations.

Cette opinion est partagée par des spécialistes des questions de coopération pour qui les pays occidentaux ne devraient pas faire semblant de soutenir l'agriculture africaine tout en déversant à bas prix sur ce continent leurs excédents céréaliers ou laitiers. Et d'évoquer la nécessité que les pays africains prennent des mesures protectionnistes pour soutenir les emplois agricoles africains[2]. C'est appliquer à l'agriculture l'idée portée au milieu du XIXe siècle par l'économiste allemand Friedrich List selon qui un pays en développement doit mettre en place une protection douanière efficace pour permettre le démarrage d'une industrie nationale.

Toujours dans le domaine de l'agriculture, je veux mentionner les propositions formulées par Xavier de Bayser dans un livre très original[3].

L'auteur critique les méthodes de l'Organisation des Nations unies pour l'alimentation et l'agriculture en dénonçant le fait que, trop

---

1. Claude Sicard, « Démographie horizon 2050 : l'urgence d'augmenter la productivité agricole sur le continent africain », février 2018 (http://lasyntheseonline.fr/developpt_durable/demographie/demographie _horizon2050).

2. Louis Caudron, dans *Question d'Europe*, fondation Robert-Schuman, n° 542, 13 janvier 2020.

3. *Le Défi de la simplicité. Pour un nouveau modèle économique plus fraternel*, L'Archipel, 2018.

souvent, « les céréales produites par l'agriculture intensive des pays développés, vendues à la FAO et transportées par bateau, finissent dans des silos où une grande part pourrit [...] ou, en période de famine [...], chez de gros commerçants qui marchandent leur soutien politique contre ces vivres ». Mais il ne se contente pas de critiquer.

Il formule aussi une série de propositions tendant à généraliser l'application à l'Afrique d'expériences prometteuses : celle des jardins tropicaux améliorés de Jean-Marie Cordier qui permettraient avec dix fois moins d'eau de produire une tonne de légumes sur 60 mètres carrés, soit un rendement quatre fois supérieur à celui de la culture traditionnelle en zone tropicale ; celle des fermes du père Godfrey Nzamujo, dominicain mais aussi agronome et microbiologiste, créateur des centres Songhaï qui, après une première réussite au Bénin, à Porto-Novo, à partir de 1985, ont essaimé dans plusieurs villes du Bénin, mais aussi du Nigeria, du Liberia et de la Sierra Leone avec le soutien du Programme des Nations unies pour le développement ; celle enfin de l'utilisation, dans l'alimentation humaine, de l'extrait foliaire de luzerne, légumineuse riche en protéines, oméga-3, vitamines et minéraux et, de ce fait, excellente alternative aux protéines animales, ce qui permet de combattre la malnutrition.

Au-delà de ces propositions qui tiennent à la production agricole, l'objectif est le développement d'un véritable secteur agro-alimentaire pour nourrir l'Afrique en 2050. En profitant, si nécessaire, de la création en juillet 2019, à l'initiative de l'Union africaine, d'une grande zone de libre-échange à l'échelle d'un continent dans lequel le commerce entre les nations ne représente que 15 % du total des échanges. Et quitte à ce que l'Afrique protège son marché intérieur. Il est du devoir moral des pays européens d'accompagner l'Afrique vers son autosuffisance agricole. Et c'est aussi leur intérêt politique s'ils veulent éviter qu'à long terme l'explosion démographique de l'Afrique ne se traduise par la ruée d'une grande partie de sa jeunesse vers le Vieux Continent. Les grandes entreprises européennes du secteur agro-alimentaire peuvent d'ailleurs tirer leur épingle du jeu en participant à la création sur le sol africain de l'appareil industriel nécessaire à l'autosuffisance agricole de l'Afrique.

Ce qui vaut pour l'agriculture vaut au demeurant pour une partie de l'industrie. Il n'est pas acquis pour l'éternité que les matières premières de l'Afrique ne puissent être transformées et donc valorisées en Afrique : pensons, pour ne prendre que quelques exemples, au coton, à la bauxite, au phosphate et à la possibilité que l'Afrique se dote des usines permettant de produire les biens intermédiaires ou de consommation dont son économie a besoin.

Une dernière remarque s'impose. Depuis les années 1980, la mondialisation a bénéficié principalement à l'Asie dont les coûts de production défiaient toute concurrence et qui s'est enorgueillie d'être devenue l'atelier du monde. Aujourd'hui, le politiquement correct n'a d'yeux que pour la transition énergétique : la lutte contre le réchauffement climatique est la priorité de notre aide publique au développement au bénéfice de la Chine, de l'Inde, de la Turquie…, tous pays qui ne brillent pourtant pas par leurs efforts pour limiter leur consommation de charbon et leurs rejets de CO_2. Une réorientation de notre aide au développement vers l'Afrique qui est sans doute le continent le mieux doté en énergies renouvelables pourrait, en l'aidant à les produire et à les stocker, changer la face de la mondialisation pour autant que l'Europe se décide enfin à instaurer à ses frontières la taxe carbone qui participerait ainsi non seulement d'une protection de notre propre appareil productif, mais aussi d'un rééquilibrage au bénéfice de l'Afrique des échanges commerciaux. La renégociation de l'accord de Cotonou, prévue au printemps 2020 et différée pour cause de pandémie de covid-19, pourrait marquer une première étape en ce sens.

Naturellement les propositions formulées pour donner une nouvelle direction à notre politique d'aide publique au développement sont de nature à bousculer bien des intérêts et à contrarier bien des lobbies. Mais c'est le prix à payer pour que l'impératif de la maîtrise des flux migratoires soit enfin pris en compte dans la définition de cette politique.

* *
*

En conclusion de ce chapitre, je veux livrer quelques réflexions sur des sujets qui donnent périodiquement lieu à polémique.

Le premier est celui de l'attitude des pays de transit. Sur les routes qu'ils empruntent en direction de l'Europe, les migrants d'origine africaine n'ont pas seulement à redouter les crimes des islamistes, les passeurs et leur volonté de rançonner, la faim, la soif ou les contrôles exercés aux frontières extérieures de l'Europe. Ils peuvent aussi être renvoyés chez eux par les pays qu'ils regardaient à tort comme la dernière étape de leur périple vers l'Europe.

Depuis l'été 2017, les pays du Maghreb ont en effet fait le choix de renvoyer vers le sud des dizaines de milliers d'Africains originaires pour la plupart d'Afrique subsaharienne.

C'est le cas de l'Algérie. Dès 2014, pour lutter contre les filières criminelles exploitant la mendicité et en application d'un accord avec le Niger qui est, avec le Mali, le principal pays voisin au sud de l'Algérie, les autorités algériennes ont renvoyé vers ce pays les Nigériens dépourvus de titre de séjour. Mais ces expulsions se sont étendues depuis trois ans aux ressortissants de nombreux pays d'Afrique de l'Ouest : Maliens, Sénégalais, Ivoiriens, Guinéens, Nigérians, Camerounais… Arrêtés pour la plupart d'entre eux en situation irrégulière à Alger ou dans les principales villes du nord de l'Algérie, ils sont reconduits en bus, en passant par Tamanrasset, jusqu'à la frontière avec le Niger.

Le Niger est en effet devenu le principal pays de transit pour les Africains de l'Ouest, avec près de 350 000 passages en 2016 par la seule ville d'Agadez. Le Niger est un pays stratégique pour la France qui s'y procure une grande partie de l'uranium nécessaire à sa force nucléaire et à son industrie. Mais c'est aussi un des plus pauvres pays du monde, classé à l'avant-dernier rang de l'indice de développement (187e sur 188). Et l'accompagnement des migrants y fournissait de quoi vivre à des milliers de passeurs des secteurs d'Arlit, à proximité de l'Algérie, ou de Madama, à proximité de la Libye, jusqu'à ce qu'une loi adoptée en 2015 y réprime, tout au moins officiellement, leur activité.

Le Maroc n'est pas en reste. En 2018, après les efforts faits par l'Italie avec l'aide de l'Union européenne pour limiter les arrivées en provenance de Libye et de Tunisie, la route de la Méditerranée occidentale est redevenue la principale voie de passage maritime vers l'Europe. Ce qui revient à dire que le nombre de clandestins a beaucoup augmenté au Maroc. Le secteur de Tanger est au Maroc ce que Calais est à la France : un hall d'attente pour des clandestins voulant rejoindre l'Espagne ou le Royaume-Uni.

Les autorités marocaines n'ont pas tardé à réagir. Pendant l'été 2018, plusieurs milliers d'arrestations eurent lieu à Tanger et dans les villes environnantes, les clandestins concernés étant ensuite acheminés par bus au sud d'Agadir, vers la ville de Tiznit. Qui songerait à critiquer le Maroc ? Lorsque j'étais secrétaire général du comité interministériel de contrôle de l'immigration, entre 2005 et 2009, j'ai été conduit moi aussi, pour alléger la pression qui s'exerçait à Calais et suscitait l'irritation des autorités locales, à y organiser des interpellations suivies d'un éloignement vers des centres d'hébergement situés dans le centre de la France. Mais à la différence des autorités des trois pays du Maghreb, je n'avais pas les moyens d'organiser l'éloignement vers leur pays d'origine de clandestins venus de la Corne de l'Afrique ou d'Afghanistan.

En 2019, les dangers du passage par la Libye étant mieux connus, la Tunisie est devenue à son tour une des voies privilégiées de passage des étrangers originaires d'Afrique subsaharienne : la part de ces derniers dans le total des étrangers qui tentent de franchir la Méditerranée à partir de ce pays et notamment de la ville de Sfax est passée de 10 % en 2018 à 50 % au cours de l'été 2019. Pour beaucoup, ces étrangers avaient transité par la Libye. Les mêmes causes produisant les mêmes effets, une partie des étrangers interpellés dans la région de Sfax ou, au sud-est, dans la zone frontalière ont été transférés en bus jusqu'à Médenine, puis en camion jusqu'en Libye.

Les lobbies favorables à l'immigration accusent régulièrement l'Union européenne de vouloir « externaliser » sa politique de maîtrise de ses frontières extérieures en « sous-traitant » aux pays du Maghreb, par le biais d'accords plus ou moins secrets, le refoulement des clandestins désireux de s'embarquer vers l'Europe. Mais ces pays n'ont nul besoin d'être sollicités par l'Union européenne pour mettre en œuvre ce qui relève de leur souveraineté nationale, à savoir le contrôle de leurs frontières et l'éloignement des étrangers concernés vers leurs pays d'origine. Confrontés au printemps arabe et à ses conséquences politiques, devant faire face périodiquement à des menées terroristes, bousculés par la montée en puissance des forces politiques se réclamant de l'islam, déstabilisés par la chute de leurs revenus pétroliers ou touristiques et en proie à des contestations internes qui ont abouti en Algérie à des manifestations massives en 2019, ces pays n'ont aucune envie de voir prospérer sur leur sol une immigration clandestine, fût-elle de transit, qui pourrait aggraver leur situation économique et sociale. Que l'Union européenne qui y trouve son intérêt leur apporte son aide n'a rien que de très naturel. Mais l'exemple de l'Algérie démontre que, sans intervention aucune de l'Union européenne, la lutte contre l'immigration clandestine est à l'ordre du jour dans plusieurs des États riverains du sud de la Méditerranée.

Le deuxième sujet de polémique est celui du codéveloppement. En 2007, à l'occasion de la création du ministère en charge de l'Immigration, Nicolas Sarkozy et Brice Hortefeux ont fait le choix d'établir un lien entre maîtrise de l'immigration et codéveloppement ou développement solidaire. Des budgets, modestes certes, ont été dégagés pour permettre au nouveau ministère d'initier des actions de coopération qui ont facilité la signature des accords de gestion concertée des flux migratoires et de codéveloppement. Après 2012, le gouvernement socialiste s'est empressé de mettre un terme à ce lien. Pascal Canfin, ministre délégué au Développement du gouvernement de Jean-Marc Ayrault (2012-2014) et aujourd'hui député européen proche du président de la République, a fait en sorte de rapatrier au quai d'Orsay les quelques crédits qui permettaient à la direction générale des étrangers en France de conduire des actions de coopération dans les pays sources d'immigration. Il l'a fait à l'évidence pour des raisons idéologiques. C'est le même homme qui a cautionné les dérives de l'aide publique au développement et notamment l'orientation massive d'une partie de l'aide française au profit non des pays les plus pauvres, mais des pays « émergents » et « grandes démocraties » que sont la Chine ou la Turquie. À chacun ses priorités !

Il est de bon ton, en effet, à gauche, de dénoncer l'idée de conditionner l'aide publique au développement à la coopération en matière migratoire au motif que cette conditionnalité serait moralement discutable et pratiquement inefficace. Je crois au contraire que c'est le détournement de notre aide publique au développement au bénéfice de pays non démocratiques comme la Chine ou la Turquie qui est politiquement condamnable, moralement sans objet puisque bénéficiant à des pays qui sont loin d'être les plus pauvres, et de surcroît totalement contre-productif puisque ces pays sont aujourd'hui pour la France et son économie de redoutables concurrents, notamment en Afrique.

Je ne plaide d'ailleurs pas pour une conditionnalité de notre aide au développement : je plaide pour qu'elle prenne en compte de façon prioritaire les pays les plus pauvres et qu'elle assume l'un de ses objectifs qui est, à terme, de faire en sorte que les habitants de ces pays soient moins tentés d'émigrer et davantage désireux de participer au développement de leur pays de naissance. C'est le bon sens même et d'autres pays européens que la France s'y appliquent. Au Nigeria par exemple, la coopération technique allemande, forte de 330 experts, nigérians en majorité, travaille sur l'énergie, les infrastructures, la formation professionnelle, mais aussi la prévention des migrations clandestines[1]. De nombreuses associations humanitaires agissent pour permettre aux jeunes Africains de recevoir l'éducation et la formation qui leur permettront de trouver un emploi dans leur pays. Enfin et surtout, c'est tout le sens de la stratégie définie en novembre 2015 lors du sommet de La Valette entre l'Union européenne et l'Afrique : un partenariat fondé sur la poursuite simultanée des trois objectifs que sont le développement, la sécurité et le contrôle des migrations.

Le dernier sujet de polémique a trait au sens même de l'immigration.

Contrairement aux représentants les plus en vue de l'école démographique française, je ne crois pas que l'immigration soit une fatalité et encore moins une solution.

Je ne suis pas le seul. Pour conclure ce chapitre sur l'Afrique, je citerai deux personnalités africaines de premier plan.

La première est le président du Ghana, Nana Akufo-Addo, qui, dans un discours prononcé à l'occasion de la venue au Ghana du président Macron, le 30 novembre 2017, déclara : « L'émigration des Africains, c'est d'abord notre responsabilité à nous, gouvernants

1. Hervé Gaymard et Pierre-Ange Savelli, « Relancer la présence économique française en Afrique... », Rapport cit., p. 112 et 113.

africains. *Partout et toujours, en Italie et en Irlande au* XIX*e* *siècle comme en Afrique aujourd'hui, ce qui impulse les migrations, c'est l'incapacité à offrir aux jeunes la possibilité de travailler chez eux.* Nos jeunes ne vont pas en Europe par plaisir, ils y vont à cause de nos échecs. *L'énergie, l'ingéniosité, la résilience dont font preuve ces migrants pour traverser le désert et la Méditerranée doivent être investies ici, en Afrique. Oui, nous voulons que notre jeunesse reste ici* [...]. Mais pour cela, il faut de la bonne gouvernance, il faut des dirigeants qui utilisent l'argent public non pas pour eux-mêmes, mais pour le peuple, il faut des dirigeants qui rendent des comptes, il faut des institutions fortes. »

La seconde est le cardinal guinéen Robert Sarah qui, interrogé par Nicolas Diat dans un livre d'entretiens[1], déclarait : « On présente l'Occident à des Africains comme le paradis terrestre. La faim, la violence et la guerre peuvent pousser ces hommes à risquer leur vie pour atteindre l'Europe. Mais comment accepter que des pays soient privés de tant de leurs fils ? Comment ces nations vont-elles se développer si tant de travailleurs font le choix de l'exil ? Quelles sont ces étranges organisations humanitaires qui sillonnent l'Afrique pour pousser de jeunes hommes à la fuite en leur promettant des vies meilleures en Europe ? Pourquoi la mort, l'esclavage et l'exploitation sont-ils si souvent la véritable issue des voyages de mes frères africains vers un eldorado rêvé ? » Et il ajoutait : « Il faut tout faire pour que les hommes puissent rester dans les pays qui les ont vus naître [...]. *Le déracinement culturel et religieux des Africains projetés dans des pays occidentaux qui traversent eux-mêmes une crise sans précédent est un terreau mortifère.* La seule solution durable passe par le développement économique de l'Afrique. Les chefs d'État de mon continent ont une grande responsabilité. L'Europe ne doit pas devenir le tombeau de l'Afrique. » Et ce livre fut écrit avant la crise de la covid-19...

1. *Le soir approche et déjà le jour baisse*, Fayard, 2019, p. 308 et s.

Annexe 10

Principaux pays d'origine des demandes de protection internationale enregistrées en France

Pays	Demandes de protection internationale[1]	Total des demandes admises[2]
Afghanistan	10 175	6 244 (1)
Albanie	9 251	807 (13)
Géorgie	8 314	391
Guinée	7 023	1 983 (4)
Bangladesh	6 239	905 (10)
Côte d'Ivoire	5 682	1 555 (5)
Nigeria	5 110	722 (14)
Syrie	5 011	3 207 (3)
RDC	4 561	1 322 (7)
Turquie	4 112	901 (11)
Mali	3 909	531 (15)
Soudan	3 673	3 960 (2)
Chine	3 430	1 200 (8)
Somalie	2 914	1 009 (9)
Érythrée	1 918	1 371 (6)
Irak	1 773	835 (12)
Mauritanie	1 589	339
Tchad	1 122	311
Burkina	295	52
Niger	123	28

Le Mali figure donc au onzième rang pour les demandes de protection présentées à la France et au quinzième rang pour les protections accordées. Les autres pays du Sahel francophone viennent bien après dans le classement.

1. Total général des demandes, y compris mineurs accompagnants, en 2019.
2. Total général des admissions au bénéfice d'une protection internationale, hors mineurs accompagnants, en 2019.

Annexe 11

La controverse sur le livre de Stephen Smith

L'un des représentants patentés de l'école démographique française, François Héran, a tenté de disqualifier le livre de Stephen Smith, d'abord en déniant à son auteur la qualité de chercheur et même d'universitaire – comme si seuls les chercheurs étaient qualifiés pour parler d'immigration –, ensuite en affirmant que le nombre des immigrés subsahariens en 2050 pourrait avoisiner 2,4 % dans les pays de l'OCDE et 3 % en France, soit près de dix fois moins que dans le scénario le plus « invasif » étudié par Stephen Smith[1].

Mais patatras ! À peine sorti de sa tranchée de démographe patenté, M. Héran se fait étriller par l'une de ses consœurs, Michèle Tribalat[2], au motif que sa prévision repose sur l'hypothèse peu raisonnable selon laquelle le pourcentage de la population originaire d'Afrique subsaharienne et résidant en France par rapport au total de la population d'Afrique subsaharienne resterait constant d'ici à 2050.

Peu raisonnable ? Je ne sais pas. Ce qui est sûr, en revanche, c'est que François Héran aurait gagné en crédibilité en présentant plusieurs hypothèses comme le font habituellement les scientifiques, surtout lorsqu'ils réfléchissent à un horizon de trente ans ! Mais

1. François Héran, « L'Europe et le spectre des migrations subsahariennes », *Population & Sociétés*, n° 558, septembre 2018 ; *id.*, « Comment se fabrique un oracle ? La prophétie de la ruée africaine sur l'Europe », 18 septembre 2018 (https://laviedesidees.fr/migrations-afrique-prejuge-stephen_smith-oracle).

2. « Querelle François Héran / Stephen Smith (septembre 2018) » (http://www.micheletribalat.fr/440919955).

lorsqu'on s'est fixé comme objectif de banaliser le risque migratoire, on a sans doute mieux à faire que de présenter plusieurs hypothèses.

Mme Tribalat met le doigt où cela fait mal : elle rappelle qu'entre 1982 et 2015 le nombre des immigrés venus d'Afrique (hors Maghreb) a progressé beaucoup plus rapidement que le nombre d'habitants des pays concernés. Selon elle, si l'on avait appliqué la méthode de M. Héran, ce nombre aurait été de 415 000 en 2015 alors qu'il a été en fait de 874 000 cette année-là. Pour compléter sa démonstration, elle ajoute que la population d'origine africaine (hors Maghreb) sur deux générations était en France de près de 1,8 million en 2017, soit 2,8 % de la population de la France, et qu'il lui paraît difficile d'imaginer que la population originaire d'Afrique subsaharienne ne représente pas plus de 4 % de la population de notre pays en 2050.

François Héran et Stephen Smith divergent enfin sur la question de savoir ce que sera l'ampleur respective de la migration intra-africaine et de celle à destination de l'OCDE et singulièrement de l'Europe. S'appuyant sur les données du passé, le premier de ces experts soutient que 70 % des migrants resteront en Afrique alors que le second constate que la part de la migration interne à l'Afrique, égale à 90 % au milieu des années 1960, n'était plus que de 75 % en 1990 et de 68 % en 2017. J'avoue mon incapacité à les départager. Comme je reste sceptique face aux affirmations tant du Forum économique mondial selon lequel 19 millions d'Africains auraient quitté leur pays en 2017 pour un autre pays d'Afrique alors que 17 millions seraient partis vers un autre continent, que de l'Union africaine estimant au même moment à 20 % seulement la part des Africains quittant le continent. On sait que la Côte d'Ivoire accueille massivement des immigrés en provenance du Burkina et des autres pays voisins et qu'il en est de même de l'Afrique du Sud et, dans une moindre mesure, de l'Ouganda, du Nigeria et de l'Éthiopie. Mais dans le détail, que sait-on ?

7

L'Europe en sa diversité et la France à contre-courant

Au printemps 2008, lors du début de la négociation du pacte européen sur l'immigration et l'asile, j'eus des discussions approfondies avec mon homologue allemand, le docteur Gerold Lehnguth, directeur au ministère fédéral de l'Intérieur, et l'un de ses adjoints, le docteur Karsten Kloth, de manière à assurer une parfaite convergence de vues entre nos deux pays sur ce projet porté initialement par la France. Lors d'un rendez-vous téléphonique, je pus même échanger avec Wolfgang Schäuble, à l'époque ministre de l'Intérieur allemand. Pour résumer la position de l'Allemagne, ce dernier m'indiqua, avec la franchise qui le caractérise : « Le principal critère de notre accord doit être la prise en compte par chaque État membre de la situation de son marché du travail. »

Cette vision correspondait à l'une des priorités de la politique d'immigration choisie dont Nicolas Sarkozy s'était fait le champion depuis 2005 : la promotion d'une immigration professionnelle qualifiée ou susceptible, à tout le moins, de remédier aux pénuries de main-d'œuvre. C'est donc sur cette base que s'est fait l'accord franco-allemand qui, entraînant toute l'Europe, permit quelques mois plus tard l'adoption du pacte sous présidence française.

Mais les mots n'avaient pas la même portée pour tous les signataires du pacte. Ce qui était primordial pour l'Allemagne, une immigration qui vienne renforcer utilement sa population au travail et donc sa force productive, était secondaire pour la France et l'est, hélas, resté. Dans la plupart des pays d'Europe centrale, c'est-à-dire des anciennes démocraties populaires, c'est l'émigration et non pas l'immigration qui préoccupait les gouvernements. Enfin, l'Italie n'avait pas encore connu l'immigration massive en provenance de Libye, ni pris la mesure de l'émigration brutale que son affaiblissement démographique et économique allait provoquer. C'est cette diversité de l'Europe face aux questions migratoires qu'il faut explorer pour échapper aux clichés qui ont cours dans notre pays. Et cette diversité renvoie à de grandes différences démographiques, économiques et historiques.

En 2008, un seul trait d'union semblait réunir les différents pays d'Europe : les pénuries de main-d'œuvre nées d'une démographie défaillante ou d'une forte émigration ou, comme en France, d'une inadaptation du système éducatif et des dispositifs de formation professionnelle. Onze ans plus tard et avant la crise de la covid-19, ce sujet semblait toujours d'actualité. De nombreux experts n'hésitaient pas à soutenir que la démographie poussive d'une majorité de pays européens les obligerait à ouvrir toujours plus largement leurs portes à une immigration de travail. Et, selon eux, des pays comme la France dont la population active continuait à progresser en raison d'un taux de fécondité très supérieur à la moyenne européenne seraient condamnés, à terme, à rejoindre la longue cohorte des pays où la pénurie de main-d'œuvre ferait la loi, dictant les politiques d'immigration, voire les politiques sociales.

À la fin de l'année 2019, le gouvernement français affichait même son intention d'actualiser la liste des métiers en tension définie en 2008 par Brice Hortefeux et le ministre chargé de l'Emploi. Pressé par l'opposition d'adopter une politique plus rigoureuse en matière d'immigration, Édouard Philippe se proposait d'élargir la liste des métiers en tension pour faciliter l'immigration professionnelle. La solution des quotas que l'opposition appelait de ses vœux pour limiter l'immigration en général et l'immigration familiale en particulier faisait ainsi l'objet d'un « hold-up sémantique » et se trouvait enrôlée au service d'une politique d'ouverture du marché du travail à la main-d'œuvre immigrée. Joli tour de passe-passe ! Conçu avec la complicité du Medef qui affirmait que le recrutement était « le point noir des difficultés des entreprises » ! Les quotas présentés comme non limitatifs auraient été en fait l'expression des besoins sur les métiers en tension. Un prestigieux cabinet d'audit affirmait opportunément que 500 000 emplois n'étaient pas pourvus en France du fait des difficultés de recrutement, ce qui équivaudrait à une perte de 1,4 % de produit intérieur brut. Le secteur du bâtiment et des travaux publics affirmait, non sans raison, manquer d'ingénieurs, de conducteurs de travaux, de grutiers, d'électromécaniciens, de dessinateurs… Comme à l'habitude, des universitaires venaient au secours des professionnels et le journal *Les Échos* publiait une tribune[1] signée par l'un d'entre eux qui semblait, par son intitulé, vouloir nous indiquer le sens de l'histoire : « Et si on accueillait plus d'immigrés en France ? »

Quelques mois plus tard, l'économie mondiale était plongée, du fait de la covid-19, dans la pire des récessions jamais connues par elle depuis un siècle. De la même façon que la volonté de Nicolas Sarkozy d'encourager l'immigration professionnelle avait été contrariée pendant plusieurs années par la crise financière et économique des années 2008-2010, le souhait du président Macron d'ouvrir davantage notre pays à l'immigration de travail aura été balayé par un virus venu de Chine. En juin 2020, le gouvernement qui avait projeté d'élargir la liste des métiers ouverts à l'immigration en était réduit à interdire à l'une des plus grandes entreprises françaises, Peugeot, de faire venir en France ceux de ses salariés polonais mis au chômage par la fermeture de ses sites de production dans ce pays.

La crise économique mondiale nous oblige-t-elle à une révolution intellectuelle dans notre approche de l'immigration ? Et, si oui, l'Europe que son déclin démographique semblait condamner à l'immigration de masse est-elle tout entière concernée ? La France dont la démographie reste la moins faible d'Europe et pour laquelle l'immigration de travail représente moins de 12 % des flux d'entrée n'est-elle pas à contre-courant ?

* *
*

1. Vassili Joannidès de Lautour, professeur à Grenoble École de management, 23 septembre 2019.

C'est la démographie qui serait le talon d'Achille de l'Europe. Sa situation est pourtant très contrastée d'un pays à l'autre, la France faisant encore exception. Et les pays qui ont la démographie la moins dynamique ont fait, en matière migratoire, des choix très différents de la France.

On sait que, dans un pays, le renouvellement des générations est assuré lorsque l'indicateur conjoncturel de fécondité est de 2,1 enfants par femme. Cet indicateur ne doit pas être confondu avec le taux de natalité. Il est la somme, entre 15 ans et 50 ans, des taux égaux aux rapports entre les naissances des mères d'un âge *x* et le nombre total des femmes de cet âge.

Dans l'Union européenne, cet indicateur[1] est faible : il était de 1,62 en 2010 avant de s'affaisser à 1,55 en 2013 et de se redresser légèrement à 1,58 en 2014 et 2015. On est très loin du renouvellement des générations ! La faible fécondité au sein de l'Union européenne fait donc bien apparaître, hors immigration, la perspective d'un déclin de sa population totale d'ici à 2050.

Il reste que cette moyenne cache des distorsions considérables : en 2015, l'indicateur de fécondité était de 1,85 en France, 1,85 en Irlande comme en Suède et 1,80 au Royaume-Uni. Derrière ce quatuor des pays où la fécondité, sans assurer le renouvellement des générations, est la moins faible, la queue du classement est occupée en 2015 par le Portugal (1,31), la Pologne et Chypre (1,32) ainsi que la Grèce et l'Espagne (1,33). Parmi les grands pays, l'Italie fait pâle figure (1,35). L'Europe centrale est également une zone de basse pression avec des indicateurs compris entre 1,45 pour la Hongrie et 1,62 pour la Roumanie.

Il reste aussi que les données démographiques ne sont pas figées. En 2000, l'indicateur conjoncturel de fécondité était de 1,54 en Suède, pays où il est aujourd'hui supérieur à 1,80. Une évolution similaire quoique moins spectaculaire s'est dessinée en Allemagne où l'indicateur de fécondité est passé de 1,38 en 2000 à 1,50 en 2015. Depuis 2010, cet indicateur a baissé en France. Premier indice de ce que notre pays est à contre-courant de la tendance majoritaire en Europe.

---

1. Eurostat, Taux de fécondité total, 1960-2015 (demo_frate) : tableau d'ensemble en annexe n° 12.

Au vu du constat des fortes différences entre les États membres en matière de fécondité, une première conclusion s'impose. Au sein de l'Union européenne, il sera très difficile de construire, dans les prochaines années, une politique commune de l'immigration qui aille au-delà de la question du contrôle des frontières extérieures, de la délivrance des visas de court séjour et peut-être de l'asile. Les responsables européens en sont d'ailleurs parfaitement conscients : autant ils ont, au cours des dernières années, perfectionné la législation européenne sur les sujets faisant consensus (code frontières, code visas...), autant ils se sont contentés, s'agissant de la délivrance des titres de séjour, d'adopter des réglementations relatives à la forme des titres et aux conditions générales de leur délivrance, en se gardant bien de s'immiscer dans la politique d'admission au séjour qui relève toujours de la souveraineté de chaque État membre.

En 2020, ce que m'avait dit Wolfgang Schäuble en 2008 est plus que jamais d'actualité : l'admission au séjour reste la chasse gardée de chaque État membre et les différences considérables qui caractérisent les marchés du travail de chacun de ces États, qui sont elles-mêmes le reflet de leur démographie, justifient qu'il en soit ainsi.

Si les différences démographiques sont la première réalité qui s'impose à tout observateur des politiques migratoires au sein de l'Union européenne, il en est trois autres qui méritent de retenir son attention, car elles traduisent la diversité des efforts accomplis par les États membres pour faire face à leurs besoins de main-d'œuvre.

La première, mal connue des Français, est l'importance des migrations internes à l'Union européenne. On sait qu'en France, les ressortissants de l'Union européenne n'étant plus soumis depuis 2004 à l'obligation de détenir un titre de séjour, le ministère de l'Intérieur n'est plus capable d'enregistrer chaque année les mouvements de population affectant ceux de ces ressortissants qui choisissent de s'installer en France ou de la quitter. Seule l'exploitation du recensement permet de le faire, avec toutes les faiblesses qui caractérisent un exercice auquel il n'est plus procédé de manière systématique et simultanée sur l'ensemble du territoire national.

Mais ce n'est pas le cas dans beaucoup d'autres pays européens.

L'exemple de l'Allemagne est à cet égard remarquable comme en témoignent les rapports sur la migration[1] du ministère allemand de l'Intérieur, de la Construction et de la Patrie. Dès 2012, l'Allemagne est devenue, au sein de l'OCDE, la deuxième terre d'immigration derrière les États-Unis, avec 400 000 nouveaux arrivants, loin devant l'Espagne, le Royaume-Uni, le Canada, l'Australie ou la France. Cette immigration est bien particulière. En 2017 comme en 2018, les cinq premières nations dont sont originaires les immigrés en Allemagne sont des pays de l'Union européenne, soit par ordre d'importance décroissante la Roumanie, la Pologne, la Bulgarie, l'Italie et la Croatie. Et la Hongrie et la Grèce pointaient aux huitième et dixième positions en 2017 et aux septième et neuvième positions en 2018. Certes, chaque année un grand nombre de ressortissants originaires des pays de l'Union européenne et installés en Allemagne en repartent. Mais en 2017, par exemple, le solde migratoire roumain vers l'Allemagne était supérieur et de loin à celui de la Syrie (68 179 contre 49 123). Ainsi se dévoile un paysage des migrations à destination de l'Allemagne fort différent de celui auquel nous avaient à tort habitués les médias français.

La conséquence en est simple : l'immigration de ressortissants de l'Union européenne représentait en 2017 plus de la moitié du total de l'immigration en Allemagne. L'Allemagne tire donc bien davantage profit que la France du libre établissement des personnes au sein de l'Union. Pour les Européens, l'Allemagne est beaucoup plus attractive que la France.

L'analyse de la situation allemande est une autre manière de découvrir l'importance de l'exode qui frappe plusieurs pays de l'Union européenne dont une partie de la population émigre vers un autre État membre. Outre l'Europe centrale sont également concernées par les départs vers l'Allemagne l'Italie et la Grèce, mais aussi l'Espagne.

Avant l'Allemagne, le premier pays européen à avoir joué à fond la carte de l'immigration en provenance d'autres États membres a été le Royaume-Uni. Lors de l'élargissement de l'Union européenne

1. Migrationsbericht 2016/2017 et Migrationsbericht 2018 : Zentrale Ergebnisse (Bundesministerium des Innern, für Bau und Heimat et Bundesamt für Migration und Flüchtlinge).

à dix pays de l'Est en 2004, le Royaume-Uni a été l'un des rares États membres à ne pas avoir instauré une période transitoire pendant laquelle le principe de libre établissement pouvait comporter des exceptions pour les ressortissants de ces pays. Les conséquences furent immédiates : selon la Banque mondiale, alors que l'immigration nette au Royaume-Uni sur une période de cinq ans s'était élevée à environ 500 000 personnes entre 1992 et 1997, elle double sur la période suivante (1997-2002), puis double à nouveau entre 2002 et 2007, atteignant sur cette période le record de 2 030 075 personnes. Sur la décennie suivante, elle se stabilise à un niveau très élevé, équivalent à celui constaté de 1997 à 2002. À titre d'exemple, sur la période allant de juillet 2013 à juin 2014, sur 495 000 entrées au Royaume-Uni, 106 000 immigrés, soit plus de 21 %, venaient des dix pays d'Europe centrale ayant adhéré en 2004 ou postérieurement contre 117 000 en provenance des autres États membres et 272 000 en provenance de pays tiers. À la fin de 2014, le Premier ministre britannique, David Cameron, avait annoncé son intention de réduire l'immigration en provenance de l'Europe et plus précisément de l'est et du sud de l'Union. Peine perdue : au printemps 2017, le nombre de ressortissants européens travaillant au Royaume-Uni atteignait son record à 2,27 millions.

Une des causes majeures du Brexit fut l'exaspération de la classe ouvrière et d'une partie de la classe moyenne britanniques à l'encontre de l'immigration européenne qui passait d'autant moins inaperçue qu'elle était plus récente et ne pouvait se réclamer des liens historiques et culturels tissés au sein du Commonwealth. L'aggravation des inégalités sociales provoquée par la politique néolibérale des gouvernements *tory* ne fit qu'exacerber cette exaspération, particulièrement dans les provinces pauvres du nord de la Grande-Bretagne où elle allait de pair avec une forte allergie au cosmopolitisme prospère de la métropole de Londres.

Peut-être le Brexit provoquera-t-il le départ d'une partie des immigrés européens, même si ceux qui résident au Royaume-Uni depuis cinq ans se sont entendu promettre un statut de « résident établi » qui les assimile à bien des égards à des citoyens britanniques. Dès 2018, le solde migratoire des immigrés européens au Royaume-Uni était devenu négatif. Mais cette main-d'œuvre ne sera pas perdue pour tout le monde : ses pays d'origine situés pour l'essentiel dans l'est de l'Europe, mais aussi l'Allemagne feront tout pour l'attirer.

Il est un autre pays d'Europe dans lequel l'immigration en provenance des États membres de l'Union européenne est largement majoritaire. Il n'est pas membre de l'Union, mais lui est lié par de très nombreux accords : la Suisse. Plus des deux tiers des immigrés entrés en Suisse en 2019 étaient des ressortissants d'un des États membres de l'Union européenne ou de l'Association européenne de libre-échange. Et les 2,11 millions d'étrangers vivant en Suisse à la fin de 2018 (soit près de 25 % de la population de ce pays, c'est-à-dire beaucoup plus que dans n'importe quel autre pays européen à l'exception du Luxembourg) étaient, dans une écrasante majorité, des ressortissants de l'Union européenne (près de 320 000 Italiens, 306 000 Allemands, 263 000 Portugais, 134 000 Français, 83 700 Espagnols, 43 000 Autrichiens…) avec en outre une implantation très forte de ressortissants de l'ex-Yougoslavie (111 800 Kosovars par exemple, 65 000 Serbes). L'immigration en provenance du Maghreb y est très minoritaire avec environ 7 760 Tunisiens, 7 620 Marocains et un peu plus de 4 000 Algériens. Cette situation sera confortée par l'admission des Roumains et des Bulgares au bénéfice de la libre circulation depuis le 1er juin 2019.

On est très loin de la situation de 2007 où la moitié de la population étrangère en Suisse venait de pays non européens. À la fin de 2005, la Suisse a profondément modifié sa législation sur l'immigration, d'une part en donnant la priorité à l'admission des ressortissants de l'Union européenne et de l'Association européenne de libre-échange et en imposant des contingents beaucoup plus faibles aux pays tiers, d'autre part en veillant à ce que les nouveaux immigrés correspondent aux besoins de l'économie suisse, enfin en réduisant les avantages accordés aux demandeurs d'asile. Ces nouveaux immigrés savent qu'ils ne peuvent rester en Suisse que s'ils y conservent un emploi. En moins de quinze ans, cette réorientation majeure a donné des résultats spectaculaires. L'accord pour la libre circulation des personnes conclu par la Suisse avec l'Union européenne en 1999 et entré complètement en vigueur en 2004 a par ailleurs eu pour conséquence que les deux tiers des ressortissants de l'Union européenne qui immigrent en Suisse y exercent d'emblée un emploi rémunéré. C'est la preuve qu'une volonté politique inspirée par l'intérêt national et assise sur une concertation approfondie avec toutes les forces économiques et sociales d'un pays peut promouvoir une véritable immigration choisie.

À l'échelle de l'ensemble de l'Union européenne, l'immigration en provenance d'un autre État membre est également importante. D'après Eurostat, en 2018, sur les 512 millions d'habitants de l'Union européenne, 7,8 % avaient une nationalité autre que celle de leur pays de résidence : 3,4 % étaient des ressortissants de l'un des États membres et 4,4 % des ressortissants d'un pays tiers. Dans dix États membres, les étrangers étaient principalement des citoyens d'un autre État membre (Belgique, Irlande, Chypre, Luxembourg, Malte, Pays-Bas, Autriche, Roumanie, Slovaquie et Royaume-Uni)[1].

En France, les migrations en provenance d'autres pays membres de l'Union européenne sont moins importantes que dans le reste de l'Union. Selon l'Insee[2], 35 % seulement des immigrés arrivés en France en 2017 étaient nés en Europe, et encore ce pourcentage intègre-t-il des immigrés en provenance de pays européens n'appartenant pas à l'Union (Albanie, Russie…). L'Afrique à elle seule (36,8 %) pèse plus lourd dans les arrivées annuelles en France que les autres États membres de l'Union. Et ce qui est vrai pour les flux annuels l'est encore plus si l'on raisonne sur le nombre total des immigrés vivant en France : en 2018, 46,1 % d'entre eux sont nés en Afrique et un tiers seulement en Europe. La France accueille beaucoup moins de migrants en provenance de l'Union européenne que beaucoup d'États membres au premier rang desquels l'Allemagne ou le Royaume-Uni. Faut-il y voir seulement le poids de notre histoire coloniale ? Non, car le Royaume-Uni porte le même héritage. Or la migration interne à l'Union européenne est pour l'essentiel une migration liée à l'exercice d'une activité professionnelle, ce qui est évidemment un avantage pour le pays d'accueil. Au regard de ce critère, la France est à nouveau à contre-courant d'une grande partie de l'Union européenne.

---

1. Eurostat (migr_pop1ctz).
2. Insee, 8 octobre 2019.

Naturellement, l'exode interne à l'Union européenne a surtout concerné les pays de l'Europe de l'Est après la chute du mur de Berlin. Selon un rapport du FMI de 2016, 20 millions d'habitants ont quitté ces pays entre 1990 et 2012. Après la crise économique et financière de 2008 le phénomène s'est accéléré. Au cours des trente dernières années, ce sont 20 % des Roumains, 12 % des Bulgares et 7 % des Polonais qui sont partis travailler dans un autre pays européen. Cet exode a touché ensuite l'Europe du Sud et notamment l'Italie. À terme, la crise économique provoquée par la covid-19 et qui pourrait frapper tout particulièrement l'Espagne, l'Italie et la France pourrait accélérer ce type de migrations vers l'Allemagne et les pays d'Europe du Nord.

Les migrations internes à l'Union européenne ont renforcé les effets négatifs d'une faible fécondité dans les pays d'Europe centrale ainsi qu'en Grèce et en Italie. Pour s'en tenir à deux exemples correspondant à des pays voisins, mais très différents par leur taille, leur histoire et leur relation à l'Union européenne, la Croatie a vu sa population diminuer depuis 2000 de plus de 8,5 % cependant que l'Italie, qui a vu sa population diminuer chaque année depuis 2015, compte aujourd'hui plus de 5 millions d'expatriés contre 3,5 millions en 2009. C'est sans surprise que le premier pays d'accueil en Europe (et dans le monde) des Italiens expatriés est l'Allemagne, devant la Suisse (et l'Argentine).

Entre pays européens à faible fécondité, c'est l'économie qui est le juge de paix et qui provoque des mouvements migratoires à destination des pays où la croissance est la plus forte, le chômage le plus faible et le niveau de vie le meilleur. Contrairement à ce qu'on aurait pu penser, ce ne sont pas les pays à forte fécondité (France, Irlande ou Suède) qui sont à l'origine des mouvements migratoires les plus forts : ce sont les pays dans lesquels la fécondité et/ou le niveau de vie sont faibles.

La deuxième réalité, également mal connue des Français et qui s'impose à tout observateur, est le recours croissant à une immigration de travail dans les pays autrefois situés à l'est du rideau de fer.

Première surprise, de taille : le pays européen qui délivre chaque année le plus de nouveaux permis de résidence à des ressortissants de pays n'appartenant pas à l'Union européenne n'est ni l'Allemagne, ni l'Italie, ni la France, mais… la Pologne. Sont pris en compte à ce titre les séjours autres que les séjours de moins de trois mois[1]. Avec ce décompte, la Pologne arrive en tête du classement largement devant l'Allemagne et le Royaume-Uni. Mieux : en 2017, elle a délivré plus de permis de résidence (683 228) que la France (250 175), l'Espagne (231 153) et l'Italie (186 786) réunies. La Pologne a conservé sa première place en 2018 et, selon toute vraisemblance, en 2019.

Autre surprise, directement liée à la première : la première nationalité bénéficiaire de permis de résidence délivrés par les États membres est l'Ukraine tant en 2017 qu'en 2018, loin devant la Chine, l'Inde ou la Syrie. Et ce qui est vrai au niveau global l'est naturellement dans plusieurs États membres. En 2018, l'Ukraine est le premier pays au regard du nombre des bénéficiaires des permis de résidence délivrés non seulement par la Pologne, mais aussi par six autres États membres : la République tchèque, la Slovaquie, la Hongrie et les trois pays Baltes.

Ainsi se dévoile un paysage de l'immigration et notamment de l'immigration de travail fort différent de celui décrit par une partie des faiseurs d'opinion en France qui dénoncent l'égoïsme des pays de l'Est et leur refus d'accueillir des demandeurs d'asile. Les pays de l'Europe de l'Est ne sont pas fermés à l'immigration, mais comme la France des années 1950 et 1960 vis-à-vis du Maghreb, ils ont opté pour une immigration de travail en provenance des pays limitrophes et notamment de l'Ukraine. Et ce qui est vrai pour la Pologne le devient progressivement pour tous les pays de l'Est : entre 2017 et 2018, le nombre de permis de résidence délivrés par les onze pays situés autrefois à l'est du rideau de fer a progressé de 3,7 % alors que dans les autres pays de l'Union européenne cette progression n'était que de 2,5 %. Pour la Hongrie de M. Orban, la progression

1. Eurostat, communiqué de presse 166/2018, 25 octobre 2018. Un permis de résidence n'est considéré comme nouveau que si un délai d'au moins six mois s'est écoulé depuis l'expiration du permis de résidence précédemment attribué à son bénéficiaire.

en un an est de 73 %. Pour la Slovaquie, la Slovénie et la République tchèque, elle est respectivement de 53 %, 51 % et 23 %. Les anciennes démocraties populaires s'ouvrent à l'immigration.

Sans surprise désormais, sur la période 2012-2017, c'est la Pologne qui a délivré le plus de permis de résidence dans toute l'Union européenne, loin devant l'Allemagne, la France, l'Italie et l'Espagne[1]. Si l'on rapporte le nombre de permis délivrés à la population du pays d'accueil, c'est la Suède qui arrive en tête, talonnée par la Pologne et très loin devant l'Allemagne et la France.

Naturellement, la géographie et l'histoire qui mêla à plusieurs reprises les territoires de ce que sont devenus l'Ukraine, la Pologne et les pays Baltes – souvenons-nous du grand-duché de Lituanie dont le souverain ne fit qu'un pendant plusieurs siècles avec celui de la Pologne et dont le territoire engloba à son apogée, au XVIIe siècle, ceux de l'Ukraine et de la Biélorussie d'aujourd'hui – expliquent pour l'essentiel le marché du travail qui se reconstitue depuis quelques années dans l'est de l'Europe. Mais c'est aussi l'histoire et la géographie qui expliquent qu'environ soixante ans après leur indépendance les trois pays du Maghreb sont les trois premières nationalités bénéficiaires des permis de résidence accordés par la France en 2019 !

On m'objectera qu'une très faible proportion – moins de 5 % – des permis de résidence accordés par la Pologne a une durée égale ou supérieure à un an et que les autres titres correspondent plutôt à des permis de travailleurs saisonniers. Mais c'était le cas des titres accordés par la France au début des années 1960 ! La Pologne n'est pas en retard. Elle ne fait qu'appliquer les exhortations de nombreux experts – et notamment de ceux qui inspirent la législation européenne – à développer ce qu'on appelle les « migrations circulaires », c'est-à-dire des formes de migration dans lesquelles l'immigré passe d'un pays à un autre avant de revenir dans son pays d'origine. Cette formule qui est peut-être l'avenir de l'immigration en Europe permet d'éviter la fuite des cerveaux, de faire profiter le pays d'origine de la formation acquise par l'immigré dans le pays d'accueil et d'esquiver les redoutables problèmes suscités par

1. www.micheletribalat.fr/442891477.

le regroupement familial et les échecs, flagrants en France, des politiques d'intégration. Encore les différences culturelles sont-elles moins grandes entre les pays de l'Est qui partagent plusieurs siècles d'histoire commune et une même religion qu'entre la France et ses anciennes colonies.

À ceux, enfin, nombreux en France, qui pensent que la Pologne se refuse systématiquement à admettre au séjour des ressortissants de confession musulmane au motif qu'elle a refusé d'accueillir les quelque 6 000 demandeurs d'asile syriens ou irakiens que les quotas définis par la Commission européenne lui avaient attribués à l'automne 2015, on fera remarquer que, depuis 2016, la Pologne a accordé des permis de résidence à plusieurs dizaines de milliers de Turcs, 3 000 Pakistanais, 2 000 Irakiens, 2 000 Égyptiens… Peut-être la Pologne n'est-elle ni xénophobe ni islamophobe, mais seulement soucieuse de décider souverainement qui elle admet au séjour sur son territoire.

La proximité géographique joue évidemment un rôle décisif dans ces migrations qui sont aussi, pour les populations concernées, une manière de contourner la lenteur du processus d'adhésion à l'Union européenne. C'est ainsi qu'en 2018 la Slovénie a attribué plus de la moitié de ses permis de résidence à des ressortissants de Bosnie-Herzégovine et plus du quart à des ressortissants serbes ou kosovars.

La troisième réalité de l'économie européenne, que les Français croient mieux connaître, est celle du travail détaché.

Juridiquement, le travail détaché est une expression non pas du principe de libre établissement au sein de l'Union européenne, mais de la libre prestation de services. C'est une directive de 1996 (96/71/CE), dite « directive Frits Bolkestein », du nom du commissaire européen qui la fit adopter, modifiée en 2006, qui en pose les fondements. Elle permet à un travailleur recruté par une entreprise ayant son siège social dans un État membre d'être détaché dans un autre État membre en étant rémunéré, pour sa prestation, à un salaire au moins égal au salaire minimum du pays d'accueil cependant que les cotisations sociales acquittées le sont en application de la législation du pays dans lequel a son siège l'entreprise qui détache et qui porte le contrat de travail. Le travailleur détaché se voit donc appliquer le droit social du pays de son entreprise employeur et le droit du travail du pays d'accueil ou plus exactement son « noyau dur » (salaire minimum, mais aussi heures supplémentaires, durée maximale, congés, conditions de travail, protection des femmes enceintes et des enfants, non-discrimination…). Dès l'origine, le travail détaché participait de la création, dans l'Union européenne, d'un grand marché du travail et des services qui devait permettre de remédier à des pénuries de main-d'œuvre et de compétences propres à certains États membres.

Ses détracteurs n'hésitent pas à assimiler le principe même du travail détaché à de la fraude sociale, ce qui est un absolu contresens. Le travail détaché est parfaitement légal. Certes, l'absence d'harmonisation sociale entre États membres et en particulier les différences de cotisations sociales font que ce dispositif peut être plus avantageux pour le bénéficiaire de la prestation de services dans le pays d'accueil que l'emploi d'un salarié de ce pays. Mais en contrepartie le travailleur détaché se voit verser une indemnité représentative de ses frais de détachement (voyage, logement et nourriture).

Ce qui cause une difficulté, en revanche, c'est la fraude aux principes mêmes du travail détaché qui se traduit notamment par la violation du droit du pays d'accueil, par exemple la réglementation des heures supplémentaires, ou de celui du pays d'origine, par exemple la réglementation afférente au calcul des cotisations sociales dont l'assiette peut être artificiellement minorée. Dans sa forme la plus caricaturale, la fraude au travail détaché consiste à ce que l'entreprise qui détache n'ait pas d'activité substantielle dans le pays où elle a son siège, ce qui est contraire à la lettre de la directive. Pour remédier à ces fraudes, la directive a d'abord été complétée en mai 2014 par une directive d'exécution, puis révisée par une directive adoptée en juin 2018. Au-delà d'une période de douze mois, susceptible d'être prolongée pour six mois, c'est l'ensemble du droit du travail du pays d'accueil qui s'appliquera au travailleur détaché et pas seulement la partie de ce droit applicable au salaire minimum : toutes les rémunérations devront être conformes à la législation et aux pratiques de ce pays cependant que les stipulations des conventions collectives à caractère général relatives au « noyau dur » seront appliquées au travailleur détaché qui pourra aussi se voir imposer les règles applicables aux travailleurs intérimaires. La révision est entrée en vigueur le 1er juillet 2020 : son adoption, à laquelle le président de la République française a beaucoup contribué, montre que l'Union européenne sait, n'en déplaise à ses détracteurs, adapter sa législation et que l'Europe sociale n'est pas un vain mot.

L'accord intervenu en décembre 2019 à Bruxelles sur les conditions de travail et de rémunération dans le secteur du transport routier a confirmé, sous réserve de son adoption formelle par le Conseil et le Parlement européens, la capacité de l'Union européenne à aller de l'avant en matière d'harmonisation sociale.

Au cours des dernières années, le travail détaché s'est beaucoup développé en Europe. Le nombre de travailleurs détachés était estimé par la Commission européenne à 2,8 millions en 2017, en progression de 83 % depuis 2010. L'Allemagne, la France et la Belgique étaient les trois premiers pays d'accueil, pour un total égal à la moitié des travailleurs détachés. La modification en octobre 2016 des obligations de déclaration pesant sur les entreprises qui procèdent à des détachements incite à relativiser la forte progression du nombre de détachés en France en 2017 (516 000) par rapport à 2016 (354 000). Les trois principaux pays d'envoi étaient la Pologne, l'Allemagne et la Slovénie avec un nombre respectif de détachements égal à 573 358, 399 745 et 190 976. La France pointait à la sixième place avec 109 168 détachements.

Il est intéressant de relever que les États membres pour lesquels la différence entre le nombre des détachés dans un autre État membre et celui des détachés accueillis sur leur territoire est la plus grande sont, dans l'ordre décroissant du solde constaté, la Pologne, la Slovénie, la Slovaquie, la Hongrie, l'Espagne, l'Italie, le Portugal et la Roumanie. On retrouve sans surprise dans ce classement les pays à faible fécondité et/ou faible croissance. Comme quoi la démographie et l'économie imposent leurs lois d'airain sous des formes juridiques variées !

Ceux qui, en France, pourfendent le travail détaché n'ont pas pris en compte les dernières directives. Et surtout, ils passent sous silence le fait que la France est aussi un pays de détachement, et non des moindres, et le plus souvent au bénéfice de professions particulièrement qualifiées (consultants, auditeurs…). Il paraît à tous égards plus intéressant pour la France que ceux de ses partenaires européens qui ont besoin de main-d'œuvre s'adressent à la France, fût-ce par le biais du travail détaché, qu'à des ressortissants de pays tiers, et le principe de réciprocité voudrait que la France agisse de même.

Importance des migrations internes à l'Union européenne, essor du travail détaché, recours croissant à une immigration de travail par de nombreux pays d'Europe centrale : ces trois phénomènes sont liés au déclin démographique de la majorité des pays européens. Mais ils ont aussi pour explication d'énormes différences de coûts salariaux en Europe. Selon Eurostat, le coût horaire de la main-d'œuvre dans l'ensemble de l'économie (hors agriculture et administration publique) variait en 2017 de 4,9 euros en Bulgarie à 43,6 euros au Danemark, ce coût s'établissant à 34,6 euros en Allemagne et 36,6 euros en France. Ces écarts de coûts salariaux se réduisent au fil des ans, les pays d'Europe de l'Est revalorisant leurs salaires pour essayer de remédier aux pénuries de main-d'œuvre qui les affectent. Mais ils étaient d'une telle ampleur au départ qu'il faudra très longtemps avant qu'ils ne cessent d'être un des deux moteurs des phénomènes migratoires qui caractérisent aujourd'hui la plupart des pays de l'Union européenne.

* *
*

Au-delà de la description des phénomènes migratoires d'aujourd'hui, comment les pays de l'Union européenne peuvent-ils faire face dans la durée au déclin démographique qui les affecte ?

Entre 2000 et 2015, la population de l'Union européenne a crû de 20 millions dont un cinquième seulement en raison du solde naturel. En 2080, si on prolonge les tendances démographiques actuelles, l'Union pourrait perdre jusqu'à 100 millions d'habitants, sa population revenant à son niveau de 1960. Il s'agirait d'une sorte de suicide démographique et économique.

L'immigration est-elle à elle seule une solution au déclin démographique de l'Union européenne et plus précisément au vieillissement de sa population avec son corollaire, la dégradation du rapport entre les actifs et les inactifs ?

C'est ce que semblait penser l'éphémère haut-commissaire à la réforme des retraites, Jean-Paul Delevoye, lorsqu'il déclara le 29 novembre 2019 que « la démographie européenne et son vieillissement [font] que, si on veut garder le même nombre d'actifs dans la machine économique, il va falloir 50 millions de population entre guillemets étrangère pour équilibrer la population active en 2050 en Europe ».

Jean-Paul Delevoye se trompait doublement.

Certes, le rapport de la division de la population des Nations unies publié en 2000 estimait à un peu moins de 50 millions (47,456 millions pour être précis) le nombre net d'immigrés supplémentaires nécessaires pour maintenir à son niveau de 2000 la population totale de l'Union européenne qui ne comptait alors que quinze États membres. Mais pour conserver à l'identique le rapport observé en 2000 entre la population d'âge actif et le nombre des personnes âgées de 65 ans et plus, l'Onu estimait que l'Union européenne aurait besoin d'accueillir 674 millions d'immigrés supplémentaires.

Ces chiffres donnent évidemment le vertige. On comprend que les formations politiques les plus hostiles à l'immigration s'en soient emparées pour prêter les plus noirs desseins à une institution internationale dont le tort a sans doute été de s'aventurer sans précautions sur le terrain des prévisions démographiques sans imaginer que d'aucuns y verraient la traduction d'un plan machiavélique pour justifier la submersion migratoire de l'Europe.

Mais la véritable erreur de l'ancien haut-commissaire n'était pas seulement comptable. Elle était surtout intellectuelle. Une immigration même massive ne saurait réduire durablement le rapport entre les inactifs et les actifs. Pour cette raison simple, déjà mentionnée dans le rapport de l'Onu en 2000, que les travailleurs immigrés vieillissent et que la plupart d'entre eux ont des enfants et des parents, en tout cas dans les pays qui pratiquent le regroupement familial.

Au demeurant, l'immigration ne saurait répondre au vieillissement de la société européenne que si les immigrés s'inséraient correctement sur le marché du travail, ce qui n'est pas le cas dans certains pays et singulièrement en France.

À cet argument économique s'ajoute un argument sociologique et politique : le scénario décrit par l'Onu est celui d'une immigration massive. Appliqué à la France, il faudrait que 94 millions d'immigrés supplémentaires soient accueillis sur notre territoire d'ici à 2050 pour maintenir à l'identique le rapport observé en 2000 entre les actifs et les personnes âgées de 65 ans et plus !

C'est une perspective absurde. L'intégration en France est aujourd'hui en échec dans plusieurs territoires aux abords des grandes métropoles. L'accueil en nombre des immigrés tel que décrit par l'Onu provoquerait une révolte sociale ou porterait un coup fatal à la cohésion sociale des pays européens. La formule bien connue « à consommer avec modération » s'applique à merveille à l'immigration.

Dans la durée, l'immigration n'apportera de solution au déclin démographique de l'Europe que si elle est résolument adossée aux besoins économiques de celle-ci. De surcroît, elle n'est qu'une partie de la solution.

* *
*

Une autre partie de la solution est la politique familiale.

Même les démographes les plus favorables à l'immigration en conviennent : une véritable politique de la famille et de l'enfance permet de faire échec au vieillissement ou plus exactement à la partie du vieillissement provoquée dans la durée par une fécondité inférieure au seuil de remplacement[1].

Ce fut longtemps le cas en France où la combinaison de mesures financières d'aides aux familles nombreuses avec la construction de crèches et garderies a permis au taux de fécondité de se maintenir au-dessus de 2 jusqu'en 2013, assurant ainsi le renouvellement des générations. Dans notre pays, l'inspiration de la politique familiale est à la fois nataliste et sociale. Elle est née avec le Front populaire, a été exaltée par Vichy, mais davantage dans les discours que dans les actes, n'a été reniée ensuite ni par le Gouvernement provisoire

1. François Héran, *Le Temps des immigrés*, *op. cit.*, p. 84.

de la République française ni par la IVe République et a trouvé une nouvelle jeunesse à partir de 1958 sous l'impulsion du général de Gaulle et de Michel Debré. Elle a longtemps fait l'objet d'un large consensus politique allant des gaullistes à la CGT.

C'est François Hollande qui a brisé ce consensus. À partir de 2013, le démantèlement d'une politique familiale vieille de plus de quatre-vingts ans a commencé. Baisse à deux reprises du quotient familial en 2013 et 2014, modulation de l'allocation de base de la prestation d'accueil des jeunes enfants (Paje), baisse du complément de libre choix d'activité, fiscalisation des majorations de retraite versées aux parents de trois enfants et plus en 2014, puis en 2015 modulation des allocations familiales en fonction des revenus, définition plus restrictive des conditions de versement de l'allocation de base de la Paje et enfin réduction du budget de la Caisse nationale d'allocations familiales. Cette politique, justifiée officiellement par la volonté de réduire les inégalités sociales en réservant les aides aux familles les plus modestes et en pratique par l'indifférence du président de la République au fait familial, s'est poursuivie sous le quinquennat d'Emmanuel Macron qui a recentré les aides sur les familles déshéritées au prétexte de mieux lutter contre la pauvreté. Au total, ce sont environ 4 milliards d'euros par an qui auront été retirés aux familles.

Nul ne peut affirmer de manière certaine que le démantèlement de la politique familiale aura été la cause de la baisse de la fécondité enregistrée en France à partir de 2014 et qui conduit l'indicateur du même nom à n'être plus que de 1,88 en 2018 contre 2,03 en 2010. Certains démographes préfèrent mettre en cause la crise financière et économique de 2008 ou font remarquer que l'indicateur conjoncturel de fécondité n'était que de 1,68 en 1994 ou encore estiment manquer de recul pour expliquer vraiment la diminution récente de cet indicateur.

Je me garderai bien de trancher ce débat d'experts. Reste que la concomitance est pour le moins troublante : la banalisation de la politique familiale, réduite à partir de 2013 au rang d'une politique sociale parmi d'autres, aura coïncidé avec la baisse de la fécondité qui était avant cette date un des rares domaines d'excellence de la France en Europe.

Reste aussi que tous les experts sont d'accord pour relever que plusieurs des pays européens (France, Suède, Danemark) dans lesquels l'indicateur de fécondité est nettement supérieur à la moyenne de l'Union européenne (1,55 enfant par femme dans l'UE à vingt-sept) sont ceux qui cumulent un taux d'emploi élevé des femmes grâce à un développement systématique des modes de garde de la petite enfance (crèches ou assistantes maternelles) et des politiques budgétaires et fiscales favorables aux familles. Le taux d'emploi des femmes de 24 à 54 ans est supérieur à 83 % dans ces trois pays alors qu'il est inférieur à 75 % en Italie ou en Grèce où l'indicateur de fécondité ne dépasse pas 1,35 enfant par femme. De la même manière, le nombre de places d'accueil pour les enfants de moins de 3 ans est beaucoup plus faible dans les pays à faible fécondité comme la Pologne, la Hongrie ou l'Autriche qu'en France, en Suède ou au Danemark.

Et cela n'a pas échappé à plusieurs pays européens soucieux d'enrayer à long terme leur déclin démographique sans se reposer uniquement sur l'immigration de masse.

Pendant que la France sacrifiait ce qui avait été construit pendant trois quarts de siècle, d'autres pays redécouvraient les vertus d'une politique familiale nataliste. Ce fut d'abord le cas de l'Allemagne sous l'impulsion de Gerhard Schröder, puis d'Angela Merkel et de l'actuelle présidente de la Commission européenne, Ursula von der Leyen. Augmentation des aides aux familles, congé parental de un an avec maintien pour le père comme pour la mère des deux tiers du salaire, construction en dix ans de près de 500 000 places de crèche, gratuité des frais de garde jusqu'à 6 ans. Pendant que l'indicateur conjoncturel de fécondité s'affaissait lentement en France, il progressait en Allemagne, passant de 1,41 en 2012 à 1,57 en 2018. C'est encore beaucoup moins qu'en France et c'est très éloigné du taux de remplacement. Mais le progrès est incontestable. L'ancien modèle français s'exporte ! Les politiques familiales peuvent contribuer à soutenir la démographie d'un pays. Le déclin démographique de l'Europe n'est pas inéluctable !

D'autres pays veulent emprunter la même voie. En Hongrie, le gouvernement de Viktor Orban a institué un congé paternité ou maternité égal à 70 % du salaire jusqu'à ce que l'enfant atteigne

2 ans, des allocations familiales dont le montant progresse avec le nombre d'enfants ainsi qu'une aide à l'achat d'un logement ou une réduction d'impôt pour un couple ayant trois enfants. L'indicateur de fécondité y est passé de 1,35 en 2013 à 1,55 enfant par femme en 2018. En Serbie, pays voisin de la Hongrie et candidat à l'adhésion à l'Union européenne, où l'indicateur de fécondité a très légèrement progressé entre 2013 et 2018, passant de 1,43 à 1,49, les primes à la naissance ont été revalorisées en 2018.

En Europe, une relance de la politique familiale et de la petite enfance s'impose. Ce devrait être une priorité de l'Union européenne pour éviter une dépendance excessive à l'immigration. Une telle politique ne suffira pas à elle seule à éviter l'augmentation de la proportion de personnes âgées de plus de 65 ans dans la population totale. En effet, l'allongement de l'espérance de vie, si elle n'est pas radicalement remise en cause par des pandémies comme la covid-19, est le principal facteur du vieillissement de l'Union européenne, avant même sa faible fécondité. Mais une politique familiale digne de ce nom est une partie de la solution au déclin démographique de l'Union.

Ce devrait être aussi une priorité française si nous ne voulons pas perdre un de nos avantages compétitifs en Europe. Pour cela, il faut revenir sur toutes les décisions prises par François Hollande en cessant de confondre politique familiale et politique de réduction des inégalités. Une vraie politique familiale doit comporter trois volets :

— Un volet financier : toutes les familles sans exception doivent être aidées, quitte à ce que les allocations familiales soient soumises à l'impôt sur le revenu. Et l'excédent de la branche famille de la sécurité sociale qui sert aujourd'hui à combler les déficits des autres branches doit être sanctuarisé au bénéfice du soutien de notre démographie. Il faut mettre fin à la baisse régulière des allocations familiales dans le revenu total des ménages en les indexant à nouveau sur les salaires.

— Un volet d'investissements : il faut se servir de l'excédent de la branche famille pour poursuivre l'augmentation de la capacité d'accueil des jeunes enfants.

— Et enfin un volet logement : la hausse faramineuse des prix des logements au cours des dernières années, en particulier en région parisienne, a sans doute joué un rôle dans la baisse de la fécondité.

On m'objectera qu'au-dessus d'un certain niveau de revenus les aides financières n'ont plus d'effet sur les comportements des couples en matière de fécondité. Mais le but de la politique familiale est d'éviter une perte de revenus pour tous les couples qui font le choix de participer au rayonnement de notre pays. On m'objectera aussi qu'une politique familiale plus ambitieuse profiterait d'abord aux familles immigrées dont le taux de fécondité est supérieur à celui des autres familles avec le risque d'accroître encore l'immigration familiale. Mais c'est là une autre question qui appelle au demeurant une réponse simple : les prestations familiales doivent, comme toutes les prestations non contributives, être réservées aux étrangers comptant plusieurs années de résidence en France.

* *
*

Priorité à une immigration correspondant aux besoins de l'économie et réhabilitation de la politique familiale sont deux réponses au déclin démographique. En France, il en est une troisième qui permettrait de surcroît de lutter contre les pénuries de main-d'œuvre : mettre au travail tous ceux qui sont nés sur notre territoire ou y résident déjà.

Avant la crise de la covid-19 et la sévère récession qui s'ensuivit, les pénuries de main-d'œuvre affectaient tous les pays de l'Union européenne : ceux dont l'économie, à l'inverse de la démographie, affichait une santé insolente comme l'Allemagne, ceux dont l'économie était en phase de rattrapage alors que la fécondité y était faible et l'émigration forte comme beaucoup de pays d'Europe de l'Est, mais aussi la France malgré une croissance médiocre et la persistance d'un chômage élevé. Les pénuries de main-d'œuvre dans certains secteurs peuvent en effet aller de pair avec un chômage structurel. L'indisponibilité d'une main-d'œuvre compétente était citée dans une majorité de pays européens comme le principal frein à l'embauche, bien avant l'incertitude économique, les coûts salariaux ou la réglementation. Beaucoup de secteurs étaient touchés au premier rang desquels l'informatique, l'ingénierie, l'industrie, la construction, le commerce, l'agriculture et les services aux entreprises et aux particuliers. Les principaux métiers concernés étaient ceux de charpentier, couvreur, régleur, chaudronnier, mais aussi les dentistes, personnels navigants de l'aéronautique, carrossiers, dessinateurs ou encore les aides à domicile ou aides ménagères.

C'était déjà le cas en 2005 lorsque Nicolas Sarkozy imposa dans le débat public le thème de l'immigration choisie et c'est ce qui conduisit Brice Hortefeux, conseillé par Guillaume Larrivé, à définir fin 2007 et début 2008 une liste de métiers en tension pour lesquels les entreprises furent autorisées à recruter des salariés étrangers sans que la situation générale de l'emploi en France leur soit opposable. Cette politique, concertée avec les organisations professionnelles et syndicales, a porté ses fruits : l'immigration professionnelle a progressé en 2008 avant que la crise économique qui suivit la faillite de Lehman Brothers ne freine sa mise en œuvre. Mais le dispositif des métiers en tension fut conservé par les gouvernements suivants et les accords conclus avec les pays africains ont profité à l'immigration de travail.

J'ai cru à cette politique et j'ai œuvré à sa mise en application. Ses limites n'en sont pas moins évidentes aujourd'hui.

D'abord pour des raisons de principe que Paul Collier a exposées avec humour dans son livre de référence[1]. Tirant les leçons de l'expérience britannique, il s'interrogeait sur ces « PDG qui pestent contre les restrictions à l'immigration » et se demandait : « S'ils ont tant besoin de travailleurs qualifiés, que ne les forment-ils ? » Il constatait que « l'intérêt à court terme des entreprises coïncide avec l'ouverture des frontières : il est moins cher de recruter des migrants déjà formés que de former de jeunes autochtones », mais il soulignait que « la soupape de sécurité migratoire peut, à long terme, affaiblir la motivation à s'attaquer à la racine du problème, à savoir la formation ». Ce diagnostic me paraît toujours pertinent pour les pays comme la France dont la démographie est relativement dynamique. J'observe que l'exhortation de Paul Collier avait commencé à faire des émules en France avec l'adoption en 2018 de la loi intitulée « Pour la liberté de choisir son avenir professionnel » qui a redonné la haute main au patronat sur l'apprentissage

1. *Exodus. Immigration et multiculturalisme au XXIe siècle*, *op. cit.*, p. 184 et s.

et a facilité la création par les branches professionnelles de centres ou d'écoles de formation dont l'implantation et les programmes correspondent aux besoins des entreprises : c'est le cas par exemple pour des secteurs aussi variés que l'aéronautique, le nucléaire, le BTP, l'industrie navale, la mode…

Ensuite pour des raisons pratiques. Au moment où j'écris ces lignes, la crise de la covid-19 persiste et il est probable qu'avant plusieurs années la préoccupation première des responsables politiques et économiques sera davantage le chômage et la prévention des faillites que la résorption des pénuries de main-d'œuvre.

Certes deux grands pays européens avaient prévu, juste avant la crise sanitaire mondiale, de faciliter l'immigration qualifiée : l'Allemagne et le Royaume-Uni.

Le 19 février 2020, alors que le coronavirus faisait déjà des milliers de victimes en Chine, le ministre britannique de l'Intérieur annonçait la mise en place, à partir du 1er janvier 2021, d'un nouveau dispositif d'immigration, inspiré de celui en vigueur au Canada, avec des visas accordés en fonction du nombre de points attribués aux candidats à l'immigration. Ce nouveau dispositif applicable indifféremment aux ressortissants de l'Union européenne comme à ceux des pays tiers voulait donner la priorité aux compétences les plus fortes. Un dispositif parallèle, Global Talent, devait permettre à des scientifiques, des chercheurs et des mathématiciens de renommée mondiale de venir au Royaume-Uni sans passer par les visas à points. Que restera-t-il de cette annonce dans un des pays les plus touchés par la pandémie et la récession ?

L'Allemagne avait fait le même choix de l'immigration qualifiée en adoptant fin 2019 un « paquet législatif » destiné à entrer en vigueur le 1er mars 2020 et qui, parallèlement à des mesures intéressant les demandeurs d'asile, prévoyait la possibilité d'autoriser les titulaires de diplômes professionnels originaires de pays non européens à séjourner six mois en Allemagne pour y chercher un emploi.

Début 2020, le chômage était particulièrement faible dans ces deux pays. Qu'en sera-t-il demain ? Qu'adviendra-t-il de ces dispositifs ?

À vrai dire, il était déjà permis de s'interroger avant la crise mondiale sur la pertinence de l'immigration comme solution durable aux pénuries de main-d'œuvre.

S'agissant des emplois qualifiés, beaucoup d'économistes en France estimaient, comme Patrick Artus, qu'un des handicaps majeurs de l'économie française était le faible niveau des compétences de la population qui freinait l'automatisation et faisait obstacle aux gains de productivité. Ces économistes appelaient de leurs vœux un effort accru de formation.

S'agissant des emplois peu ou non qualifiés, la France souffrait d'un handicap encore plus net : alors qu'environ 100 000 jeunes sortent chaque année sans aucune qualification du système éducatif, notre pays ne parvenait pas, avant même 2020, à les intégrer au marché du travail. Un demandeur d'emploi sur deux n'avait pas dépassé le niveau du bac. Et le taux d'emploi des jeunes de moins de 30 ans avait reculé de 10 points entre 2008 et 2015 pour ceux n'ayant aucun diplôme et de 5 points pour ceux ayant un diplôme proche du bac. La formation continue n'y remédiait pas parce que, en France, les personnes les moins qualifiées sont celles qui se forment le moins par la suite.

Avant même la crise mondiale, nous n'avions donc pas besoin d'immigration pour remédier dans la durée aux pénuries de main-d'œuvre. Notre priorité aurait dû être de former de façon plus ciblée en nous adossant aux besoins en main-d'œuvre qualifiée des secteurs en tension, mais aussi d'amener à l'emploi, notamment dans les métiers d'aide à la personne, les jeunes sans qualifications dont beaucoup sont ce qu'on appelle des « décrocheurs ». Sans doute l'atteinte de ce dernier objectif aurait-il dû nous conduire à nous interroger sur le niveau du smic qui, parce qu'il est un des plus élevés de l'OCDE, constitue une barrière à l'entrée dans l'emploi peu qualifié.

Au vu de ce constat et des conséquences de la crise mondiale, d'aucuns peuvent penser qu'il faudrait suspendre l'immigration. Mais si c'est impossible, et je crains que ce ne le soit au moins pour les réfugiés et pour une partie de l'immigration familiale, alors il faut se préparer à mettre effectivement au travail aussi bien les

Français sans qualifications qu'une part beaucoup plus grande des immigrés présents sur notre sol et de leurs enfants.

* *
*

L'Union européenne est confrontée à un déclin démographique qui risque à terme d'accentuer les divergences entre les situations économiques des États membres. À plus court terme, il est à craindre aussi que la récession provoquée par la covid-19 n'affecte pas à l'identique des pays qui n'auront pas été touchés par l'épidémie avec la même virulence et qui n'auront pas pratiqué le confinement avec la même ardeur.

Passé la crise sanitaire et les restrictions aux mouvements de personnes à l'intérieur de l'Europe, les migrations internes à l'Union européenne vont s'accélérer au profit des économies les plus résilientes. En parallèle, une forte pression s'exercera sur les gouvernements pour qu'ils rouvrent les frontières extérieures de l'espace Schengen tant il est vrai que des pays aussi divers que la Pologne ou l'Italie ont un besoin intense d'une main-d'œuvre extérieure à l'Union européenne.

Dans ce tableau d'ensemble, l'évolution de la France est à bien des égards à contre-courant : alors qu'elle a sacrifié sa politique familiale, elle bénéficie moins que la moyenne des migrations professionnelles internes à l'Union européenne cependant que, plus que partout ailleurs en Europe, la majorité des immigrés qui la rejoignent pour des raisons qui sont sans lien avec les besoins de son économie peine, comme leurs descendants nés en France, à s'insérer sur le marché du travail.

Cette triste « exception française » doit nous conduire à nous poser deux questions :

— Pourquoi ce qu'on a appelé le « modèle français d'intégration » est-il en échec ? Et cet échec est-il irrémédiable ?

— Pour conjurer cet échec, aujourd'hui conjugué aux ravages de la récession consécutive à la covid-19, une limitation de l'immigration est-elle possible ?

Annexe 12

	1960	1970	1980	1990	2000	2010	2013	2014	2015
UE-28[1]	-	-	-	-	-	1,62	1,55	1,58	1,58
Belgique[2]	2,54	2,25	1,68	1,62	1,67	1,86	1,76	1,74	1,70
Bulgarie	2,31	2,17	2,05	1,82	1,26	1,57	1,48	1,53	1,53
Rép. tchèque	2,09	1,92	2,08	1,90	1,15	1,51	1,46	1,53	1,57
Danemark	2,57	1,95	1,55	1,67	1,77	1,87	1,67	1,69	1,71
Allemagne	-	-	-	-	1,38	1,39	1,42	1,47	1,50
Estonie[3]	1,98	2,17	2,02	2,05	1,36	1,72	1,52	1,54	1,58
Irlande	3,78	3,85	3,21	2,11	1,89	2,05	1,93	1,89	1,85
Grèce	2,23	2,40	2,23	1,39	1,25	1,48	1,29	1,30	1,33
Espagne	-	-	2,22	1,36	1,22	1,37	1,27	1,32	1,33
France	-	-	-	-	1,89	2,03	1,99	2,00	1,96
Croatie	-	-	-	-	-	1,55	1,46	1,46	1,40
Italie	2,37	2,38	1,64	1,33	1,26	1,46	1,39	1,37	1,35
Chypre	-	-	-	2,41	1,64	1,44	1,30	1,31	1,32
Lettonie	-	-	-	-	1,25	1,36	1,52	1,65	1,70
Lituanie	-	2,40	1,99	2,03	1,39	1,50	1,59	1,63	1,70
Luxembourg	2,29	1,97	1,50	1,60	1,76	1,63	1,55	1,50	1,47
Hongrie	2,02	1,98	1,91	1,87	1,32	1,25	1,35	1,44	1,45
Malte	-	-	1,99	2,04	1,68	1,36	1,36	1,38	1,37
Pays-Bas	3,12	2,57	1,60	1,62	1,72	1,79	1,68	1,71	1,66
Autriche	2,69	2,29	1,65	1,46	1,36	1,44	1,44	1,46	1,49
Pologne[4]	-	-	-	2,06	1,37	1,41	1,29	1,32	1,32
Portugal	3,16	3,01	2,25	1,56	1,55	1,39	1,21	1,23	1,31
Roumanie	-	-	2,43	1,83	1,31	1,59	1,46	1,56	1,62
Slovénie	-	-	-	1,46	1,26	1,57	1,55	1,58	1,57
Slovaquie	3,04	2,41	2,32	2,09	1,30	1,43	1,34	1,37	1,40
Finlande	2,72	1,83	1,63	1,78	1,73	1,87	1,75	1,71	1,65
Suède	-	1,92	1,68	2,13	1,54	1,98	1,89	1,88	1,85
Royaume-Uni	-	-	1,90	1,83	1,64	1,92	1,83	1,81	1,80
Islande	-	2,81	2,48	2,30	2,08	2,20	1,93	1,93	1,80
Liechtenstein	-	-	-	-	1,57	1,40	1,45	1,59	1,40
Norvège	-	2,50	1,72	1,93	1,85	1,95	1,78	1,75	1,72
Suisse	2,44	2,10	1,55	1,58	1,50	1,52	1,52	1,54	1,54
Monténégro	-	-	-	-	-	1,70	1,73	1,75	1,74
Macédoine du Nord	-	-	-	-	1,88	1,56	1,49	1,52	1,50
Albanie	-	-	-	-	-	1,63	1,73	1,73	1,59
Serbie	-	-	-	-	1,48	1,40	1,43	1,46	1,46
Turquie	-	-	-	-	-	2,04	2,08	2,17	2,14

(1) 2014 et 2015 : ruptures de séries
(2) 2014 : rupture de série
(3) 2015 : rupture de séries
(4) 2000 et 2010 : ruptures de séries

Source : Eurostat (code des données en ligne : demo_frate)

Taux de fécondité total, 1960-2015 (naissances vivantes par femme).

8

Ratés, réussites et perspectives de l'intégration

On a longtemps vanté les charmes du modèle français d'intégration, en particulier pendant la période des Trente Glorieuses qui vit l'arrivée sur notre sol d'une nombreuse immigration de travail. L'économie française tournait à plein régime et l'immigration en provenance du Maghreb lui fournissait une main-d'œuvre bon marché et peu exigeante, car largement composée de travailleurs célibataires logés dans les foyers discrets de ce qu'on appelait encore la Sonacotra (créée en 1956 sous l'appellation de Société nationale de construction pour les travailleurs algériens pour résorber les derniers bidonvilles et accueillir les travailleurs immigrés algériens). L'emploi et le logement étaient au rendez-vous de la croissance et de la vague migratoire.

La béatitude se prolongea même un peu au-delà, jusqu'aux élections municipales de 1983 qui permirent au Front national d'enlever la mairie de Dreux. Une partie de l'opinion publique ouvrit alors les yeux, mais ce fut pour commenter la traduction politique du changement intervenu tant dans le contexte économique – le double choc pétrolier était passé par là avec son cortège de restructurations industrielles et le début d'un chômage de masse dont la France n'est plus jamais sortie – que dans la nature de l'immigration devenue pour l'essentiel familiale et trouvant de plus en plus son origine en Afrique subsaharienne.

Jusqu'en 1975, l'économie française s'est donc nourrie d'une immigration de travail. Après cette date, ce n'est plus la main-d'œuvre étrangère qui vint à nous, mais nos usines et donc nos emplois qui se délocalisèrent à l'étranger et notamment au Maghreb. Il suffit pour s'en convaincre d'observer les implantations françaises d'usines aéronautiques, automobiles ou textiles dans un pays comme le Maroc. Nos exportations en furent progressivement mais gravement affectées. Et en parallèle le regroupement familial prit son envol. Nos banlieues avaient accueilli à partir du milieu des années 1950 des programmes massifs de logements modernes, avec l'eau courante et le chauffage central. Elles avaient incarné le fameux vivre-ensemble, ce « magnifique creuset républicain » composé des paysans victimes de l'exode rural, des classes moyennes parisiennes, lyonnaises ou marseillaises à la recherche de logements plus spacieux et moins chers que ceux des centres-villes, des rapatriés d'Algérie et de leurs familles et des ouvriers français ou étrangers désireux de se loger à proximité de leurs lieux de travail : Mantes, Grigny, Sarcelles, Villeurbanne et Bron, les quartiers nord de Marseille, l'Ariane ou les Moulins à Nice, autant d'illustrations éphémères de ce rêve français que la fameuse formule d'une France « black-blanc-beur » voulut résumer en juillet 2018. Mais le rêve s'y était, depuis longtemps déjà, mué en cauchemar, le sport restant, le temps d'une victoire, le seul trait d'union d'une nation fracassée. Vieillissement des immeubles, paupérisation de la population, départ des classes moyennes, arrivée massive de familles nombreuses, épuisement des services publics, développement d'une économie souterraine faite de trafics en tous genres et poussée de l'islam radical : la ghettoïsation et le communautarisme étaient donc le vrai destin de ces villes qui avaient poussé comme des champignons. Il y eut, bien sûr, des exceptions comme Mantes-la-Jolie ou Meaux, mais elles ne firent que confirmer la règle.

Le phénomène n'est pas propre à la France. Les pays nordiques qui ont accueilli beaucoup de demandeurs d'asile afghans, irakiens ou syriens à partir du milieu des années 2000 ont connu eux aussi la ghettoïsation progressive de certains de leurs quartiers où le défi de l'intégration se pose en des termes voisins de ceux constatés en France. C'est vrai par exemple dans le quartier de Husby en banlieue de Stockholm. Au milieu des années 1960, sa population s'y partageait de manière équilibrée entre Suédois, Finlandais, Grecs et Turcs. Aujourd'hui, c'est la population non européenne qui domine.

Des émeutes y ont éclaté en 2013, faisant écho aux émeutes de 2005 en France. Et l'économie souterraine y prospère aussi. Même constat au Danemark où un gouvernement libéral, au pouvoir jusqu'en juin 2019, avait identifié fin 2018 quarante-trois quartiers « sensibles » situés aux abords des grandes villes et caractérisés par deux au moins des critères suivants : un taux de chômage beaucoup plus élevé que la moyenne, un niveau d'éducation plus faible, une criminalité trois fois plus forte que la moyenne locale et un revenu brut inférieur de 55 % à la moyenne régionale. Dans ce pays où l'on n'a pas peur d'appeler un chat un chat et de nommer les maux, ceux de ces quartiers sensibles, au nombre de vingt-cinq, où plus de la moitié de la population est d'origine non européenne sont qualifiés de « ghettos ». C'est d'ailleurs un ancien ministre social-démocrate, Henrik Sass Larsen, né dans l'un de ces quartiers, Høje-Taastrup, dans la banlieue de Copenhague, qui a posé avec force le diagnostic, l'absence de mixité sociale, et énoncé le remède en affirmant : « Soit nous parviendrons à mélanger la population, soit nous raserons ! »

On m'objectera que je peins les choses en noir. On m'objectera que, depuis 1960, l'histoire de notre pays est aussi faite d'une intégration silencieuse mais réussie dans beaucoup de foyers d'immigrés. C'est le thème d'un beau livre du sociologue Stéphane Beaud[1] qui décrit le parcours des huit enfants d'un ouvrier algérien arrivé en France en 1971, analphabète, et dont les fils et filles ont pourtant réussi, notamment pour plusieurs de ces dernières en devenant cadres de la fonction publique.

L'histoire est belle et je ne doute pas qu'elle s'est reproduite des dizaines, voire des centaines de milliers de fois. Je ne doute pas non plus, et j'y reviendrai, que nombreuses sont dans notre pays les initiatives prises par des associations composées de bénévoles généreux et déterminés qui agissent au service de l'intégration des immigrés. Mais au-delà de l'émotion instantanée que réussit à transmettre l'auteur de *La France des Belhoumi*, ce témoignage ne parvient pas à invalider le constat que notre modèle d'intégration est aujourd'hui en échec. D'abord parce que la France a changé depuis le début des années 1970, le chômage de masse ayant détruit des équilibres

1. *La France des Belhoumi. Portraits de famille (1977-2017)*, La Découverte, 2018.

immémoriaux et gravement affecté notre capacité d'intégration. La brutale récession provoquée par la crise de la covid-19 dont il est à craindre que notre pays ne mette des années à se relever ne laisse, hélas, aucun espoir de ce côté. Ensuite parce que les données statistiques relatives à nos capacités d'accueil que j'ai analysées au chapitre 3 sont impitoyables. Je les résume en trois constats terrifiants et qui signent, à eux seuls, l'échec de notre modèle d'intégration : le taux de pauvreté des ménages immigrés atteignait 38,5 % en 2015 contre 11 % pour les non-immigrés, le taux de chômage des immigrés (15,3 %) était en 2018 le double de celui des non-immigrés (7,2 %) et enfin le pourcentage d'enfants d'immigrés sans diplôme au-delà du brevet est de 18 % en moyenne (avec des pointes à 24 % pour les enfants d'immigrés marocains ou tunisiens, voire à 32 % pour les enfants d'immigrés turcs) contre 11 % pour ceux qui ne sont ni immigrés ni enfants d'immigrés. Ce dernier constat suffit d'ailleurs à ruiner l'espérance que pouvait faire naître la lecture de *La France des Belhoumi*. Si les enfants de cette famille ont réussi à s'intégrer, c'est grâce à l'école. Les chiffres relatifs aux enfants d'immigrés sans diplôme, plus de quarante ans après la belle histoire des Belhoumi, montrent que l'école française, celle qui avait réussi pendant un siècle l'intégration successive des immigrés italiens, polonais et enfin maghrébins, échoue aujourd'hui dans cette mission.

Le plus grave est que la situation se dégrade d'une génération à l'autre pour les immigrés d'Afrique subsaharienne : selon une étude réalisée en 2009 auprès de 8 200 personnes âgées de 18 à 35 ans, toutes nées en France, et ayant au moins un parent immigré, le taux de chômage qui était de 15 % pour les immigrés de première génération originaires de cette partie du monde atteint 27 % chez leurs enfants[1].

En 2019, Jérôme Fourquet, dans son livre *L'Archipel français*[2], relevait que le pourcentage de garçons portant un prénom arabo-musulman s'était élevé à 18,8 % des naissances en 2016 contre 2 % seulement en 1964 et 8 % en 1997. L'angle choisi par Jérôme Fourquet était original, mais ses conclusions ne faisaient que confirmer,

1. *Trajectoires et origines. Enquête sur la diversité des populations en France*, Ined, 2016, sous la direction de Cris Beauchemin, Christelle Hamel et Patrick Simon.

2. Au Seuil.

à travers le prisme des prénoms, l'analyse de Michèle Tribalat sur l'accélération de l'immigration à partir de la fin des années 1990 et son constat, bien antérieur à la publication de *L'Archipel français*, que, sur la période 2006-2008, les naissances survenues dans un foyer comptant un ou deux parents musulmans représentaient 18 % du total des naissances en France.

Les tenants du déni du risque migratoire qui sont aussi les béats de l'intégration n'ont pas désarmé pour autant. Dans une étude[1] publiée en avril 2019 et destinée à répondre à la grande émotion suscitée par l'analyse de Jérôme Fourquet, des chercheurs de l'Ined relèvent que seuls 23 % des enfants de la troisième génération portent un prénom arabo-musulman. Ils y voient le signe d'une « convergence entre population majoritaire et descendants d'immigrés ».

C'est faire preuve de beaucoup d'optimisme. Mais Jérôme Fourquet n'écrit pas seulement sur les prénoms. Il recense, en exploitant les résultats d'une enquête de l'Ifop pour l'institut Montaigne auprès d'un échantillon représentatif de musulmans résidant en France, beaucoup d'autres indices des difficultés croissantes de l'intégration. Au centre de ces difficultés, il y a le statut de la femme dans la religion musulmane. Marqué du sceau de l'inégalité et de l'absence de liberté et coupant une partie de la communauté musulmane du reste de la société française, ce statut fait obstacle à l'intégration. Ainsi nous est-il donné d'apprendre qu'en 2016 35 % seulement des musulmans accepteraient une union mixte pour leur fille (pourcentage en recul par rapport à 2011) ou encore que, la même année, 35 % des femmes se déclarant musulmanes disaient porter le voile (contre 24 % en 2003) ou enfin que l'assertion selon laquelle une femme doit rester vierge jusqu'au mariage est approuvée par 8 % des Français, mais par 67 % des personnes de confession ou de culture musulmane. À ceux qui s'obstinent à nier l'importance des identités culturelles comme facteur d'échec ou de réussite de l'intégration, on rappellera aussi le constat de Jérôme Fourquet selon lequel 74 % des femmes de la deuxième génération originaire du Sahel et donc de culture musulmane vivent en couple avec un conjoint issu de la

1. « Quels prénoms les immigrés donnent-ils à leurs enfants en France ? », Baptiste Coulmont et Patrick Simon, Ined, 10 avril 2019.

même aire géographique alors que ce pourcentage n'est que de 36 % pour les femmes de la deuxième génération originaire d'Afrique centrale et donc de culture chrétienne ou animiste.

Au centre des difficultés d'intégration de la communauté musulmane, il y a aussi, toujours selon l'enquête réalisée par l'Ifop pour l'institut Montaigne, la question de la séparation de la religion et de l'État : 27 % des musulmans interrogés pensent que la loi religieuse, la *charia*, devrait s'imposer par rapport à la loi de la République. On m'objectera que c'est à peine plus d'un quart. Mais l'échec de l'intégration se lit dans le fait que cette opinion est beaucoup plus forte chez les musulmans étrangers (41 %) et presque majoritaire (49 %) chez les musulmans de moins de 25 ans. Et si 68 % des musulmans interrogés dans cette enquête pensaient que le port du voile devrait être autorisé au collège et au lycée, cette opinion était celle de 75 % des jeunes musulmans de moins de 25 ans (contre 53 % pour ceux âgés de 50 ans et plus). Là encore, le constat d'un recul de l'adhésion aux valeurs de la République française dans la génération la plus jeune est irréfutable et inquiétant.

* *
*

Trois facteurs sont à l'origine de la déroute de notre modèle d'intégration : l'immigration familiale et le chômage de masse, tous deux apparus au milieu des années 1970, puis la réaffirmation identitaire, provoquée à la fois par l'échec économique et social dans les années 1990 d'une grosse partie de la deuxième génération issue de l'immigration et par la radicalisation religieuse orchestrée autour d'une vision fondamentaliste de l'islam par l'Arabie saoudite et certains États du Golfe. Naturellement le chômage de masse n'a pas seulement affecté les immigrés ou leurs descendants. Mais ils en ont été tout particulièrement victimes. Il n'est déjà pas simple de s'intégrer quand on vient d'un pays porteur de traditions culturelles différentes de celles du pays d'accueil. Mais y parvenir dans un contexte économique et social de crise comme celles que la société française a connues à plusieurs reprises depuis le milieu des années 1970 – deux chocs pétroliers, en 1974 et 1978, une récession en 1993-1994, la crise des années 2008 et 2009 et enfin la crise qui s'ouvre au moment où j'écris ces lignes – est une gageure.

Naturellement les difficultés croissantes de l'intégration en France n'ont pas échappé aux gouvernements successifs. Mais les réponses imaginées n'ont pas été à la hauteur de l'enjeu :

— Soit parce qu'elles ont traité les symptômes sans s'attaquer à la cause du mal. Le grand plan de rénovation urbaine imaginé avec le talent qu'on lui connaît par Jean-Louis Borloo à partir de 2002 a été plébiscité par les maires et a permis de donner un nouveau visage à beaucoup de nos banlieues. Mais, par définition, ce plan a traité le bâti sans soigner le mal à sa racine, c'est-à-dire l'échec scolaire et son prolongement dans une vie d'adulte, l'emploi. Si beaucoup de cités ou de quartiers prioritaires ont été reconstruits ou réhabilités, l'économie souterraine a continué à y prospérer et les seuls emplois créés l'ont été au bénéfice des entreprises du bâtiment appelées à mettre en œuvre cette reconstruction. Au demeurant, le souffle initial s'est épuisé et les crédits disponibles ont fondu comme peau de chagrin.

— Soit parce qu'elles se sont limitées à un catalogue de bonnes intentions. Le législateur a certes imaginé une démarche contractuelle pour encourager les nouveaux immigrés à mieux préparer leur insertion dans la société française. Mais, quelles qu'aient été ses appellations successives, le contrat ainsi proposé à tout nouvel arrivant n'en a jamais été vraiment un en raison de la modestie des objectifs assignés aux impétrants et de l'absence de véritable sanction pour ceux qui ne les atteignaient pas.

Comme l'a relevé en 2017 un rapport[1] du sénateur Roger Karoutchi, la formation linguistique proposée dans le cadre du « contrat d'intégration républicaine », d'une durée maximale de deux cents heures, est beaucoup moins ambitieuse que celle mise en œuvre en Allemagne (six cents heures) et surtout sans véritable sanction. Le défaut d'atteinte du niveau A1[2], le plus faible s'agissant de la pratique de

1. Rapport d'information n° 660 fait au nom de la commission des finances sur la mise en œuvre de la réforme de la formation linguistique et civique des étrangers primo-arrivants, enregistré à la présidence du Sénat le 19 juillet 2017.

2. Les niveaux mentionnés par la réglementation française sont ceux du Cadre européen commun de référence pour les langues (CECRL) du Conseil de l'Europe tel qu'adopté par le comité des ministres dans une recommandation du 2 juillet 2008.

la langue française, ne fait pas obstacle à l'obtention d'un titre de séjour valable quatre ans dès lors que l'immigré a fait preuve de son assiduité, du sérieux de sa participation aux formations et de l'accomplissement d'un progrès, même minime. Certes, la délivrance d'un titre de résident valable dix ans est subordonnée à l'atteinte effective du niveau A2. Mais on peut très bien vivre en France sous couvert d'un titre de séjour pluriannuel plutôt que d'un titre de résident. Les signataires du contrat d'intégration républicaine sont donc soumis à une simple obligation de moyens – la participation aux cours de langue – et pas à une obligation de résultat. C'est toute la différence avec l'Allemagne où la formation linguistique s'accompagne d'un contrôle continu et d'un examen final et où aucun titre de séjour ne peut être accordé sans obtention du niveau requis de maîtrise de la langue de Goethe, ou encore avec l'Italie où l'obtention d'un titre de séjour d'une durée supérieure à un an est subordonnée à l'atteinte du niveau A2.

Et Roger Karoutchi était encore plus sévère avec la formation civique délivrée en France : sans lien avec la maîtrise du français, elle ne comportait aucune évaluation individuelle et ne prenait en compte que la capacité à remplir un questionnaire de groupe, la qualité des réponses n'ayant évidemment aucune incidence quant à la délivrance d'un titre de séjour.

D'aucuns objecteront qu'au cours des années 1960 de nombreux étrangers, analphabètes ou illettrés, sont arrivés en France et se sont intégrés sans difficulté alors qu'ils n'avaient en poche aucun certificat justifiant de leur maîtrise de la langue française. C'est exact, mais ils avaient un emploi et un logement, c'est-à-dire les deux vrais passeports de l'époque pour l'intégration. Dans la France d'aujourd'hui, où le niveau d'exigence pour l'accès à l'emploi est beaucoup plus élevé qu'il y a soixante ans, la maîtrise de la langue française est indispensable à l'intégration.

Le gouvernement d'Édouard Philippe n'a modifié qu'à la marge les caractéristiques du contrat d'intégration républicaine. Certes, la formation civique comporte désormais quatre sessions d'une durée totale de vingt-quatre heures. Certes, la formation linguistique prescrite si le nouvel immigré révèle, lors d'un test organisé par l'Office français de l'immigration et de l'intégration, un niveau de langue inférieur au niveau A1 est désormais plus diversifiée, sa durée maximale ayant été portée à six cents heures. Mais l'obtention d'une carte de séjour pluriannuelle reste subordonnée à la seule condition de suivre avec assiduité et sérieux les formations civique et linguistique prescrites et de respecter les valeurs essentielles de la République et de la société françaises. Et le préfet ne peut résilier le contrat que si le nouvel immigré n'a pas respecté cette condition. Au demeurant la loi n'est guère contraignante puisqu'elle prévoit que la formation linguistique délivrée peut donner lieu à une certification permettant d'évaluer le niveau de langue de l'étranger : cette certification est donc facultative. À l'issue de la formation, l'étranger se voit remettre, s'il la demande, une attestation nominative de présence qui n'a pas valeur de certification puisqu'elle mentionne seulement le nombre d'heures réalisées et les résultats obtenus aux tests d'évaluation initial et final !

Enfin le parcours personnalisé d'intégration républicaine n'est nullement une condition de la délivrance d'un titre de séjour puisque la loi prévoit qu'il est proposé à *l'étranger admis pour la première fois au séjour en France*. Le bon sens aurait pourtant commandé que l'accomplissement de ce parcours soit une condition de l'admission au séjour et que, dans l'attente, l'étranger soit seulement doté d'une autorisation provisoire de séjour.

Tout se passe donc comme si la France avait peur de son ombre. Tout se passe comme si le nouvel arrivant avait d'abord un droit, en l'espèce celui d'obtenir un titre de séjour, le devoir de s'engager dans un parcours d'intégration ne venant qu'ensuite et comportant d'ailleurs de nombreuses exceptions énumérées par la loi. Tout se passe comme si, dans notre pays, l'obligation de résultat en matière d'intégration était un gros mot.

On m'objectera qu'en droit français la délivrance d'un titre de séjour répond à des conditions objectives, fixées par la loi ou par des conventions bilatérales signées avec le pays d'origine de l'étranger et que ces conditions renvoient à des critères qui ne sont pas ceux de la réussite d'un parcours d'intégration. Mais c'est bien là le problème. Aucun principe de valeur constitutionnelle ne garantissant un droit au séjour à l'étranger désireux de s'établir en France, il serait loisible à la loi de prévoir qu'un étranger obtient un droit de séjour de un an par exemple s'il remplit des conditions tenant à sa situation familiale, à ses diplômes ou à son expérience professionnelle, mais que ce droit de séjour ne sera transformé en un droit de séjour plus complet et plus durable que si l'intéressé apporte la preuve de sa capacité à s'intégrer pleinement à la société française.

On m'objectera que le droit à une vie privée et familiale, consacré par l'article 8 de la Convention européenne de sauvegarde des droits de l'homme et des libertés fondamentales, fait obstacle à ce que le droit au séjour de l'étranger ayant rejoint son conjoint, français ou étranger, résidant déjà en France soit remis en cause au seul motif que cet étranger n'aurait pas une connaissance suffisante de la langue française ou des valeurs de la République. J'en conviens aisément. Mais l'article 8 de cette convention n'interdit nullement à la loi française de réserver l'accès à certains titres de séjour aux étrangers ayant fait la preuve de leur volonté et de leur capacité d'intégration. On peut tout à fait imaginer que les étrangers n'ayant pas apporté cette preuve restent en France pour exercer leur droit à une vie privée et familiale normale, mais sous un statut ne leur permettant par exemple ni d'accéder au marché du travail, ni de voter aux élections locales, ni de se voir reconnaître le droit à certaines prestations. La volonté de permettre à un nombre aussi élevé que possible d'étrangers d'accéder à des titres de séjour d'une durée pluriannuelle et automatiquement renouvelables et notamment à la carte de résident procède exclusivement d'une idéologie politique portée par la gauche à partir de 1981 et nullement d'une quelconque obligation internationale de la France.

On m'objectera aussi que c'est précisément l'accès à un titre de séjour de longue durée automatiquement renouvelable qui est un facteur d'intégration. Mais d'une part c'est une pétition de principe que les faits ne corroborent nullement, d'autre part c'est raisonner à l'envers. L'intégration est un parcours qui doit être proposé à tout nouvel arrivant, mais qui doit trouver son couronnement dans l'attribution de titres de séjour plus avantageux que ceux auxquels peuvent prétendre les étrangers ayant échoué à démontrer leur capacité d'intégration.

On m'objectera enfin que ces propositions participent d'une révolution intellectuelle. Beaucoup de nos concitoyens n'y verront que du bon sens.

Pourtant conçue par des esprits socialistes, notre politique d'intégration est étrangement libérale au sens que l'on donnait au courant de pensée incarné par des économistes du XIXe siècle adeptes du « laissez faire, laissez passer ». Elle n'a pas fondamentalement évolué depuis l'élection présidentielle de 2017. Elle sera pourtant confrontée à des défis toujours plus difficiles à surmonter. D'abord en raison du poids croissant dans l'immigration de la population issue du Sahel, ensuite parce que les demandeurs d'asile toujours plus nombreux depuis vingt ans viennent de pays dont la langue et la culture ont peu de points communs avec la France et n'ont, pour certains, aucune formation, même scolaire.

* *
*

Pour rendre notre politique d'intégration moins aboulique et plus efficace, pouvons-nous nous inspirer d'exemples étrangers ?

En Allemagne, l'immigration est plus récente et elle a été en 2015-2016 d'une ampleur inconnue en France. Les difficultés de l'intégration n'ont pas tardé à apparaître et ont favorisé l'ascension d'abord d'un mouvement citoyen hostile à l'immigration et à l'Islam – Pegida –, puis d'une force politique d'extrême droite, l'AfD (Alternative für Deutschland). Cette ascension s'est nourrie de l'intense émotion populaire provoquée par une série de crimes commis par des immigrés ou des demandeurs d'asile au premier rang desquels les agressions sexuelles contre plus de 600 femmes lors de la nuit de la Saint-Sylvestre 2015 à Cologne, mais aussi l'attentat du marché de Noël 2016 perpétré à Berlin par un demandeur d'asile tunisien.

Bien qu'ayant besoin de l'immigration pour compenser une démographie plus faible que celle de la France, l'Allemagne, qui accueille des immigrés jeunes (70 % ont moins de 30 ans), a opté pour une politique d'intégration beaucoup plus volontariste, voire autoritaire et qui vise d'abord à une inclusion rapide sur le marché du travail.

Le volontarisme se reflète dans la durée des formations proposées aux nouveaux arrivants : six cents heures de formation linguistique et cent heures de cours d'orientation dans la société allemande alors qu'en France la formation linguistique comporte des modules qui vont de cent heures à six cents heures et que la formation civique dure au total vingt-quatre heures.

Les demandeurs d'asile peuvent travailler trois mois après le dépôt de leur demande et se voient proposer, avant même qu'il n'ait été statué sur celle-ci, un logement et des cours d'intégration. Une loi de 2016 prévoit que les déboutés peuvent se maintenir sur le territoire allemand jusqu'à la fin de toute formation entreprise avant le rejet de leur demande d'asile, ce qui facilite les régularisations ultérieures. En contrepartie et contrairement à ce qui se passe en France, les demandeurs d'asile ne sont pas libres de choisir le *Land* dans lequel ils vivent avec leur famille, mais sont répartis entre les *Länder* de façon discrétionnaire. Ils ont l'obligation d'accepter toute formation professionnelle sérieuse sous peine de perdre les aides de l'État. La nouvelle législation adoptée en 2019 prolonge l'obligation faite à un réfugié de résider non seulement dans un *Land*, mais dans une commune précise à l'intérieur de ce *Land*.

Tout est donc fait pour faciliter l'accès à l'emploi des futurs réfugiés. Et cette politique dont le coût, pour l'État fédéral, a été d'environ 6,5 milliards d'euros par an depuis 2015 a commencé à porter ses fruits. Au premier trimestre 2017, moins de un an après le pic de la demande d'asile, 22 % des entreprises allemandes avaient fait travailler au moins un réfugié. En 2019, 35 % des personnes arrivées en 2015 avaient trouvé une activité professionnelle.

Mais la politique d'intégration allemande n'est pas seulement volontariste. Elle est moins naïve et plus pragmatique que la nôtre.

Les centres d'accueil des demandeurs d'asile ne sont pas des centres fermés, mais les demandeurs ont l'obligation d'y demeurer pendant dix-huit mois en attendant la fin de la procédure. Dès 2015, les demandeurs originaires de pays dont les ressortissants obtenaient le statut de réfugié à plus de 50 % se sont vu offrir des cours de langue et de culture allemandes et une formation professionnelle : un tel traitement différencié aurait été inimaginable en France. L'Allemagne applique comme la France une procédure accélérée pour certains demandeurs d'asile (originaires de pays sûrs, formulant une nouvelle demande ou refusant que soient enregistrées leurs empreintes digitales). Mais il s'agit alors vraiment d'une procédure accélérée qui s'achève en trois semaines, y compris l'examen d'un recours éventuel, et les expulsions s'effectuent directement à partir des centres de premier accueil. Enfin, l'Allemagne place un nombre beaucoup plus grand de demandeurs d'une protection internationale sous le bénéfice non du statut de réfugié, mais de ce qu'on appelle la « protection subsidiaire[1] », et, dès la fin 2016, le regroupement familial a été suspendu pour deux ans pour les bénéficiaires de la protection subsidiaire au nombre desquels figuraient de nombreux Syriens et Irakiens.

La politique d'intégration de l'Allemagne est à l'image de ce pays : elle ne se paie pas de mots. Sera-t-elle durablement efficace ? L'Allemagne qui avait, avant 2015, accueilli beaucoup de Turcs connaîtra-t-elle à son tour les ghettos urbains que connaissent la France ou certains pays scandinaves ? Il est trop tôt pour le dire. Comme en France, la dernière génération turque est moins intégrée que les précédentes. Le vote massif des Turcs résidant en Allemagne en faveur du projet de Constitution proposé par Erdogan a secoué l'opinion publique d'un pays qui se veut une démocratie parlementaire modèle et qui se croyait à l'abri de tout risque communautariste. L'arrivée massive de réfugiés de confession musulmane pose la question de savoir si l'islam est soluble dans la prospérité économique allemande.

Les dirigeants allemands sont conscients de la fragilité de leur modèle. En 2017, ils ont décidé de limiter à 200 000 par an le nombre de demandeurs d'asile. Dès 2019, l'Allemagne est descendue très en dessous de ce chiffre, laissant la France redevenir le premier pays d'accueil en Europe.

La France pourrait donc s'inspirer du modèle allemand et plus précisément de son pragmatisme et de son volontarisme tant pour la maîtrise quantitative des flux que pour la mise au travail des nouveaux arrivants.

Si l'Allemagne ne se paie pas de mots, il est d'autres pays qui peuvent aussi nous inspirer, notamment en Europe du Nord.

La Suède est l'illustration d'un vieil adage : « Qui veut faire l'ange fait la bête. » En septembre 2015, le Premier ministre social-démocrate appelait de ses vœux « une Europe qui ne construit pas de murs ». Deux mois plus tard, submergée, la Suède fermait ses

1. En France comme en Allemagne la protection subsidiaire est accordée à une personne qui ne remplit pas les conditions pour se voir reconnaître la qualité de réfugié, mais qui encourt des risques graves dans son pays du fait d'un conflit armé, interne ou international.

frontières et modifiait sa législation pour limiter le regroupement familial et proposer des aides au retour. Après avoir accueilli environ 340 000 demandeurs d'asile entre 2012 et 2015 dont la moitié pour la seule année 2015, la Suède comptait en 2018 18,5 % d'étrangers dans sa population. Sur le papier, le programme d'intégration des réfugiés est parfait : cours de langue, mais surtout stages de formation jusqu'à ce que les intéressés obtiennent un emploi. Dans la réalité, si le taux de chômage en Suède était faible, de l'ordre de 6,5 % avant la crise mondiale de 2020, il était de 4,2 % pour les Suédois et de plus de 16 % pour les immigrés. Le meurtre d'une jeune Suédoise, assassinée en janvier 2016 par un des mineurs étrangers isolés hébergés dans la résidence dans laquelle elle travaillait, a provoqué un électrochoc dans l'opinion publique.

Au Danemark non plus, dans un pays où les immigrés représentent environ 10 % de la population, on ne se paie pas de mots. Comme la France un mois plus tôt, le pays a été le théâtre, en février 2015, de deux attentats terroristes visant un centre culturel et la principale synagogue de Copenhague à la suite de la publication par un journal de caricatures de Mahomet. La réaction des autorités a été forte et l'orientation politique du gouvernement n'y change rien. Élue en juin 2019, la nouvelle Première ministre sociale-démocrate, Mette Frederiksen, l'a emporté en affirmant haut et fort son intention de poursuivre la politique migratoire de son prédécesseur libéral, Lars Løkke Rasmussen.

De libéral au sens laxiste et français du terme, l'intéressé n'avait sans doute que le nom. Ce qui a fait l'originalité de sa politique était sa vision de l'intégration des immigrés. En 2018, il avait fait adopter un plan au titre évocateur : « Un Danemark sans société parallèle et sans ghettos en 2030 ». Avec un objectif explicite : en finir avec les zones de non-droit où une frange de la population vit selon ses propres lois. Les vingt-deux mesures du plan étaient particulièrement volontaristes. Deux d'entre elles méritent de retenir l'attention. La première a trait à l'éducation : dans les ghettos identifiés par les autorités danoises, les habitants sont contraints d'envoyer leurs enfants de plus de 1 an à la crèche pour que ceux-ci y apprennent le danois et non pas l'arabe sous peine de perdre le bénéfice des allocations familiales, et la proportion d'enfants immigrés est limitée à 30 % dans les collèges et lycées, des bus scolaires transportant dans d'autres établissements les enfants que cette règle empêche d'être scolarisés dans leur quartier. Cette dernière disposition a parfois été caricaturée alors qu'elle tend à favoriser la mixité en milieu scolaire en permettant à des élèves issus de quartiers défavorisés de suivre leurs cours dans des établissements plus « bourgeois ». La seconde mesure est la limitation à 40 % de la proportion de logements sociaux dans les ghettos, quitte à détruire des immeubles et à reloger ailleurs leurs habitants. Avant même l'adoption de ce plan, le Danemark avait entrepris de limiter l'immigration. Une série de décisions étaient intervenues pour réduire les avantages sociaux accordés aux immigrés en vue de les inciter à exercer le plus rapidement possible une activité professionnelle : les réfugiés ont vu leurs allocations chômage réduites de moitié et ont été contraints de rechercher un emploi dans les quinze jours suivant l'obtention du statut. Dans le même temps, le regroupement familial a été limité et la législation modifiée pour permettre le placement en détention des demandeurs d'asile déboutés.

S'agissant des flux, les résultats ont été probants. La demande d'asile a fortement diminué et, avec 1 785 décisions favorables prises suite à une demande de protection internationale (soit 305 par million d'habitants, c'est-à-dire deux fois moins qu'en France), le Danemark se situe à cet égard au quatorzième rang au sein de l'Union européenne en 2019. Le nombre de permis de résidence délivrés à des ressortissants non européens est en diminution et les trois premières nationalités bénéficiaires de ces permis ont été, en 2017 comme en 2018, l'Inde, les États-Unis et l'Ukraine. Il est trop tôt en revanche pour mesurer les effets de la nouvelle politique d'intégration et les traditions juridiques sont trop différentes de celles de la France, notamment quant à la place et au contenu du principe d'égalité, pour imaginer une transposition pure et simple dans notre pays des solutions imaginées au Danemark. Mais, comme l'Allemagne, ce pays incarne l'idée que l'intégration se construit pour l'essentiel à l'école et par l'emploi.

* *
*

En France, les pénuries de compétences propres à certains secteurs professionnels ont suscité au cours des années précédant la crise mondiale de 2020 de nombreuses initiatives en vue de faciliter l'accès à l'emploi des réfugiés. Ces initiatives ont été le fait de fondations d'entreprise comme la fondation BNP-Paribas, la fondation Total, Elior Group Solidarités, voire d'entreprises elles-mêmes comme L'Oréal ou RTE. Des associations comme Wintegreat, Vivolum, Les Utopistes en action ou Action emploi réfugiés ont fait parrainer des réfugiés par des étudiants de grandes écoles ou des entreprises ou organisé des cours pour des demandeurs d'asile. L'État n'a pas été en reste et a créé en août 2018 le programme Volont'R, service civique destiné pour la première année à 500 jeunes réfugiés et 1 500 jeunes Français désireux de les accompagner. Le programme Hope porté par l'Association pour la formation professionnelle des adultes en lien avec le ministère de l'Intérieur s'était fixé initialement comme objectif d'insérer 1 000 réfugiés dans des métiers en tension et notamment dans l'hôtellerie-restauration.

Ces initiatives sont au nombre des réussites de l'intégration en France. Mais les chiffres parlent d'eux-mêmes : ces initiatives restent modestes au regard du nombre des étrangers qui obtiennent chaque année le statut de réfugié. Pour cette catégorie d'immigrés, le défi à relever est déjà immense : selon la délégation interministérielle à l'accueil et à l'intégration des réfugiés, seules 39 % des personnes ayant ce statut avaient un emploi en France en 2018. Mais les réfugiés ne sont pas seuls en cause : le taux d'emploi des étrangers arrivés en France depuis moins de cinq ans est inférieur de 20 points au taux d'emploi de la population française. Selon l'OCDE, au début de 2019, sur 3 millions de personnes âgées de 15 à 34 ans vivant en France sans être ni en établissement d'enseignement, ni en formation, ni en emploi, 40 % étaient issues de l'immigration.

La question se pose par ailleurs de savoir ce qu'il restera de ces initiatives et de ces dispositifs lorsque la crise économique mondiale consécutive à la covid-19 aura produit ses effets sur le taux de chômage. Au moment où j'écris ces lignes, nul ne peut prévoir l'ampleur et la durée de cette crise.

Il est à craindre qu'elle ne nous oblige à revoir en profondeur notre conception de l'immigration et de l'intégration en termes d'objectifs comme de moyens. À l'évidence la priorité n'est plus l'immigration, mais bien l'intégration de ceux qui sont déjà en France ou qui, obtenant le statut de réfugié, seront autorisés à y rester. Pour les autres candidats à l'immigration, une réflexion sur la suspension de nos obligations internationales et sur la révision de notre législation sur l'immigration s'impose et j'en traiterai au chapitre suivant. Mais pour les immigrés ou leurs descendants qui n'ont pas réussi à accéder à l'emploi, il nous faudra à l'évidence « changer de braquet ». Dans toutes les administrations de l'État comme dans les collectivités territoriales, les crédits disponibles au titre de l'intégration doivent être réorientés vers un seul objectif : une formation professionnelle débouchant sur l'emploi. Les autres actions, quel qu'en soit l'intérêt, qu'il s'agisse du sport, de la culture ou de la coopération avec le pays d'origine par exemple, doivent être mises entre parenthèses au profit du seul objectif de l'accès à un emploi. À défaut, c'est l'État-providence qui fera faillite et notre modèle social qui s'effondrera.

Comme toute crise, la récession mondiale de 2020 nous oblige à des choix radicaux. Notre politique d'intégration doit être simplifiée.

D'abord sous le régime de l'urgence aussi longtemps que durera cette crise économique. Les immigrés disposant d'un droit au séjour en France, quel que soit leur statut, qui se trouveraient sans emploi et dépourvus de ressources doivent faire l'objet d'une évaluation professionnelle obligatoire suivie d'une proposition de formation. En cas de refus de cette formation, toutes les prestations sociales non contributives du ménage doivent être suspendues. Au terme de cette formation, tout refus d'emploi doit être sanctionné de la même manière. Les étrangers qui se placeraient dans cette situation s'exposeront, plus ou moins rapidement en fonction de leur statut, au retrait de leur titre de séjour et à un éloignement du territoire. Naturellement, la mise en œuvre du triptyque « bilan de compétences, formation professionnelle, emploi » exigera des administrations concernées une mobilisation exceptionnelle. Mais le cap fixé sera clair : mettre au travail les immigrés en situation régulière au même titre que les Français.

Ensuite de façon plus durable. Même en cas de retour à meilleure fortune sur le plan économique, la priorité de notre politique d'intégration doit rester l'accès à l'emploi. Tout nouvel immigré devra se voir proposer, si possible avant même son arrivée en France, un bilan professionnel obligatoire, suivi à son arrivée en France d'une formation tout aussi obligatoire, et un refus exposera le ménage concerné à perdre tout droit à des prestations sociales non contributives. Avant la crise mondiale, le gouvernement se targuait d'avoir introduit dans le contrat d'intégration républicaine un volet d'insertion professionnelle. Mais il se gardait bien de souligner que ce volet était purement facultatif et à la discrétion de l'étranger concerné. Il faut naturellement en finir avec cette vision naïve et imposer dans toute notre stratégie d'intégration l'objectif prioritaire de l'accès à l'emploi. Ceux qui se plaignaient que notre politique d'intégration ne soit qu'une annexe d'une politiquc d'immigration définie par le ministère de l'Intérieur vont découvrir ce que « nécessité fait loi » veut dire. Si, comme on peut le craindre, le chômage atteint des sommets, le rôle du ministère du Travail dans la définition et la mise en œuvre de notre politique d'intégration va redevenir essentiel tout comme celui des régions en charge de l'orientation et de la formation professionnelles.

Reste la question redoutable de l'école. Pour tous les enfants immigrés comme pour tous les descendants d'immigrés, elle est essentielle. Rien ne remplace une bonne formation initiale. Dans ce domaine aussi, l'effort qui s'impose à la France est considérable. D'abord parce que notre système éducatif n'est pas en bonne santé. La dernière enquête Pisa réalisée en mai 2018 auprès d'enfants nés en 2002 et dont les résultats ont été publiés en décembre 2019 montre que la France ne fait toujours pas partie des 20 premiers pays au monde (sur 79) pour les performances de ses élèves : notre pays pointe à la vingt-troisième position pour la compréhension de l'écrit, à la vingt-cinquième pour les mathématiques et à la vingt-quatrième pour les sciences ! Aucun progrès sensible n'a été enregistré par rapport au classement de 2015. Des pays européens dont une faible part de la population est d'origine étrangère comme la Finlande ou la Pologne sont nettement mieux classés que la France.

Mais le plus inquiétant pour la France est l'ampleur des inégalités et l'influence déterminante de l'origine sociale des élèves sur leurs résultats. Si le niveau des meilleurs élèves français a eu tendance à augmenter entre 2000 et 2018, celui des plus faibles a baissé. Là encore, les difficultés de l'intégration se confirment. Parmi les élèves en difficulté, ceux appartenant à des milieux défavorisés sont cinq fois plus nombreux que ceux des milieux favorisés. Si l'on veut bien se souvenir que le taux de pauvreté des ménages immigrés est très supérieur à celui des autres ménages, force est de constater que l'origine étrangère des élèves est un facteur explicatif important de la difficulté scolaire.

La conclusion s'impose d'elle-même. Pour assurer une bonne intégration des enfants immigrés et des enfants d'immigrés, un effort massif s'impose au bénéfice de notre système éducatif. Décidés par Jean-Michel Blanquer, le dédoublement des classes de CP et de CE1 dans certaines zones géographiques, l'adoption de nouvelles méthodes pédagogiques ou encore l'évaluation régulière des établissements ne suffiront pas. Les pays les mieux placés dans le classement Pisa sont ceux dans lesquels le métier d'enseignant figure en bonne place dans l'échelle de l'appréciation sociale et qui ont consenti un effort budgétaire dans la formation initiale et continue des enseignants.

Trois sujets me paraissent prioritaires : la capacité des établissements et des enseignants à apporter une aide personnalisée aux élèves qui en ont besoin, mais aussi l'âge de la scolarité obligatoire et le contrôle des écoles privées non liées à l'État par un contrat.

Ces sujets sont évidemment des sujets polémiques et dont l'enjeu budgétaire peut être considérable. Mais il devient urgent de leur apporter des réponses claires.

Sur le premier point, la droite aurait intérêt à faire son aggiornamento. Certes, la généralisation en primaire de dispositifs permettant aux enseignants de consacrer plus de temps aux élèves en difficulté procède d'une forme de discrimination positive et celle-ci n'a pas toujours bonne presse. Mais si l'enjeu est une meilleure intégration des enfants ayant au moins un parent immigré et donc, à terme, une meilleure cohésion sociale de la nation, le jeu en vaut la chandelle. Mieux vaut corriger, autant que faire se peut, les difficultés scolaires dès le départ qu'avoir à constater que près de un élève sur cinq quitte le système éducatif sans diplôme, ni formation.

L'instruction est obligatoire en France depuis la rentrée scolaire 2019 à partir de l'âge de 3 ans. Mais qui dit instruction obligatoire ne dit pas scolarité obligatoire. L'article L. 113 du code de l'éducation prévoit seulement que « tout enfant doit pouvoir être accueilli, à l'âge de 3 ans, dans une école maternelle ou une classe enfantine le plus près possible de son domicile, si sa famille en fait la demande ». Il serait souhaitable de supprimer cette dernière condition et de s'assurer que tous les enfants sans exception entrent en maternelle dès l'âge de 3 ans, voire si les parents en font la demande lors du début de l'année scolaire au cours de laquelle ils atteindront l'âge de 3 ans. Pour bien intégrer, il faut intégrer le plus tôt possible et l'intégration ne progressera pas si le pourcentage des enfants n'allant pas à l'école régresse. Or tel est le cas en France où le taux de scolarisation des enfants de 3 ans est passé de 100 % en 2000 à 97,2 % en 2018.

Enfin la question se pose du contrôle exercé sur les écoles hors contrat. Une partie de celles qui ont vu le jour au cours des dernières années sont des écoles musulmanes. Il est capital de s'assurer que l'apprentissage du français et la découverte des valeurs de la République y ont toute leur place.

* *
*

Pour évoquer l'ampleur du défi que la France devra surmonter en matière d'intégration, je veux prendre un dernier exemple qui est celui des « mineurs non accompagnés ».

Jusqu'à une date récente, on les appelait les « mineurs étrangers isolés ». Mais la tyrannie du politiquement correct a conduit à cette nouvelle appellation. Elle décrit mal le phénomène auquel notre pays est confronté depuis le début des années 2000. Il s'agit de jeunes qui, à leur arrivée en France, se prétendent mineurs et se présentent seuls, sans tuteur légal, en vue d'une prise en charge par les pouvoirs publics.

Du point de vue juridique et du fait de leur minorité, ils peuvent séjourner en France sans être astreints à l'obligation de détenir un titre de séjour et ne peuvent être éloignés du territoire français. Ils sont « inexpulsables ».

Le nombre de ces mineurs confiés à l'aide sociale à l'enfance[1] n'a cessé de croître au cours des dernières années. En six ans, il a été multiplié par plus de six, passant de 2 555 en 2013 à 17 022

1. Nouveaux mineurs non accompagnés confiés chaque année aux départements sur décision judiciaire selon le Rapport annuel d'activité 2018 de la « Mission mineurs non accompagnés » de la direction de la protection judiciaire de la jeunesse, Rapport cit.

en 2018. En 2019, le nombre de nouveaux mineurs confiés aux départements s'est encore établi à un niveau très élevé : 16 760. Au total, le nombre de ceux qui résident en France était estimé fin 2019 à 37 000 par l'Assemblée des départements de France. Plus de 20 % des enfants placés en France sont des mineurs étrangers !

Naturellement, compte tenu des avantages qui s'attachent au statut juridique des mineurs non accompagnés, le nombre des jeunes étrangers qui tentent de se faire passer pour mineurs isolés est très supérieur au nombre de ceux confiés aux départements. Les tentatives de fraude sont facilitées par les difficultés d'évaluation de l'âge des impétrants et de contrôle de l'authenticité de leurs documents de voyage. Selon un rapport du Sénat[1], la proportion des jeunes déclarés mineurs et isolés par rapport au total de ceux soumis à évaluation était, par exemple, passé de 70 % en 2013 à 49 % au second trimestre 2016 ! Le nombre des arrivées annuelles de jeunes étrangers se prétendant mineurs est donc environ le double du nombre de ceux effectivement reconnus mineurs et confiés à l'aide sociale à l'enfance.

Au cours des dernières années, le débat public en France sur la situation des mineurs non accompagnés s'est résumé à un affrontement budgétaire entre le gouvernement et les départements. Ces derniers sont en effet en première ligne puisque l'aide sociale à l'enfance relève de leur compétence. Le code de l'action sociale et des familles prévoit la prise en charge, à ce titre, d'un mineur en danger pour une durée maximale de cinq jours « en cas d'urgence et lorsque le représentant légal du mineur est dans l'impossibilité de donner son accord ». Bien que la situation des mineurs étrangers isolés n'ait rien à voir avec celle des mineurs français séparés de leurs familles au sein desquelles ils sont exposés à des violences physiques ou psychologiques, c'est la même procédure qui s'applique à eux.

Les départements ne contestaient au demeurant pas leur compétence, sauf sur un point précis : ils estimaient que la phase initiale au cours de laquelle ont lieu l'évaluation et la mise à l'abri du jeune et qui excède de beaucoup la durée de cinq jours, en particulier en

1. Rapport d'information n° 598 fait au nom de la commission des affaires sociales sur la prise en charge sociale des mineurs non accompagnés par Mme Élisabeth Doineau et M. Jean-Pierre Godefroy et enregistré à la présidence du Sénat le 28 juin 2017.

Île-de-France, aurait dû être intégralement prise en charge par l'État. Les départements critiquaient en outre la charge financière globale, d'environ 2 milliards d'euros par an, résultant de leur compétence. Enfin, ils critiquaient la possibilité laissée à ces mineurs de passer d'un département à un autre en y réitérant une demande rejetée dans le premier d'entre eux. En 2018, l'État a accepté d'augmenter son soutien financier aux départements. En parallèle a été créé un traitement automatisé de données biométriques qui permet, à la demande du département et avec l'accord du mineur, la prise d'empreintes et de photographies et l'enregistrement de ces données dans le traitement de manière à vérifier si le mineur ne s'est pas déjà présenté dans un autre département ou s'il a formulé une demande d'asile ou sollicité un visa ou un titre de séjour. Il sera ainsi fait échec à la volonté des filières de faire passer les mineurs non accompagnés d'un département à un autre.

La manière dont ce dossier a été géré est d'ailleurs emblématique tant des défauts de la décentralisation à la française qui voit fleurir les financements croisés que du refus des pouvoirs publics de prendre en compte la spécificité des phénomènes migratoires. On a cherché à tout prix en effet à couler dans un moule institutionnel bien connu – celui de l'aide à l'enfance en danger – un phénomène migratoire nouveau. Or qu'y a-t-il de commun entre un enfant français que la justice décide de séparer de sa famille parce que ses parents se déchirent ou parce qu'il est victime de mauvais traitements et un mineur étranger qui arrive en France âgé le plus souvent de 16 ans ou plus ?

Du point de vue de la politique migratoire, la question des mineurs non accompagnés revêt une double dimension :

— *La première est celle de la lutte contre les filières et les réseaux de passeurs*. Selon le rapport précité du ministère de la Justice[1], les trois principaux pays d'origine de ces mineurs sont la Guinée, le Mali et la Côte d'Ivoire. Le profil de ces mineurs est donc très différent du profil habituel des demandeurs d'une protection internationale puisque les trois premiers pays d'origine des étrangers

1. Direction de la protection judiciaire de la jeunesse, « Mission mineurs non accompagnés », Rapport cit., p. 7.

ayant obtenu en France le bénéfice d'une telle protection en 2019 étaient l'Afghanistan, le Soudan et la Syrie. En France les mineurs non accompagnés sont d'ailleurs très peu nombreux à demander l'asile, ce qui n'est pas le cas dans des pays comme l'Allemagne, l'Italie ou l'Autriche.

Si l'on excepte le Mali, les mineurs non accompagnés ne sont pas principalement originaires de pays en conflit. Leur venue en France ne relève pas de l'asile, mais d'une immigration organisée par des réseaux criminels. La preuve en est que la grande majorité de ces jeunes se présente directement aux services de l'aide sociale à l'enfance, y compris dans des départements ruraux éloignés des routes migratoires classiques. Entrés régulièrement en France, le cas échéant avec de faux papiers et accompagnés d'un adulte, ils connaissent fréquemment jusqu'au nom des travailleurs sociaux du service départemental concerné.

La première question que soulève l'afflux en France de mineurs non accompagnés est donc celle de la lutte contre les réseaux de passeurs et les filières criminelles. Le devoir de l'État est de mettre les autorités des pays d'origine en face de leurs responsabilités tant il est vrai que le départ de mineurs de ces pays pourrait facilement donner lieu à un contrôle.

— *La seconde est celle de l'intégration de ces jeunes*. La législation française prévoit en effet qu'ils accèdent à un titre de séjour à leur majorité soit de plein droit pour ceux confiés à l'aide sociale à l'enfance avant l'âge de 16 ans et qui suivent une formation, soit pour ceux entrés en France après l'âge de 16 ans à condition qu'ils suivent depuis au moins six mois une formation professionnelle.

Pour les départements, la gestion des mineurs non accompagnés est également rendue difficile par la circonstance que, si les mineurs âgés de moins de 16 ans bénéficient du principe de l'instruction obligatoire, il n'en est pas de même pour ceux âgés de 16 à 18 ans qui sont pourtant la grande majorité des mineurs non accompagnés. En pratique, beaucoup de départements accompagnent ces jeunes au-delà de 18 ans et c'est tout à leur honneur. De nombreuses associations comme Apprentis d'Auteuil participent également à cet effort de suivi.

Espérer pouvoir éloigner du territoire français ces jeunes étrangers lorsqu'ils atteignent l'âge de 18 ans serait manquer tout à la fois d'humanité et de lucidité. Ils ne sont pas responsables des agissements des filières qui les ont acheminés en France. Et ils méritent qu'une chance leur soit donnée de s'intégrer dans le pays où ils ont vécu pendant plusieurs mois, voire plusieurs années. Mais ils n'y parviendront que si la société française leur donne, par la mise en œuvre d'un effort particulièrement intense de formation professionnelle, les moyens d'y parvenir.

Le défi de l'intégration par l'emploi des populations étrangères ou d'origine étrangère résidant en France concerne des publics très divers : enfants immigrés ou descendants d'immigrés appartenant à des familles qui se sont repliées sur elles-mêmes, réfugiés dont certains ignoraient tout de la France avant d'y avoir trouvé asile, mineurs non accompagnés ayant quitté leur pays à la demande de leurs parents et projetés seuls en France par des filières sans scrupules, étrangers entrés en France pour des motifs familiaux et manquant de ressources. Il sera d'autant plus difficile à relever que la situation du marché de l'emploi sera très différente de celle qu'imaginaient les tenants du déni du risque migratoire. Mais relever ce défi est indispensable pour améliorer nos performances économiques et sauvegarder notre modèle social.

Le temps n'est plus au débat stérile entre ceux qui exprimaient seulement leur hantise de voir la France submergée par l'immigration musulmane et ceux qui plaidaient encore, quelques semaines avant la crise de la covid-19, pour une immigration économique accrue. Le temps est à une action d'envergure pour intégrer par l'école et par le travail ceux qui sont déjà présents en France ou que nous continuerons à accueillir au nom du droit d'asile ou des droits de l'enfant.

* *
*

Reste une dernière question et non des moindres : l'accès à la nationalité française doit-il être regardé comme le couronnement d'un processus d'intégration puis d'assimilation ou au contraire comme un outil de l'intégration ?

La thèse selon laquelle l'accès à la nationalité française est un facteur d'intégration et doit, par suite, être encouragé a inspiré depuis des années la politique de la gauche en matière de naturalisation. Elle a conduit à s'écarter toujours davantage des exigences du code civil selon lequel cet accès devait couronner un processus d'assimilation.

Avant d'examiner une des questions qui donnent lieu dans le débat politique français aux joutes les plus passionnées, il faut en revenir aux chiffres. Ils nous démontrent que les faits et donc le droit français applicable ne méritent pas tant de passion.

S'agissant des acquisitions de nationalité, la France s'est située en 2017[1], dans l'Union européenne, au quatrième rang avec 114 274 acquisitions derrière l'Italie (146 600), le Royaume-Uni (123 100) et l'Allemagne (115 400). Il s'agit des quatre pays les plus peuplés de l'Union européenne et le classement de la France n'est donc pas une surprise. Au total, le nombre d'acquisitions de nationalité dans l'ensemble des États membres s'est élevé cette année-là à 825 400 et les acquisitions de nationalité dans les quatre premiers pays en représentaient 60 %.

Un indicateur plus incisif consiste à rapporter pour chaque État membre le nombre d'acquisitions de nationalité au nombre d'étrangers résidant dans cet État membre. Ce rapport est qualifié par les instances statistiques de l'Union européenne de « taux de naturalisation », ce qui prête à confusion pour la France où la notion de naturalisation ne s'applique qu'à un des modes d'acquisition de la nationalité française, représentant environ la moitié des acquisitions. Moyennant cette réserve, la France se classait en 2017, pour cet indicateur[2], au onzième rang dans l'Union européenne avec un taux de naturalisation de 2,5 %, loin derrière la Suède (8,2 %), la Roumanie (5,9 %) et la Finlande (5 %) et derrière l'Italie (2,9 %), mais devant le Royaume-Uni et la Pologne (2 %) et très loin devant l'Allemagne (1,2 %). Ce classement ne permet pas de qualifier notre législation de laxiste ou d'excessivement restrictive.

Cette comparaison européenne étant faite, quelle a été l'évolution des acquisitions de la nationalité française depuis le début du siècle ?

---

1. Eurostat, « Statistiques sur la migration et la population migrante », mars 2019 (https://ec.europa.eu/eurostat/statistics-explained/index.php C2.A02018).

2. *Ibid.* (https://ec.europa.eu/eurostat/statistics-explained/index.php/migration_and_migrant_population_statistics/fr).

Le droit français distingue l'« attribution » de la nationalité qui intervient à la naissance de l'« acquisition » qui intervient au cours de la vie. L'attribution à la naissance est l'application soit du *droit du sang* pour l'enfant né en France ou à l'étranger dont l'un au moins des parents est français, soit du *simple droit du sol* pour l'enfant né en France de deux parents apatrides (hypothèse assez rare), soit du *double droit du sol* pour l'enfant né en France dont l'un des parents au moins y est lui-même né.

Les autres hypothèses ont trait à l'acquisition de la nationalité française par une personne au cours de sa vie.

Le tableau figurant en annexe 13 au présent chapitre illustre l'évolution des acquisitions de la nationalité française. Cette évolution révèle trois périodes successives.

De 1998 à 2004, le nombre des acquisitions de la nationalité française progresse de plus d'un tiers. De 2004 à 2010, ce nombre diminue modérément. L'année 2011 amorce une chute brutale, suivie à partir de 2014 d'une oscillation d'abord à la hausse puis à la baisse avec un total d'un peu plus de **112 000** en 2019.

Comment expliquer cette évolution qui se distingue de celle du nombre de titres de séjour délivrés à des ressortissants de pays tiers, qui nous a permis de caractériser les vingt premières années du siècle comme étant celles d'une puissante vague migratoire ?

La première explication est évidemment que les acquisitions de la nationalité française sont le fait non seulement de ressortissants de pays tiers, mais aussi de ressortissants d'autres États membres. La seconde explication est l'intervention de réformes de politique publique qui ont permis une meilleure maîtrise de l'accès à la nationalité française.

La plus importante de ces décisions concerne *les naturalisations* qui forment l'essentiel des acquisitions de la nationalité française par décision de l'autorité publique, en l'espèce par décret du Premier ministre. La naturalisation est ouverte à l'étranger majeur, résidant en France avec sa famille depuis cinq ans, apportant la preuve de son assimilation à la société française et justifiant notamment de la stabilité de son installation. La réforme a consisté à déconcentrer au profit des préfets le pouvoir de rejeter une demande de naturalisation (rejet pour irrecevabilité, ajournement ou rejet au fond de la demande), le ministre compétent, devenu en 2007 le ministre chargé de l'Immigration en lieu et place du ministre des Affaires sociales, conservant le monopole de la proposition au Premier ministre des décisions favorables. La réforme portée par Brice Hortefeux sous l'autorité de Nicolas Sarkozy était d'inspiration à la fois *administrative* – il s'agissait de supprimer le doublon qui conduisait précédemment à ce que les avis défavorables des préfets fassent l'objet d'une nouvelle instruction par les services centraux du ministère des Affaires sociales – et *politique* : les préfets apparaissaient mieux à même de s'opposer, au vu de la connaissance qu'ils pouvaient avoir au plan local du comportement des impétrants, à une naturalisation que les services centraux d'une administration peu familiarisée avec le concept de trouble ou de menace à l'ordre public. La réforme, précédée d'une expérimentation dans une vingtaine de préfectures, s'accompagna d'un effort de résorption des stocks (qui explique l'augmentation du nombre des décrets de naturalisation en 2009 et 2010) et fut généralisée par le décret du 29 juin 2010 relatif aux décisions de naturalisation et de réintégration. Elle fut, au-delà de l'intitulé du ministère dont il décida la création, la principale traduction de l'intérêt porté par Nicolas Sarkozy au concept d'identité nationale.

Comme illustré par le tableau de l'annexe 14, la réforme qui ne fut jamais remise en cause par les gouvernements successifs tant elle permettait aussi de diminuer les délais de décision a permis de retrouver un rythme raisonnable de naturalisations. Le nombre de décrets de naturalisation avait plus que doublé entre 1995 et 2005, dépassant 100 000 cette année-ci, en raison des conséquences de la régularisation de 1997 dont l'effet « appel d'air » fut incontestable. Il est revenu dès 2012 en dessous de 50 000, puis, après une nouvelle poussée sous François Hollande, se situe autour de **50 000** depuis 2018.

La seconde réforme fut celle du cadre juridique d'ensemble des *déclarations par mariage*, technique juridique qui permet à un étranger qui épouse une Française d'obtenir notre nationalité par simple déclaration après quatre ans de mariage. Cette réforme fut le fait de trois lois successives (26 novembre 2003 relative à la maîtrise de l'immigration, au séjour des étrangers en France et à la nationalité, 24 juillet 2006 relative à l'immigration et à l'intégration et 14 novembre 2006 relative au contrôle de la validité des mariages) largement inspirées par l'ancien secrétaire général du gouvernement,

Marc Guillaume, à l'époque directeur des affaires civiles et du Sceau à la Chancellerie. Ces lois ont permis d'enrayer la très forte hausse du nombre de mariages mixtes célébrés à l'étranger et de lutter contre les mariages blancs en renforçant les pouvoirs de l'officier d'état civil et du parquet qui peut désormais s'opposer à la transcription en France d'un mariage célébré à l'étranger et en portant à quatre ans au lieu de deux le délai de communauté de vie nécessaire pour souscrire la déclaration.

Là aussi, la réforme a produit ses effets : le nombre de déclarations acquisitives de la nationalité française par mariage qui avait quasiment doublé entre 1995 et 2004 s'est situé en 2019 au même niveau qu'en 2000, soit environ **25 000**.

Reste la troisième grande technique juridique d'acquisition de la nationalité française qui est celle des déclarations anticipées. De quoi s'agit-il ?

L'enfant né en France de deux parents étrangers acquiert de plein droit la nationalité française à sa majorité, en application de l'article 21-7 du code civil, dès lors qu'il a résidé en France au moins cinq ans, de manière continue ou non, depuis l'âge de 11 ans. Cette hypothèse correspond à environ 2 000 cas par an. Mais un mineur né en France peut acquérir la nationalité française *de manière anticipée* en souscrivant une déclaration soit s'il est âgé de 16 ans et plus, soit même entre 13 et 16 ans si ses parents en font la demande et sous réserve de justifier d'une certaine ancienneté de résidence en France. Le nombre des déclarations anticipées souscrites respectivement par des mineurs âgés de 13 à 16 ans et des mineurs de 16 ans et plus était identique en 1998. Mais ce nombre a évolué ensuite de manière très différente et l'essentiel des déclarations anticipées est désormais le fait des mineurs âgés de 13 à 16 ans. Le nombre total des déclarations anticipées, après avoir triplé entre 1998 et 2000, a diminué régulièrement, puis s'est stabilisé à la fin des années 2000, mais il est à nouveau en progression et a dépassé **32 000** en 2019.

* *
*

Au vu de cette évolution contrastée, est-il nécessaire, en particulier pour faciliter l'intégration, d'apporter des modifications à la partie du code civil qui régit l'accès à la nationalité française ?

Balayons d'abord l'argument selon lequel un accès plus facile à la nationalité française favoriserait l'intégration. Le nombre des acquisitions a fortement progressé entre 1998 et 2004 sans qu'aucun progrès ait été enregistré, bien au contraire, en matière d'intégration. Ce sont les progrès de l'intégration qui sont une étape vers l'assimilation et donc l'accès à la nationalité française et non l'inverse.

Relevons également l'erreur commise, pendant la campagne des primaires de la droite et du centre, par Alain Juppé prenant position en faveur de l'intégration plutôt que de l'assimilation. Cette prise de position a été mal perçue par une partie de l'électorat de droite inquiet de la montée en puissance du communautarisme et séduit par la fermeté du discours de François Fillon en faveur de l'assimilation. Naturellement, Alain Juppé avait raison sur un point : l'intégration des étrangers en France est une étape nécessaire et les pouvoirs publics doivent y œuvrer en faisant un effort beaucoup plus grand que par le passé en matière d'école et d'accès à l'emploi. Et on pouvait également lui donner acte que les étrangers autorisés à séjourner en France ne sont nullement tenus de s'assimiler, mais seulement de s'intégrer, en particulier pour obtenir le titre de résident valable dix ans et automatiquement renouvelable. Sauf précisément s'ils veulent devenir français. Alain Juppé a eu tort d'opposer *intégration* et *assimilation*, car l'intégration est le préalable à l'assimilation, l'exigence d'assimilation à la communauté française figurant dans les articles du code civil relatifs à l'acquisition de la nationalité française à raison du mariage (article 21-4) ou de la naturalisation (article 21-24). L'assimilation n'est pas un gros mot, mais une exigence légale pour qui veut être naturalisé.

Ces questions de principe étant tranchées et après avoir rappelé la recommandation de Portalis de ne toucher au code civil que d'une « main tremblante », quelles modifications peut-on suggérer au droit français de la nationalité ?

Ma conviction profonde est que les modifications susceptibles d'être apportées à ce droit ne remplaceront pas l'effort que doit accomplir la société française d'une part pour mieux maîtriser l'immigration par un contrôle plus rigoureux de nos frontières extérieures, un éloignement plus efficace des étrangers en situation irrégulière et notamment des demandeurs d'asile déboutés et une aide au développement recentrée sur les pays pauvres et sources d'immigration, d'autre part pour réussir l'intégration de ceux auxquels un droit de séjour a été accordé. Elles ne doivent venir que de surcroît. Mais elles peuvent éviter que notre droit de la nationalité ne reste, à la marge, un aimant pour l'immigration et notamment l'immigration familiale.

En réfléchissant à ces modifications éventuelles, j'ai fait le choix de ne pas aborder la question de la double nationalité. Le sujet est pourtant tout sauf anodin. Depuis 1973, l'acquisition de la nationalité française n'est plus subordonnée à la renonciation à une nationalité étrangère. La France se distingue ainsi des Pays-Bas qui retirent leur nationalité à ceux de leurs ressortissants qui ont acquis une autre nationalité ou encore de l'Autriche, de la République tchèque et de deux des pays Baltes. Selon une étude de l'Ined[1], les binationaux représentent 5 % de la population de France métropolitaine âgée de 18 à 50 ans et 90 % d'entre eux sont immigrés ou descendants d'immigrés. Près de la moitié des immigrés ayant acquis la nationalité française ont conservé leur nationalité d'origine, mais ce pourcentage varie beaucoup selon les pays d'origine : il est de plus des deux tiers pour les immigrés du Maghreb, de 55 % pour ceux de Turquie et de 43 % pour ceux du Portugal. Et l'attachement à la nationalité d'origine reste fort chez les descendants d'immigrés puisque près des deux tiers de ceux ayant deux parents immigrés déclarent une double nationalité. Selon les auteurs de l'étude, qui plaident ouvertement en faveur de la plurinationalité, le sentiment d'être français serait identique chez les immigrés binationaux que chez ceux ayant abandonné leur nationalité d'origine.

Je suis moins enthousiaste que ces auteurs. Comme beaucoup de Français, la circonstance que la proportion de binationaux dépasse 30 % chez les descendants d'immigrés algériens, approche 40 % chez les descendants d'immigrés des deux autres pays du Maghreb et soit de près de 50 % chez les descendants d'immigrés turcs ne me paraît pas l'expression d'une intégration réussie. Je peux comprendre que, dans le rapport d'une mission d'information parlementaire sur le droit de

1. « Double nationalité et identité nationale », mise en ligne : février 2012.

la nationalité en France, Claude Goasguen ait proposé de subordonner l'acquisition de la nationalité française par mariage ou par naturalisation à la renonciation expresse du demandeur à sa nationalité d'origine. Pour autant, je ne fais pas mienne cette proposition. Je crois nécessaire que le choix de la nationalité française ne procède pas d'une contrainte imposée par la loi et que la France soit aimée pour elle-même. Obliger les personnes faisant l'acquisition de la nationalité française à renoncer à leur nationalité d'origine au terme d'un délai, par exemple de trois ans, serait plus raisonnable et ménagerait les transitions.

En revanche, il me paraît indispensable que l'accès à la nationalité française soit mieux encadré. Peu importe qu'un étranger devenu français conserve sa nationalité d'origine s'il a fait l'effort, pour devenir français, de s'assimiler. Je fais au demeurant le pari qu'en pratique cet effort d'assimilation couronné de succès conduira l'intéressé à renoncer à sa nationalité d'origine.

La matrice des modifications suggérées ci-après est donc **la volonté de généraliser la condition d'assimilation et d'en tirer toutes les conséquences**. Je n'irai pas, comme l'a fait Guillaume Larrivé avec le grand talent qui est le sien, jusqu'à proposer d'inscrire dans la Constitution l'assimilation comme condition préalable à toute acquisition de la nationalité française. Ce qui est possible par une loi simple doit être entrepris par la loi et les modifications proposées ne me semblent pas devoir se heurter à des objections d'ordre constitutionnel. Mais s'il en allait autrement, il faudrait suivre la suggestion de Guillaume Larrivé.

S'agissant des naturalisations, on peut s'interroger sur la durée de résidence en France (les cinq années précédant le dépôt de la demande) exigée par l'article 21-17 du code civil. Le délai exigé en Suisse est beaucoup plus long (douze ans) et cela n'empêche nullement la Suisse d'avoir un taux de naturalisation assez proche de celui de la France. Un allongement du délai pourrait donc être envisagé. Mais il n'est pas indispensable, car d'ores et déjà la durée de résidence en France des nouveaux naturalisés est très supérieure à cinq ans. En revanche, deux orientations paraissent s'imposer.

La première est de mieux associer les maires à la décision. Qui, mieux qu'un maire, peut connaître la situation d'un étranger candidat à une naturalisation, sa famille, son parcours de vie, ses difficultés, mais aussi ses réussites ? On m'objectera que c'est ouvrir la porte à des pressions auxquelles les maires, de par leur mode de désignation, pourraient difficilement résister. Mais outre que c'est leur faire un procès d'intention, voire leur faire injure, ma proposition ne consiste évidemment pas à dessaisir le ministre de l'Intérieur et les préfets, mais seulement à mieux exploiter la connaissance qu'un maire ou son équipe peuvent avoir des efforts consentis par un étranger pour s'intégrer, puis pour s'assimiler.

La seconde orientation est de ne pas galvauder la naturalisation en cherchant à contourner les exigences qu'elle emporte à l'égard des impétrants. Ministre de l'Intérieur, Manuel Valls avait exprimé le souhait que le nombre annuel des naturalisations atteigne 100 000. Curieuse idée que de fixer un objectif en la matière, sauf à avouer que l'on cherche à tout prix à stabiliser le pourcentage des étrangers dans la population française en faisant en sorte que le nombre annuel des acquisitions de la nationalité française soit à peu près équivalent à celui des titres de séjour délivrés chaque année ! Mais autant afficher tout de suite qu'on est dans une politique de camouflage des conséquences de l'immigration et pas dans une véritable politique, fidèle au code civil, d'assimilation. On ne peut pas ne pas penser au fameux objectif de « 80 % d'une classe d'âge obtenant le baccalauréat » fixé par un autre ministre et dont chacun sait à quel point il contribua à affaiblir le prestige de cette distinction académique. Le mérite ne s'évalue pas à l'avance ! Il se constate, ce qui est fort différent.

Emporté par son élan, l'ancien ministre de l'Intérieur socialiste entreprit, dès la fin de 2012, de faciliter les naturalisations. D'abord en ouvrant plus largement le bénéfice de cette procédure aux étudiants étrangers, alors même que le fait de suivre des études supérieures dans un pays ne préjuge pas nécessairement d'une volonté de s'insérer durablement dans ce pays. Ensuite en révisant à la baisse les exigences réglementaires opposées aux candidats à une naturalisation en matière de connaissance de la langue française d'une part, de l'histoire, de la culture et de la société françaises d'autre part. Un décret du 30 août 2013 vint faire table rase des exigences introduites par un décret du 30 janvier 2012, notamment en facilitant la prise en compte d'attestations diverses dispensant le candidat d'avoir à démontrer qu'il avait atteint le niveau défini par référence à une norme du Conseil de l'Europe (B1 depuis 2012) ou exigé d'un élève à l'issue de l'école primaire. Dans un mouvement que d'aucuns pourraient être tentés de qualifier de schizophrène, c'est le même responsable politique, ardent partisan des naturalisations dès 2012, qui, devenu Premier ministre, se fera début 2016 l'avocat zélé de l'entreprise hasardeuse et au demeurant inaboutie tendant à inscrire dans la Constitution la possibilité de déchoir de la nationalité française pour acte de terrorisme les seuls binationaux, alors même que deux articles du code civil traitent déjà du sujet. Comprenne qui pourra ! Il est vrai que, quand on est dans l'affichage, on finit par s'y vautrer. Mais on se posera d'autant moins la question de la déchéance de nationalité qu'on aura naturalisé à bon escient !

Avec beaucoup de bon sens, le gouvernement d'Édouard Philippe est revenu à l'essentiel. Un décret du 30 décembre 2019 a rehaussé au niveau B1, tant à l'oral qu'à l'écrit, le niveau de maîtrise du français exigé, à partir du 1er avril 2020, des étrangers souhaitant acquérir la nationalité française par naturalisation. Et, comme déjà indiqué, cette exigence réglementaire s'appuie sur une offre de formation par l'Office français de l'immigration et de l'intégration qui, sans être, hélas, équivalente à l'offre allemande, est désormais plus substantielle que par le passé. Il reste qu'il faudrait aussi revenir sur les critères de naturalisation énoncés dans des circulaires des 16 octobre 2012 et 21 juin 2013.

S'agissant de l'acquisition de la nationalité française à raison du mariage, l'exigence d'assimilation doit être plus complètement assumée. La circonstance d'avoir épousé un Français n'est pas une garantie d'assimilation dès lors qu'une partie de nos compatriotes, immigrés ou descendants d'immigrés, mal intégrés en France, font le choix d'épouser un ressortissant du pays dont ils avaient il y a encore quelques années la nationalité. Leur libre choix en la matière est évidemment respectable et juridiquement protégé par le principe constitutionnel de liberté du mariage, mais aucune présomption d'assimilation ne saurait être attachée à leur conjoint. Le code civil n'a pas pris en compte cette évolution sociologique. L'assimilation du conjoint ayant souscrit une déclaration en vue d'acquérir la nationalité française à raison du mariage devrait être appréciée selon les mêmes critères que ceux applicables aux candidats à une naturalisation. Le dispositif d'opposition par l'autorité publique prévu à l'article 21-4 du code civil devrait être réformé en ce sens et permettre de refuser plus facilement l'enregistrement d'une déclaration souscrite par un conjoint dont le degré d'assimilation serait insuffisant.

La réforme la plus sensible aurait trait aux étrangers nés en France de deux parents étrangers dont aucun n'est lui-même né en France, dont la situation est régie par les articles 21-7 et 21-11 du code civil. En l'état actuel des textes et en application du principe dit « du droit du sol simple », les intéressés deviennent français à leur majorité, sous réserve d'une condition de résidence à laquelle la quasi-totalité d'entre eux satisfait dès lors qu'ils ont résidé en France depuis leur naissance et une possibilité d'acquisition anticipée leur est ouverte dès l'âge de 13 ans. L'immense majorité de ces jeunes ou plus exactement leurs parents optent pour la déclaration anticipée, l'acquisition à la majorité ne représentant désormais qu'environ 2 000 personnes par an.

Depuis 2010, le nombre des jeunes étrangers qui obtiennent ainsi la nationalité française augmente un peu. Mais ce n'est pas cette augmentation qui cause une difficulté. C'est l'absence de tout contrôle de l'assimilation effective des intéressés.

En l'état actuel du droit, en effet, aucune exigence d'assimilation ne pèse sur ces jeunes étrangers. On voit bien quel a été le raisonnement du législateur : dès lors qu'ils sont nés en France et qu'ils y ont résidé suffisamment longtemps, la loi les regarde comme assimilés. C'était peut-être vrai il y a trente ou quarante ans. Cela ne l'est plus aujourd'hui pour les raisons qui ont été analysées au début de ce chapitre comme étant à l'origine de la panne de notre modèle d'intégration. La loi actuelle permet donc l'accès quasi automatique à la nationalité française de personnes qui ne sont pas assimilées à la communauté française. Il y a là un « sérieux trou dans la raquette ». Il convient de le combler.

Le rétablissement éventuel à l'égard de ces jeunes de l'exigence d'une manifestation de volonté figurant dans la loi du 22 juillet 1993 réformant le droit de la nationalité (dite « loi Pasqua ») et supprimée par la loi du 16 mars 1998 relative à la nationalité (dite « loi Guigou ») procède d'une intention sympathique, mais à vrai dire assez vaine. La souscription d'une déclaration peut déjà être regardée comme une manifestation de volonté de sorte que cette exigence ne serait vraiment nouvelle que pour les jeunes étrangers qui attendent l'âge de 18 ans pour devenir français. Et puis que prouve une manifestation de volonté à un instant *t* ? Pas grand-chose ! On peut souhaiter retenir cette mesure pour des raisons d'affichage politique. Mais elle aura peu d'effets pratiques tant les avantages attachés à l'acquisition de la nationalité française sont grands.

La vraie réforme qu'il convient d'introduire dans notre droit consiste à prévoir un dispositif d'opposition à l'acquisition de la nationalité française pour un jeune étranger né en France dès lors qu'il n'est pas assimilé à la communauté française à la date de sa majorité. L'exigence d'assimilation vaudrait alors pour tous les modes d'acquisition de la nationalité française et pas seulement pour les naturalisations ou les déclarations consécutives à un mariage avec un Français. Il appartiendra au Parlement de choisir quelle forme pourrait prendre cette opposition qui s'exercerait dans un certain délai après que le jeune aura invoqué pour la première fois sa nationalité française et de préciser si le critère retenu est celui d'un défaut manifeste d'assimilation ou d'un défaut « simple ». Aux articles 21-4 et 21-24 du code civil, c'est le défaut d'assimilation qui est retenu.

On objectera que ces jeunes sont nés en France, qu'ils y ont pour la plupart passé toute leur enfance et leur adolescence et qu'ils ne repartiront pas dans le pays d'origine de leurs parents. C'est vrai. Mais l'objectif de la réforme ne consiste pas à rendre ces personnes expulsables en les maintenant dans une nationalité étrangère, mais bien plutôt de sanctionner un défaut d'assimilation en privant par exemple les intéressés du droit de vote ou de l'accès à l'essentiel des emplois de la fonction publique. Il ne s'agit pas de remettre en cause le droit du sol, mais de mieux l'encadrer en faisant jouer pour tous les impétrants l'exigence d'assimilation, c'est-à-dire une exigence de résultats que le droit français de l'intégration ignore complètement. Naturellement le rôle du maire et celui du préfet dans l'appréciation de l'assimilation devraient être importants tant il est vrai que les autorités décentralisées ou déconcentrées sont les mieux à même d'apprécier ce qu'il en est au quotidien de l'assimilation d'une personne.

Pour compléter ce nouveau dispositif d'opposition pour défaut d'assimilation, il conviendrait de prévoir que ceux de ces jeunes qui ont été condamnés pour des infractions graves ne pourraient bénéficier de l'application du droit du sol : il suffit pour cela de supprimer les exceptions prévues au dernier alinéa de l'article 21-27 du code civil.

En revanche, je ne propose pas de retenir comme motif d'exclusion du bénéfice du droit du sol l'irrégularité du séjour des parents. C'est la personnalité du jeune étranger au regard de ce qui fait la France qui doit être prise en compte et non pas les errements éventuels de ses parents.

Ces propositions peuvent paraître complexes. Mais leur mise en œuvre aurait pour effet d'unifier et, par suite, de simplifier le droit applicable aux différents modes d'acquisition de la nationalité française en plaçant au cœur de toutes les procédures une exigence d'assimilation appréciée de manière uniforme, identique à celle retenue pour la naturalisation. Je ne doute pas qu'une immense majorité de nos concitoyens approuverait que cette exigence retrouve la place qui aurait toujours dû être la sienne.

Ces propositions provoqueront peut-être un vif débat. Mais elles doivent être replacées dans le contexte d'ensemble des autres propositions formulées dans ce livre. Le véritable enjeu, pour la société française, est de contrôler l'immigration et de promouvoir l'intégration, et les propositions formulées au sujet de l'acquisition de la nationalité, pour stimulantes qu'elles soient au plan intellectuel et juridique, ne sauraient servir de substitut à l'action énergique et essentiellement pragmatique qu'impliquent ce contrôle et cette promotion. Elles peuvent utilement la compléter.

* *
*

L'intégration dans une nation marquée par le chômage de masse et par la diversité toujours croissante des pays d'origine de l'immigration ne va pas de soi. Elle exige un effort des populations concernées, mais aussi des pouvoirs publics qui ont sous-estimé tant la volonté politique nécessaire pour atteindre cet objectif que l'importance des moyens à y consacrer. Elle n'est au demeurant qu'une étape dans le processus d'assimilation dont le succès doit rester la condition de l'accès à notre nationalité.

Annexe 13

Évolution du nombre total des acquisitions de la nationalité française

Année	Nombre total
1998	**123 761**
1999	147 522
2000	150 026
2001	127 548
2002	128 097
2003	144 648
2004	**168 845**
2005	154 643
2006	147 868
2007	131 738
2008	137 452
2009	135 852
2010	143 261
2011	114 569
2012	**96 051**
2013	97 276
2014	105 613
2015	113 608
2016	**119 152**
2017	114 274
2018	110 014
2019	112 626

Annexe 14

Évolution du nombre des bénéficiaires des principales formes d'acquisition de la nationalité française

Année	Décrets de naturalisation et réintégration	Déclarations (mariage)	Déclarations anticipées (13-15 ans)	Déclarations anticipées (16-17 ans)	Total déclarations anticipées
1998	**58 123**	**22 145**	6 150	6 150	**12 300**
2000	77 533	25 951	17 593	18 290	**35 883**
2004	99 387	**34 440**	20 855	9 017	29 872
2005	**101 785**	21 527	19 855	7 403	27 258
2007	69 831	30 989	20 763	6 182	26 945
2009	91 948	**16 355**	18 895	4 884	23 779
2010	94 573	21 923	18 218	4 850	**23 068**
2012	**46 003**	22 382	18 916	5 098	24 014
2015	61 564	25 044	20 415	3 744	24 159
2016	68 067	20 702	nd	nd	27 100
2018	55 830	21 000	nd	nd	29 340
2019	49 671	25 262	nd	nd	32 726

Ne sont pas mentionnées ici les déclarations par ascendants et fratries (procédure existant depuis juillet 2016), les autres déclarations et les acquisitions sans formalités. Leur nombre respectif était de 6, 1 209 et 2 068 en 2016 et de 1 777, 1 348 et 1 842 en 2019.

9

Une série de nœuds gordiens

Par rapport à d'autres pays européens, la France est confrontée à des difficultés spécifiques. Certaines sont ponctuelles. D'autres structurelles. Toutes compliquent singulièrement la tâche des gouvernements appelés à assurer le contrôle de l'immigration et à favoriser l'intégration des immigrés présents sur notre territoire. Des solutions radicales sont évoquées pour y mettre un terme. J'en ai parfois rêvé. Que faut-il en penser ?

* *
*

Deux de ces difficultés résultent d'accords bilatéraux signés par la France avec d'autres États.

La première est ponctuelle, mais bien connue des médias et d'une partie de nos concitoyens : c'est la situation du Calaisis et, de façon plus générale, de la côte de la Manche où se pressent des étrangers désireux de rejoindre le Royaume-Uni.

J'ai déjà évoqué la situation de la Turquie ou de plusieurs pays d'Afrique du Nord qui voient affluer sur leur sol des immigrés en transit, dont le seul objectif est de rejoindre l'Europe en traversant la Méditerranée.

De par sa position à l'extrême ouest du continent européen, au croisement de plusieurs routes migratoires, en face de la province anglaise du Kent, la France est dans la même situation que ces pays.

Elle constitue l'avant-dernière étape pour des étrangers qui ne parlent pas notre langue, viennent le plus souvent de pays colonisés par le Royaume-Uni, n'ont comme rêve que de s'y rendre et ne sont en France que pour y avoir été acheminés par des passeurs qui savent que c'est à Calais que la Manche est le moins large, une trentaine de kilomètres seulement.

Calais n'est pas la seule commune française concernée par cette situation étrange qui oblige les autorités en charge du contrôle des migrations à s'opposer au départ du territoire français d'étrangers en situation illégale ! D'autres communes connaissent, de manière plus ou moins permanente, le même phénomène : Dunkerque, Grande-Synthe ou encore, beaucoup plus à l'ouest et sur la côte normande cette fois-ci, Ouistreham. Mais c'est à Calais que le défi à relever est le plus fort. Sans doute parce que à Calais ou dans ses environs se trouvent deux points de passage importants vers la Grande-Bretagne : le port de Calais d'où partent de très nombreux ferries et le terminal d'Eurotunnel qui dessert l'entrée du tunnel sous la Manche emprunté chaque jour par des trains chargés d'automobiles et de camions.

Et la situation paradoxale que vit le Calaisis dure depuis près de trente-cinq ans.

Naturellement l'afflux à Calais d'étrangers venus pour l'essentiel d'Afghanistan, du Pakistan, du Kurdistan ou de la Corne de l'Afrique s'est traduit, du fait de leurs difficultés à franchir la Manche, par la création de campements improvisés qui sont à cette ville ce que la porte de la Chapelle est à Paris. Avec cette différence qu'à Paris ou dans sa proche banlieue les immigrés peuvent se répartir sur plusieurs sites dont la porte de la Chapelle ne fut bien longtemps que le plus emblématique alors qu'il n'existe qu'un seul terminal Eurotunnel en France et que le port de Calais est l'un des plus importants ports de ferries à destination de la « perfide Albion ».

Dès 1991, la France avait signé avec le Royaume-Uni un protocole – le protocole de Sangatte (du nom d'une commune limitrophe de Calais) – destiné à organiser au mieux les contrôles qu'exigeait l'afflux d'immigrés dans le Calaisis. Ce protocole pose le principe d'une frontière entre la France et le Royaume-Uni située sur le territoire français, juste avant l'entrée dans l'enceinte du tunnel sous la Manche. Il s'agit d'une fiction juridique dont l'avantage, pour les autorités britanniques, est d'éviter le fait accompli en faisant organiser les contrôles en territoire français. La justification de cette fiction juridique est évidemment l'impossibilité d'effectuer efficacement ces contrôles à l'intérieur du tunnel au moment où les trains franchissent à vive allure la frontière physique entre les deux pays : à ce moment-là aucun voyageur ne peut être débarqué et la notion de refoulement, inhérente à tout contrôle frontalier, n'a aucun sens. Mais cette fiction juridique est également utile aux transporteurs puisque le fait d'acheminer au Royaume-Uni des voyageurs dépourvus des documents les autorisant à y entrer les exposerait à des sanctions de la part des autorités britanniques. Ce n'est d'ailleurs pas la première fois que nous rencontrons en matière de contrôle frontalier une fiction juridique fort opportune. La notion de zone internationale qui permet de refuser l'entrée en France à des voyageurs qui viennent d'arriver dans un aéroport français en provenance de l'étranger alors que nul ne songerait à contester que cet aéroport se trouve en France participe de la même logique.

Fin 2002, Nicolas Sarkozy, alors ministre de l'Intérieur, décida, avec l'énergie qui le caractérise, de fermer le centre d'accueil créé par la Croix-Rouge à Sangatte, estimant qu'il agissait comme un aimant sur les immigrés candidats au départ vers l'Angleterre, et d'ouvrir des négociations avec le Royaume-Uni. Bien accueillies par ce pays qui regardait le centre de Sangatte comme un réservoir d'immigrants clandestins toléré par la France, les négociations aboutirent à la signature, le 4 février 2003, à l'occasion d'un sommet franco-britannique, de ce qu'on appelle le « traité du Touquet », entré en vigueur le 1er février 2004. Ce traité consacre l'extension au trafic maritime du principe retenu par le protocole de Sangatte pour le trafic ferroviaire. Selon une technique juridique classique en matière de contrôles transfrontaliers, le traité du Touquet permet aux deux États d'effectuer des contrôles frontaliers, y compris sur le territoire de l'autre État, dans les ports de la Manche et de la mer du Nord. Sont concernés les ports de Calais, Boulogne-sur-Mer et Dunkerque en France et celui de Douvres au Royaume-Uni. C'est la méthode des contrôles juxtaposés qui permet de refouler des immigrés qui ne remplissent pas les conditions pour être admis au Royaume-Uni, avant même qu'ils n'aient quitté la France. Le caractère symétrique du traité est purement formel, les policiers français n'étant guère sollicités à Douvres. En contrepartie, les Britanniques, tout heureux de voir la France accepter de jouer le rôle de garde-frontière de leur pays, ne se sont pas fait prier pour financer des équipements toujours plus sophistiqués afin d'empêcher les candidats au départ vers leur territoire de monter à bord des camions ou des bateaux ou d'éviter de les y découvrir avant qu'il ne soit trop tard. Ce fut l'objet d'une série d'avenants à l'accord du Touquet signés en 2009, 2010 et 2014. La présidence d'Emmanuel Macron ajoutera début 2018 une nouvelle pierre à l'édifice juridique en complétant, à Sandhurst, lors d'un nouveau sommet franco-britannique, l'accord de 2003.

En elle-même, la fermeture du centre de Sangatte ne dissuada guère les immigrés désireux de rejoindre le Royaume-Uni. Mais elle en supprima le symptôme le plus visible. Les intéressés se répartirent en lisière des dunes dans ce qu'on ne tarda pas à appeler la « jungle ».

Dans mes fonctions de secrétaire général du CICI ou de secrétaire général du ministère, je me rendis à deux reprises au moins à Calais alors que le nombre des immigrés présents dans la jungle augmentait et je participai une fois aux discussions bilatérales relatives à l'immigration entre la France et le Royaume-Uni.

Réunion en sous-préfecture de Calais, passage au point de distribution des repas tenu par des associations, entretien avec les médecins assurant la surveillance sanitaire des étrangers, incursion rapide dans la jungle, examen des dispositifs de sûreté et de sécurité aux abords et dans le port de Calais : de ce programme quasi immuable bouclé dans la journée, je retins trois idées que j'essayai ensuite de mettre en pratique.

La première fut qu'à moyen terme il convenait d'accroître l'investissement dans des matériels modernes, y compris des scanners relevant des technologies les plus avancées, pour repérer les étrangers ayant réussi à monter à bord des camions. Pour l'essentiel, le Royaume-Uni paierait la facture.

La deuxième fut d'alléger la charge pesant sur le Calaisis en organisant un vaste dispositif d'éloignement des clandestins non pas dans leur pays d'origine, mais dans des centres d'hébergement situés sur tout le territoire français. Il me fallut mobiliser de nombreux préfets et adresser aux différents acteurs une circulaire particulièrement détaillée quant au mode opératoire à suivre pour éviter que des nullités de procédure ne mettent à bas ce mécanisme qui comportait la délivrance d'une invitation à quitter le territoire français et parfois le placement en rétention. Mais cette tactique – le mot « stratégie » serait excessif – ne tarda pas à révéler ses limites : la plupart des clandestins revenaient à Calais en une semaine, voire en deux ou trois jours.

Pourquoi avoir imaginé ce mécanisme qui faisait penser irrésistiblement aux *Shadoks* ? C'est qu'il est très difficile, pour ne pas dire impossible, d'éloigner ces étrangers dans leur pays d'origine. Ceux-ci sont en effet ravagés par des guerres civiles ou étrangères d'une grande cruauté de sorte que leurs États, si ce mot y a encore un sens, ont bien d'autres priorités que de délivrer aux autorités françaises les laissez-passer consulaires (les « LPC », dans le jargon des professionnels du contrôle de l'immigration) indispensables aux reconduites. Songeons à ce qu'étaient alors et à ce que sont toujours l'Afghanistan, la Somalie, l'Érythrée…

D'où ma troisième idée : inciter les clandestins à demander l'asile en France, ce qui aurait permis accessoirement de leur donner enfin un statut au regard du droit des étrangers, celui de demandeur d'asile. Voir un des responsables de la politique française d'immigration inciter des étrangers à demander l'asile en France ne manquait pas de sel. Mais cette initiative originale fut à l'époque un échec complet, le nombre des demandes d'asile enregistrées ayant été particulièrement faible malgré la création à la sous-préfecture de Calais d'un guichet dédié.

Que nous enseigne ce dernier échec ? Que l'intuition de Paul Collier selon laquelle les diasporas installées dans les pays d'accueil agissent comme un puissant accélérateur de l'immigration est juste. Les Pakistanais, les Afghans, les Irakiens ainsi que les habitants de plusieurs des pays de la Corne de l'Afrique se sont mis en mouvement parce qu'ils n'étaient pas satisfaits de leurs conditions d'existence et notamment parce qu'ils craignaient pour leur vie dans leur pays d'origine. Mais s'ils ont choisi de traverser une partie du monde et toute l'Europe pour se rendre avec une rare obstination à

Calais, ce n'est pas parce qu'ils avaient la nostalgie de leur ancien colonisateur. C'est parce que les diasporas des pays que je viens de citer sont très nombreuses au Royaume-Uni et qu'elles y attirent leurs compatriotes dans un premier temps en facilitant leur voyage, notamment en les aidant à payer les passeurs, et dans un second temps en leur garantissant des conditions d'accueil informelles de nature à faciliter leur insertion. Pour avoir discuté avec certains de ces candidats au départ, lors d'une distribution de repas par une association à Calais, j'ai gardé le souvenir d'hommes jeunes, s'exprimant plutôt bien en anglais et disposant pour beaucoup d'une véritable expérience professionnelle ou de diplômes de l'enseignement supérieur. Si je n'avais aucune chance de les convaincre de demander l'asile en France ou d'y profiter des possibilités de régularisation offertes aux étrangers titulaires de certaines qualifications, c'est parce qu'ils étaient convaincus que leur avenir était dans une nation dans laquelle vivaient déjà beaucoup de leurs compatriotes. Pour les malheureux qui se pressent à Calais, ces diasporas dont ils ont la nationalité sont une lumière qui brille de l'autre côté de la Manche et qui continuera encore longtemps d'attirer.

Depuis la décision de Bernard Cazeneuve, ministre de l'Intérieur socialiste réputé pour son sérieux, ses qualités de gestionnaire, la sobriété de ses propos et son sens de l'État, de faire évacuer la jungle en 2016, en bonne intelligence avec le maire de Calais, Natacha Bouchart, qui a voué ses mandats successifs à redonner à ses administrés un cadre de vie normal, la situation s'est beaucoup améliorée. Alors que, en 2015, 85 000 tentatives d'intrusion avaient été enregistrées dans le tunnel sous la Manche, en 2019 le nombre d'interceptions à l'entrée du tunnel n'a plus été que d'un millier par mois et aucun passage n'a été constaté à l'arrivée à Londres. La société Eurotunnel (aujourd'hui Getlink) que Jacques Gounon a spectaculairement redressée à partir de 2005 consacre à la lutte contre l'immigration clandestine au Royaume-Uni des moyens considérables – plus de trois cents vigiles qui assurent une surveillance vingt-quatre heures sur vingt-quatre et un budget de plus de 10 millions d'euros par an – avec le renfort de la gendarmerie nationale qui affecte à cette mission un effectif de quinze gendarmes en temps normal. Le Royaume-Uni finance le quart du budget consacré à la sécurisation de l'entrée du tunnel. Une analyse identique peut être faite s'agissant du port. Au total, le nombre d'immigrés clandestins découverts dans des camions a été divisé par deux depuis 2016 et la majorité d'entre eux est montée à bord en Belgique. Tout cela a un prix : aux effectifs de police, de gendarmerie et de vigiles, il faut ajouter les effectifs de justice mobilisés tant au TGI de Boulogne-sur-Mer qu'au tribunal administratif de Lille.

Hélas, la plus grande efficacité des contrôles exercés à Calais ou dans les autres ports conduit les candidats au départ vers le Royaume-Uni à tenter de traverser la Manche sur des embarcations de fortune, au péril de leur vie. Quatre morts ont été constatées en 2018. La préfecture maritime de la Manche et de la mer du Nord qui avait enregistré 23 tentatives de traversée par petits bateaux en 2016 a vu le nombre de clandestins s'embarquant ainsi passer à près de 600 en 2018. Et à la mi-août 2020, le nombre de tentatives de traversée de ce type était déjà de près de 4 200 ! Une nouvelle filière s'est créée, animée par des Kurdes. Fort logiquement les autorités françaises et britanniques ont accru leur coopération et acquis des matériels adaptés à la surveillance des côtes, y compris de nuit. Côté français, des gendarmes sont désormais mobilisés pour faire des patrouilles sur les plages de la Manche où les candidats au départ vers le Royaume-Uni ont l'habitude de dissimuler leurs canots pneumatiques gonflables. Un nouveau centre conjoint d'information et de coordination, financé pour l'essentiel par le Royaume-Uni, a été inauguré en janvier 2019 à Coquelles. Les Britanniques ont dû organiser des patrouilles le long de leurs propres côtes et envisagent l'intervention de la Navy.

On ne peut pas, dès lors, ne pas se poser la question de l'utilité de tout ce déploiement de moyens humains et matériels à la seule fin d'empêcher des hommes et des femmes de rejoindre une terre qui accueille déjà beaucoup des leurs, et ce au seul motif que le Royaume-Uni a fait le choix de ne pas adhérer aux accords de Schengen. Le découragement des autorités en charge des contrôles pourrait les conduire à s'interroger sur l'opportunité d'une dénonciation du protocole de Sangatte et de l'accord du Touquet, rejoignant ainsi paradoxalement les rêves des *no borders*. Cette position pourrait même tirer argument du Brexit. Dès lors que le Royaume-Uni a fait le choix du « grand large », il lui appartiendrait d'assumer son « splendide isolement », y compris en matière migratoire.

Cette position serait sans doute approuvée par une majorité de nos concitoyens. Je crains cependant que sa mise en œuvre ne se heurte à des difficultés sérieuses et qu'à ce titre elle ne relève de ces « grands soirs » qui restent pure spéculation. Laisser les clandestins tenter d'entrer illégalement au Royaume-Uni se heurtera toujours au refus des Britanniques. Et s'aventurer sur cette voie présenterait le double inconvénient d'exposer les transporteurs à des amendes massives qui les conduiraient à se retourner contre l'État français cependant que celui-ci aurait à gérer le retour sur notre territoire de milliers de clandestins refoulés par les autorités anglaises. On m'objectera que, dans cette hypothèse, la charge du contrôle de la frontière et de l'éloignement des clandestins vers leurs pays d'origine pèserait sur le Royaume-Uni et non plus sur la France. Ce n'est pas certain. Confrontées à une telle situation, les autorités britanniques seraient probablement conduites à créer dans les ports d'arrivée comme celui de Douvres ou à Saint-Pancras l'équivalent d'une zone internationale où les voyageurs venus du continent seraient contrôlés et refoulés vers la France s'ils ne remplissent pas les conditions d'entrée au Royaume-Uni. Et la France pourrait difficilement refuser un tel réacheminement dès lors que la preuve que les intéressés viennent de France serait, s'agissant des voyageurs débarquant des ferries ou de l'Eurostar, évidente.

De surcroît, la traversée de la Manche à partir des côtes françaises est un exercice périlleux et c'est sans doute l'honneur de la France que de tout faire, au prix d'un effort humain, budgétaire et administratif important, pour empêcher que des malheureux ne s'y noient chaque année. La ligne de conduite qui est aujourd'hui celle de la France n'a cependant de sens dans la durée que si le Royaume-Uni continue à prendre toute sa part du coût budgétaire du dispositif de contrôle déployé par la France.

La situation à Calais, Dunkerque, Grande-Synthe n'est satisfaisante ni pour le millier de clandestins qui continuent d'y vivre dans des conditions précaires, ni pour les associations qui appellent de leurs vœux une amélioration des conditions d'accueil que l'État ne peut consentir sauf à ce que cette zone géographique ne concentre à nouveau plus de dix mille clandestins, ni enfin pour les autorités françaises obligées de mobiliser des moyens de surveillance et de répression qui pourraient être utilement redéployés en d'autres points du territoire national. À cet égard, Calais est aussi un symbole des frustrations que peut provoquer la gestion de l'immigration. À Calais, il n'y a pas de bonne solution. Mais la situation y est aujourd'hui sous contrôle et il faudra s'en contenter.

* *
*

La seconde difficulté résultant largement d'accords bilatéraux signés par la France avec d'autres États est ignorée de la plupart de nos concitoyens et, contrairement à la situation du Calaisis, ne fait jamais la une des médias. Mais elle affecte près d'un tiers de l'immigration en France. C'est le poids persistant, soixante ans après la décolonisation, des pays du Maghreb comme pays d'origine de l'immigration. Trois générations se sont écoulées et l'écart du revenu par tête entre la France et ces trois pays s'est réduit. Mais ces pays sont toujours le trio de tête des pays d'origine de l'immigration.

Sur la période qui nous intéresse, c'est-à-dire les vingt premières années du siècle, Algérie, Maroc et Tunisie sont restés jusqu'en 2005 et dans cet ordre les trois principaux pourvoyeurs de l'immigration en France. À partir de 2006, la Chine qui est le premier pays d'origine des étudiants étrangers en France s'est glissée au troisième rang du classement tous motifs confondus, juste devant la Tunisie, en raison du poids croissant des étudiants dans le total de l'immigration en France. Mais en 2019, selon les données provisoires du ministère de l'Intérieur (métropole, premiers titres), le trio de tête est à nouveau composé du Maroc, de l'Algérie et de la Tunisie. Les trois pays du Maghreb représentaient, en 2004, 37 % du total des ressortissants de pays tiers admis au séjour en France (17,1 % pour l'Algérie, 14,4 % pour le Maroc et 5,5 % pour la Tunisie). Ils en représentent 29,8 % en 2019 (12,7 % pour le Maroc, 9,9 % pour l'Algérie et 7,1 % pour la Tunisie).

À certains égards, le rôle des trois pays du Maghreb dans l'immigration en France s'est même renforcé. Ils constituent toujours le trio de tête de l'immigration familiale. Mais leur poids s'est accru aussi bien dans l'immigration professionnelle que pour l'immigration des étudiants.

Comment expliquer cette rémanence ? Comment l'expliquer alors qu'une partie des entreprises françaises ont poursuivi pendant cette période la délocalisation de leurs activités dans ces trois pays, contribuant à y créer de nombreux emplois, ce qui aurait dû freiner la migration vers la France ? Comment l'expliquer alors que les progrès de l'enseignement supérieur au Maghreb ne sont pas contestables ?

D'abord par l'importance en France des diasporas de ces trois pays, elle-même fruit de l'histoire et de la proximité géographique. La théorie de Paul Collier selon laquelle les diasporas, *a fortiori* lorsqu'elles sont mal intégrées, sont un facteur d'accélération des migrations y trouve une belle confirmation.

La seconde explication est juridique. Dans les années qui ont suivi l'indépendance, des accords bilatéraux particuliers ont été signés par la France avec chacun des trois pays du Maghreb. Leurs stipulations se voulaient dès l'origine plus favorables aux ressortissants de ces pays que les règles applicables aux étrangers relevant en France de ce que les spécialistes appellent le « droit commun » ou le « régime général », c'est-à-dire la loi. La raison en était que ces accords bilatéraux traitaient aussi, de manière synallagmatique, du régime juridique applicable à ceux de nos concitoyens qui avaient choisi de continuer à vivre dans l'un de ces trois pays après leur indépendance et le général de Gaulle avait tenu à ce que nos ressortissants restent bien traités. Au fil des années, cette justification a en grande partie disparu. Mais les avantages accordés aux ressortissants des trois pays du Maghreb ont pour l'essentiel perduré. La conséquence la plus importante est que, lorsque le Parlement français modifie la loi pour durcir les conditions de séjour en France des ressortissants des pays tiers relevant du droit commun, ces modifications, adoptées le plus souvent au terme de débats passionnés, ne s'appliquent pas à près d'un tiers des étrangers qui s'installent chaque année en France.

Mieux, même, les gouvernements français n'hésitent pas à faire bénéficier, par voie d'avenants aux accords existants, les ressortissants du Maghreb des dispositions plus favorables adoptées par le Parlement français de sorte que ces ressortissants gagnent sur tous les tableaux : ils échappent au « tour de vis » législatif lorsqu'il s'en produit un et bénéficient le plus souvent des facilités nouvelles accordées aux autres ressortissants des pays tiers.

Le meilleur exemple est celui de l'accord franco-algérien du 27 décembre 1968. À l'exception des dispositions de procédure qui ne sont pas incompatibles avec les stipulations de cet accord, les dispositions du code de l'entrée et du séjour des étrangers et du droit d'asile n'ont pas vocation à s'appliquer à l'égard des Algériens. L'accord a certes été modifié à plusieurs reprises. Son troisième avenant, signé à Paris le 11 juillet 2001, alors que Lionel Jospin était Premier ministre, a transposé dans l'accord les dispositions favorables de la loi du 11 mai 1998 (loi adoptée à l'initiative de Jean-Pierre Chevènement). Les Algériens ont ainsi pu bénéficier de certificats de résidence équivalents aux nouveaux titres de séjour créés par cette loi pour les étrangers relevant du régime général et notamment du titre portant la mention « vie privée et familiale » qui a fait le bonheur des parents algériens d'enfants français qui n'avaient jusqu'alors aucun droit au séjour à ce titre. Dès septembre 2001, il a d'ailleurs été demandé aux préfectures, par voie de circulaire, d'appliquer par anticipation ce troisième avenant.

Mon expérience personnelle ne fait que partiellement exception à cette dérive. Lorsque j'ai négocié un nouvel accord avec la Tunisie, signé par Brice Hortefeux à Tunis en avril 2008 lors d'une visite d'État du président Nicolas Sarkozy, j'ai obtenu, non sans mal, que soit supprimée pour les ressortissants tunisiens la stipulation absurde permettant la régularisation de plein droit des Tunisiens en situation irrégulière en France depuis plus de dix ans. Cette régularisation « à l'usure », sorte de « prime à la clandestinité », avait été supprimée du régime général par le législateur français et il était politiquement important de la faire disparaître des stipulations de l'accord franco-tunisien. En parallèle, la délégation française a obtenu l'insertion, dans le nouvel accord, de clauses de réadmission de nature à faciliter le retour effectif en Tunisie de ressortissants de ce pays en situation irrégulière en France : nous en avions d'autant plus besoin que les consulats tunisiens ne montraient pas, jusqu'alors, une ardeur particulière à délivrer les laissez-passer indispensables à l'exécution effective des reconduites à la frontière. Mais cette double concession tunisienne a eu de nombreuses contreparties. Pour faire adopter le principe même de la négociation d'un nouvel accord, la France a accepté que les Tunisiens bénéficient de dispositions plus favorables que celles figurant dans les lois sur l'immigration votées en France en 2006 et 2007. À titre d'exemple, le nouvel accord comporte une liste de métiers accessibles aux Tunisiens en France beaucoup plus large que la liste de droit commun, et la possibilité, prévue par la législation française, qu'un étudiant étranger titulaire d'un master obtenu en France puisse s'y maintenir à l'issue de ses études pour obtenir un emploi correspondant à sa formation a été étendue aux Tunisiens titulaires d'une simple licence obtenue en Tunisie.

C'est la logique que certains jugeront infernale de la négociation des accords spéciaux : les deux parties doivent, pour conclure, faire des concessions réciproques et il est très difficile de renégocier un nouvel accord dans un sens plus restrictif.

Avec un peu de recul, le nouvel accord conclu avec la Tunisie en 2008 a facilité la venue en France de ressortissants de ce pays désireux d'y faire des études et d'y exercer une activité professionnelle. Comme indiqué au chapitre 2 leur nombre a augmenté de manière notable depuis dix ans. C'était au demeurant l'un des objectifs de la politique d'immigration choisie prônée par Nicolas Sarkozy et il a été atteint. Je suis fier d'avoir participé avec les équipes du ministère chargé de l'Immigration à la mise en œuvre de cette politique qui a contribué à rapprocher notre pays de la Tunisie dans une période où ce pays a connu de nombreux soubresauts politiques et a dû faire face à des attentats qui ont manqué de déstabiliser sa fragile démocratie. Mais ce sentiment ne m'empêche pas de penser que les avantages obtenus par la Tunisie dans cette négociation ont été durables alors que les concessions faites à la France n'ont entraîné qu'une amélioration de courte durée dans le contrôle de l'immigration : le taux de délivrance des laissez-passer consulaires par les autorités tunisiennes qui était seulement de 23,4 % en 2006 a fortement progressé en 2008, année de signature du nouvel accord, pour s'établir à 30,3 %, mais il n'était plus que de 24,6 % en 2015 et ce alors même que le nombre de demandes de laissez-passer formulées par la France passait de 2 187 en 2008 à 1 552 en 2015 ! Cette situation est bien sûr la conséquence du laxisme des gouvernements de François Hollande qui n'ont pas poursuivi l'effort engagé par ceux de Nicolas Sarkozy en matière d'éloignement des clandestins, mais ce laxisme a été exploité par les autorités tunisiennes, ce qui était de bonne guerre. Le bilan de l'application du nouvel accord reste décevant sur ce point.

La France gagnerait à faire un bilan complet de tous les accords bilatéraux régissant les migrations en y incluant l'accord franco-algérien qui est le plus dérogatoire.

En tout état de cause et dès lors que leur renégociation est laborieuse et peu productive, pourquoi ne pas dénoncer unilatéralement les accords bilatéraux conclus il y a plus de cinquante ans par la France avec des pays d'origine de l'immigration et notamment ceux qui nous lient aux pays du Maghreb ?

Le premier avantage serait de *tourner la page*.

Pour prendre l'exemple du Maroc, il s'est écoulé plus de temps depuis que la France a reconnu son indépendance en mars 1956 qu'il ne s'en était écoulé entre l'incident d'Agadir, suivi de l'accord franco-allemand de 1911 qui laissa les mains libres à la France de Lyautey, et cette indépendance. Par ailleurs, le développement économique, au cours des vingt dernières années qui correspondent au règne de Mohamed VI, de secteurs géographiques comme ceux de Tanger ou d'Agadir et, au-delà, des provinces du Sud ferait rêver les habitants des Ardennes ou de la Creuse.

De façon plus générale, entre 2000 et 2018, le produit intérieur brut par habitant, calculé en parité de pouvoir d'achat, a, selon les statistiques de la Banque mondiale, été multiplié par 1,39 en Algérie, 1,77 en France, 1,84 en Tunisie et 2,4 au Maroc. Le mauvais score de l'Algérie s'explique par l'évolution des prix du baril de pétrole notamment dans la décennie 2010. Les pays du Maghreb ne sont donc pas en crise. Certes, le PIB par habitant ainsi calculé est en France plus de quatre fois supérieur à ce qu'il est en Algérie ou en Tunisie et plus de cinq fois supérieur à ce qu'il est au Maroc. Et il subsiste dans ces pays des poches de pauvreté considérables. Mais leur développement est bien lancé.

Pourquoi donc continuer à leur accorder, en matière d'immigration vers la France, un statut plus favorable qu'aux autres pays tiers à l'Union européenne ? La question mérite d'autant plus d'être posée que le nombre des Français résidant dans chacun de ces trois pays est faible : 120 000 au total en 2019 dont environ 42 000 en Algérie, 54 000 au Maroc et 23 500 en Tunisie. Au demeurant, plus des deux tiers d'entre eux seraient des binationaux selon le ministère de l'Europe et des Affaires étrangères. Or, en 2016, le nombre total de ressortissants de ces trois pays résidant régulièrement en France était de l'ordre de 1,3 million, soit au moins dix fois plus. L'argument de la défense nécessaire du statut des Français résidant au Maghreb, qui était peut-être valable au moment de l'accession à l'indépendance de ces pays, ne suffit plus aujourd'hui à justifier le maintien d'accords bilatéraux exorbitants du droit commun.

Le second avantage aurait trait à notre *souveraineté juridique*. La dénonciation de ces accords permettrait au législateur français de légiférer en matière d'immigration en toute souveraineté en définissant des règles générales, applicables à tous les ressortissants des pays tiers, en fonction des seuls intérêts de la France et notamment des besoins de son économie et de notre capacité à intégrer. Aujourd'hui, la mise en œuvre de ces accords bilatéraux génère chaque année une *immigration automatique* en France, pour des raisons purement juridiques et sans lien avec les besoins de notre économie. C'est d'autant moins supportable que, depuis vingt ans, la France est parallèlement exposée, en raison de l'aggravation des conflits dans le monde, à une poussée de la demande d'asile sur laquelle elle n'a et n'aura guère de prise si, comme c'est souhaitable, elle entend continuer à appliquer la convention de Genève sur les réfugiés. La montée en puissance de l'immigration humanitaire nous oblige à revisiter l'immigration historique, pour l'essentiel familiale, en provenance du Maghreb.

Je ne sous-estime pas les obstacles que pourrait soulever une telle orientation.

On objectera d'abord que la France a, dans ces pays, des intérêts économiques évidents qui pourraient être mis en péril par une dénonciation unilatérale des accords relatifs à l'immigration. Mais au moment où la crise sanitaire conduit à afficher l'objectif d'une relocalisation en France d'une partie de notre production industrielle, l'argument mérite d'être sérieusement réexaminé. Relancer en France notre production aéronautique, automobile ou textile n'est-il pas prioritaire ? Combien de chômeurs éviterions-nous dans les prochains mois et les prochaines années en procédant à la relocalisation d'usines transférées depuis plus de quarante ans au Maghreb ? Est-il normal que le Maroc ait su, dès le début de la crise de la covid-19, produire les masques dont il a eu besoin et pas la France ? La promotion du « fabriqué en France » n'est pas le sujet de ce livre, mais agiter l'épouvantail d'une mise en péril de nos intérêts économiques au Maghreb pour refuser d'étudier l'opportunité d'un aggiornamento de notre politique d'immigration à l'égard des pays du Maghreb serait intellectuellement indigne.

On objectera aussi que la France a, en matière de sécurité et notamment de lutte contre le terrorisme islamique, une coopération poussée avec les pays du Maghreb, en particulier avec l'Algérie, et que cette coopération qui participe de notre sécurité nationale pourrait être remise en cause par la dénonciation de nos accords bilatéraux en matière d'immigration. L'argument peut être entendu. Mais je suis de ceux qui pensent que cette coopération profite aussi aux pays du Maghreb qui seraient les premiers à être menacés par une nouvelle poussée du fondamentalisme islamique.

On objectera enfin qu'une telle dénonciation serait politiquement suicidaire compte tenu de l'importance en France des diasporas de ces trois pays et du fait qu'elles comptent dans leurs rangs de nombreux binationaux qui sont aussi des électeurs.

Soyons donc pragmatiques. Le Parlement français pourrait se livrer à une étude complète des avantages et des inconvénients de la poursuite de l'application des accords bilatéraux qui nous lient au Maghreb en matière migratoire. Et si la dénonciation de ces accords apparaissait inopportune, je suggère que nous en brandissions la menace pour obtenir la signature d'avenants prenant mieux en compte les intérêts de la France. Il conviendrait que ces avenants soient conclus pour une durée limitée, dix ans par exemple, ce qui permettrait d'en évaluer périodiquement l'application au vu des intérêts de la France et des Français. Ce qui est insupportable en effet dans la situation actuelle est d'être lié depuis des décennies par des accords dont l'architecture globale n'a pas évolué malgré la signature de quelques avenants alors même que la situation économique, démographique et sociologique de la France et de ses partenaires a beaucoup changé.

Ma réflexion sur ce point est plus générale et vaut aussi pour les accords de gestion concertée des flux migratoires et de codéveloppement que j'ai eu l'honneur de négocier entre 2006 et 2009. Je crois que nous aurions eu intérêt à les signer pour une durée limitée, ce qui aurait rendu nécessaire leur évaluation périodique par le Parlement – ils ont été signés depuis plus de dix ans – et aurait contraint les parties à une renégociation tenant compte des résultats de cette évaluation.

La question des accords bilatéraux est décisive, car leur champ couvre plus de la moitié des étrangers admis chaque année au séjour dans notre pays, ce qui limite d'autant la portée des modifications apportées, à un rythme pourtant frénétique depuis vingt ans, au code de l'entrée et du séjour des étrangers en France. Leur principe n'est pas condamnable en soi et peut même participer d'une conception dynamique de notre politique étrangère. Mais il faut à tout prix éviter qu'ils ne figent l'ordre juridique applicable. Je suggère donc que leur application fasse l'objet, tous les dix ans par exemple, d'une évaluation ouvrant la voie à leur renégociation ou, à défaut, à leur dénonciation par la France.

* *
*

Les autres difficultés structurelles sont sans lien avec quelque engagement international que ce soit et résultent soit de notre législation, soit de notre manque de volonté politique.

La première d'entre elles, jamais résolue depuis plus de vingt ans, a trait à l'accès des étrangers aux soins. Pour beaucoup, cette question se résume à celle de l'aide médicale d'État (AME), mais ce n'est qu'un des trois volets du problème qui en comporte deux autres : la fraude à la carte Vitale et la délivrance d'un titre de séjour aux étrangers malades.

En 1945, les étrangers en situation irrégulière avaient accès à la même couverture santé que les Français et les étrangers en situation régulière. Il est vrai que leur nombre était très faible. À partir de 1993, du fait de la forte augmentation de ce nombre, les étrangers en situation irrégulière n'accédèrent plus qu'aux soins hospitaliers dans le cadre de l'aide médicale départementale. L'aide médicale d'État a ensuite été créée en 1999 par le gouvernement de Lionel Jospin. Aucune réglementation ni aucune jurisprudence européenne n'y obligeait : la Cour européenne des droits de l'homme, pourtant peu suspecte de négliger les droits des étrangers, jugeait encore quinze ans plus tard que les États n'ont pas l'obligation de fournir des soins de santé gratuits et illimités aux étrangers en situation irrégulière sur leur territoire[1]. La France, comme toujours et comme pour la semaine de trente-cinq heures, se devait sans doute de donner une leçon à l'Europe entière ! Las, cette dernière ne nous a pas imités.

L'AME, régie par l'article L. 251-1 du code de l'action sociale et des familles, n'est pas une prestation de sécurité sociale, mais elle permet l'accès gratuit des clandestins justifiant d'une présence en France depuis plus de trois mois à un panier de soins. Comme c'était prévisible, le nombre de ses bénéficiaires et surtout son coût ont fortement augmenté : 75 000 bénéficiaires à sa création, près de 320 000 pour un coût de 904 millions d'euros en 2018 et sans doute de 1 milliard en 2020. Alors que les étrangers sont en moyenne plus jeunes et, par suite, en meilleure santé que l'ensemble de la population, un rapport conjoint de l'inspection générale des affaires sociales et de l'inspection générale des finances constatait dès 2010 que le bénéficiaire de l'AME consommait en moyenne 1 741 euros de soins par an contre 1 580 pour un bénéficiaire du régime général[2]. Un nouveau rapport conjoint de ces deux inspections générales, publié le 5 novembre 2019, décrit le dispositif comme « l'un des plus généreux d'Europe » et surtout relève, pour la première fois dans un rapport officiel, des situations atypiques dans les soins consommés par les bénéficiaires. Sont ainsi surreprésentés, selon ce rapport, les maladies du sang, les cancers, l'insuffisance rénale chronique ou les accouchements. Les auteurs du rapport notent que le rythme de croissance des séances d'hémodialyse, de chimiothérapie et radiothérapie est particulièrement élevé (plus de 10 %) pour

1. CEDH, 29 janvier 2013, S.H.H. c. Royaume-Uni, n° 60367/10 et 27 février 2014, Josef c. Belgique, n° 70055/10.

2. « Analyse de l'évolution des dépenses au titre de l'AME », Alain Cordier et Frédéric Salas, IGAS-IGF, novembre 2010.

les bénéficiaires de l'AME. De la même manière, ils relèvent que la proportion d'individus souffrant d'affections rénales et urinaires est de 30 % plus élevée chez les bénéficiaires de l'AME que dans la population générale. Le rapport va jusqu'à proposer d'empêcher l'octroi de visas aux « touristes médicaux » puisque aussi bien il apparaît que des étrangers entrent en France sous couvert d'un visa de court séjour pour un motif touristique ou familial, puis se maintiennent en France en situation irrégulière et obtiennent l'AME, le véritable objet de leur venue en France ayant été dès le départ de s'y faire soigner. Il n'y a rien d'étonnant dans ce constat : toute aide inconditionnelle génère des abus.

À la suite de la publication de ce rapport, le ministre de la Santé, Mme Buzyn, avait écarté toute hypothèse tendant à réduire le panier de soins auquel donne gratuitement accès l'AME. C'est bien pourtant ce qu'il faudrait faire en prenant exemple sur nos voisins européens et en réduisant le champ de l'AME aux seules urgences et aux maladies contagieuses. La covid-19 est venue rappeler à la société française ce qu'était le risque pandémique ou encore ce qu'était une vraie urgence médicale et les clandestins doivent évidemment pouvoir être soignés gratuitement contre les épidémies ou en cas d'urgence vitale. Mais ils ne devraient pas accéder gratuitement aux autres soins. D'abord pour des raisons budgétaires. On affirme souvent que le coût de l'AME serait faible par rapport au total des dépenses d'assurance maladie (0,5 %), mais c'est oublier que ces dépenses sont couvertes par les cotisations des assurés, ce qui n'est pas le cas de l'AME, et que les sommes consacrées à l'AME depuis vingt ans auraient été bien utiles à l'hôpital public français si l'on en juge par l'état dans lequel il se trouvait lors de la crise de la covid-19. La circonstance qu'une faible partie seulement des clandestins aurait aujourd'hui recours à l'AME suffit à démontrer que le risque d'une dérive budgétaire beaucoup plus grave encore est devant nous. Ensuite pour une raison de principe : le destin des clandestins est d'être reconduits le plus rapidement possible à la frontière et non pas d'être soignés durablement en France, et la forte augmentation du coût de l'AME est le reflet de l'incapacité de notre pays à lutter efficacement contre l'immigration clandestine.

La proposition que je formule, outre qu'elle reviendrait à aligner la France sur des pays européens disposant d'un revenu par habitant plus élevé que le nôtre, n'interdirait évidemment pas aux médecins de soigner les clandestins, mais ceux-ci devraient s'acquitter, pour les soins non compris dans le panier de soins, de leur coût. Il n'est pas interdit à un clandestin de détenir un compte bancaire, nombre d'entre eux travaillent de manière illégale et il ne saurait donc être interdit à la puissance publique d'effectuer une saisie sur leur salaire pour obtenir le remboursement des frais engagés notamment à l'hôpital public.

Dans le même esprit, et pour éviter que ne se constituent de véritables filières en provenance par exemple de pays comme la Géorgie ou l'Albanie, il convient, comme l'envisageait le gouvernement avant la crise de la covid-19, d'imposer aux demandeurs d'asile une période de carence de trois mois avant de pouvoir bénéficier de la protection universelle maladie. Des demandeurs d'asile en provenance notamment de ces pays ne déposent en effet une demande que pour pouvoir bénéficier de cette protection : là aussi, on voit que c'est notre incapacité à traiter rapidement les demandes d'asile qui est à l'origine de véritables détournements de procédure.

Enfin, la crise de la covid-19 a été l'occasion pour des millions de nos concitoyens de découvrir que les services d'urgence de nos hôpitaux publics avaient été détournés de leur vocation d'origine et transformés pour une partie de leur activité en dispensaires. Naturellement cette dérive a de nombreuses explications au premier rang desquelles la quasi-gratuité de l'hôpital public et l'abandon des obligations de garde qui pesaient autrefois de manière systématique sur les médecins libéraux. Mais il ne serait pas inutile de se demander si la forte progression du nombre des bénéficiaires de l'AME n'a pas contribué à accentuer cette dérive.

Le deuxième volet des difficultés éprouvées par la France à gérer la question de l'accès aux soins des étrangers est celui des *fausses cartes Vitale*. L'estimation de leur nombre varie entre 600 000 et 2 600 000 et fait donc polémique. Ce sujet n'est pas propre aux étrangers, mais on peut penser qu'ils ne sont pas étrangers à cette fraude. Là encore, on retrouve une question simple sur le principe et néanmoins jamais bien résolue. C'est celle de l'interconnexion des fichiers. Début 1995,

Charles Pasqua, alors ministre de l'Intérieur, a fait voter une loi qui subordonnait l'attribution de diverses prestations sociales (assurance maladie et indemnités de chômage par exemple) à la vérification préalable de la régularité du séjour des étrangers demandant à bénéficier de ces prestations. Douze ans plus tard, en 2007, les décrets d'application de cette loi n'étaient toujours pas publiés ! Je confiai à l'un de mes collaborateurs et camarades de promotion à l'Ena, François Darcy, le soin d'y mettre bon ordre de sorte que l'octroi d'une prestation de sécurité sociale soit systématiquement subordonné à la vérification de la régularité du séjour de l'étranger qui y prétendait. Le perfectionnement du fichier AGDREF le permettait au plan technique, mais la question était d'abord politique. Début 2012, ce problème n'était pas encore complètement résolu. Je me suis heurté au refus des administrations sociales d'admettre ce qu'elles regardaient comme une intrusion des services du ministère de l'Intérieur ou de l'Immigration alors qu'il s'agissait seulement d'appliquer la loi et de faire triompher le bon sens. J'en retiens qu'il faut en finir avec les palinodies : le recours à des fichiers biométriques est le moyen le plus simple de lutter contre toutes les fraudes à l'identité et il faut le généraliser dans tous les domaines où sévit la fraude. On s'étonne qu'il faille le répéter dans la France du XXIe siècle qui ne jure que par la numérisation, mais qui a des années de retard en la matière par rapport par exemple à des pays comme l'Estonie !

Enfin et c'est le troisième et dernier volet des difficultés auxquelles est confrontée la France dans sa gestion de l'accès aux soins des étrangers, notre pays est l'un des très rares pays européens à disposer d'une procédure spécifique de délivrance de titres de séjour aux étrangers malades. Prévue au 11° de l'article L. 313-11 du code de l'entrée et du séjour des étrangers et du droit d'asile, cette procédure a été instituée en 1998 (loi Chevènement) et modifiée à plusieurs reprises et, en dernier lieu, par la loi du 10 septembre 2018 pour une immigration maîtrisée, un droit d'asile effectif et une intégration réussie. Dans son dernier état, notre législation prévoit qu'un étranger bénéficie d'une carte de séjour temporaire pour soins sous la double condition que son état de santé nécessite une prise en charge médicale dont le défaut pourrait avoir pour lui des conséquences d'une exceptionnelle gravité et que, eu égard à l'offre de soins et aux caractéristiques du système de santé de son pays d'origine, il soit dans l'impossibilité d'y bénéficier effectivement d'un traitement approprié.

Le principe même de cette procédure ne soulève pas de difficulté. Mais il a fallu poser des garde-fous. Cette possibilité nouvelle d'obtenir un titre de séjour a d'abord rencontré un succès exponentiel. Le nombre de premiers titres de séjour accordés est passé d'environ 500 en 1999 à près de 2 000 l'année suivante, puis plus de 4 000 en 2002 et près de 7 500 en 2004[1]. Cette évolution a fait craindre que la gauche n'ait inventé une de ces nouvelles machines infernales dont elle a le secret et qui était susceptible de ruiner nos efforts de maîtrise de l'immigration. Mais le pouvoir politique n'avait pas envie de légiférer sur un sujet qui peut facilement déchaîner les passions. Lorsque je suis devenu en 2005 secrétaire général du comité interministériel de contrôle de l'immigration, j'ai proposé de mobiliser les services du Quai d'Orsay pour que soit mise systématiquement à la disposition des médecins appelés à donner leur avis une documentation précise sur l'offre de soins dans les pays d'origine. La tâche n'était pas mince, mais elle était évidemment indispensable et c'est par là qu'il aurait fallu commencer en 1998 avant de rendre la nouvelle loi applicable. La décrue ne s'est pas fait attendre : le nombre de titres accordés dans le cadre de cette procédure a fléchi à un peu moins de 6 500 dès 2006, puis à 5 700 environ en 2007 et 2008 et à 5 460 en 2011. Aujourd'hui, c'est au vu de l'avis d'un collège de trois médecins de l'Office français de l'immigration et de l'intégration sur la question de savoir si les conditions prévues par la loi sont réunies que le préfet prend sa décision. Si ce collège estime, au vu notamment de la documentation très complète dont il dispose désormais sur l'offre de soins dans les pays d'origine des demandeurs, que les conditions sont réunies, le préfet ne peut refuser la délivrance du titre de séjour que par une décision spécialement motivée. Après une nouvelle hausse entre 2012 et 2016 à la suite d'un changement de législation, le nombre de titres de séjour délivrés à des étrangers malades a été de 4 187 en 2017.

---

1. « Les orientations de la politique de l'immigration », cinquième Rapport établi en application de l'article L. 111-10 du code de l'entrée et du séjour des étrangers et du droit d'asile, décembre 2009, p 68 et 72.

Tout n'est pas réglé pour autant.

Ce qui a d'abord posé problème fut l'utilisation de cette procédure pour contourner un refus de séjour subi à un autre titre. Le cas le plus classique, fort irritant pour les préfets et leurs services, a longtemps été celui des demandeurs d'asile qui invoquaient cette législation spécifique au dernier moment, après avoir été définitivement déboutés de leur demande d'asile. En manœuvrant ainsi, sur le conseil d'associations spécialisées, le débouté cherchait d'abord à gagner du temps en faisant échec aux efforts des préfets pour organiser sa reconduite à la frontière après que la Cour nationale du droit d'asile s'était définitivement prononcée. Il fallait, à tout le moins, que notre législation fût modifiée pour prévoir que, lorsqu'il formule une première demande d'admission au séjour, un étranger soit dans l'obligation d'indiquer à l'administration tous les motifs qu'il invoque à l'appui de sa demande. C'est en partie chose faite, grâce à Gérard Collomb et au gouvernement d'Édouard Philippe, avec la loi du 10 septembre 2018 qui fait obligation à un demandeur d'asile qui estime pouvoir prétendre à une admission au séjour à un autre titre d'en faire la demande simultanément au dépôt de sa demande d'asile. Ainsi seront évitées des demandes de dernière minute purement dilatoires.

Mais le principal inconvénient de cette procédure reste que, inventée par la gauche pour se donner bonne conscience, elle semble avoir été conçue par elle pour s'inscrire dans la durée. À la suite de deux arrêts de principe rendus par le Conseil d'État en 2010[1] admettant que l'étranger puisse faire valoir qu'il ne pouvait accéder à l'offre de soins disponible dans son pays eu égard aux coûts du traitement ou en raison de circonstances exceptionnelles tirées de sa situation personnelle, a été introduite après 2012 dans notre législation une condition relative non plus seulement à l'offre de soins, mais aussi aux caractéristiques du système de santé. Cette dernière condition allait au-delà de ce qu'avait jugé le Conseil d'État. Elle est complètement subjective : autant il est simple, en s'appuyant sur les attachés santé de nos postes diplomatiques et consulaires, de savoir si tel hôpital de la capitale ou d'une grande ville d'un pays étranger dispose par exemple

1. CE, 07/04/2010, n°s 301640 et 316625.

d'installations de dialyse performantes, autant il est beaucoup plus complexe de se prononcer sur la question de savoir si l'étranger, de retour dans son pays, pourra, compte tenu de ses revenus, de l'éloignement de son domicile par rapport à une grande ville, de l'existence ou non de mutuelles ou de dispositifs de remboursement…, accéder effectivement à ces installations. Mais le législateur socialiste n'aime rien tant que les réglementations les plus complexes qui justifient les effectifs pléthoriques de la fonction publique.

Mais surtout il n'y a aucune raison que la France soit, dans la durée, un hôpital ouvert aux quatre vents. Et pas seulement parce que la crise de la covid-19 a révélé que notre système de santé était plus fragile que celui de nombreux pays émergents capables de produire des masques et de limiter la propagation de la pandémie. Entre 2006 et 2009, marqué par ma visite d'un des hôpitaux de Bamako, je n'ai eu de cesse que j'obtienne du Quai d'Orsay qu'il renforce, par le biais de l'Agence française de développement, notre coopération dans le domaine de la santé avec les pays les plus démunis en la matière. Avec des résultats très limités. Certes, plusieurs des accords de gestion concertée des flux migratoires et de codéveloppement ont essayé de prendre en compte cette priorité et j'ai notamment souvenir que l'accord signé avec le Bénin prévoyait le financement de l'installation d'un scanner dans un hôpital de province de ce pays. Cette politique aurait dû être généralisée et, surtout, poursuivie dans la durée. Mais ce n'était pas dans l'air du temps. Depuis de nombreuses années, la France a fait le choix, en matière de santé, de tout miser sur la coopération multilatérale en sacrifiant sa coopération bilatérale. En plaidant pour le renouveau d'une vigoureuse action bilatérale, je dérangeais. Je continue pourtant à penser que l'existence même en France d'une procédure de délivrance d'un titre de séjour aux étrangers malades devrait être l'aiguillon d'une politique ambitieuse de coopération en matière de santé avec les pays les plus pauvres de manière à pouvoir, dans quelques années, faire le constat d'une offre de soins satisfaisante dans tous les pays d'origine de l'immigration et supprimer cette procédure.

Au demeurant, ceux qui s'intéressent de près à ce sujet ne sont pas au bout de leurs surprises. Les étrangers qui obtiennent un titre de séjour en invoquant leur état de santé ne viennent pas nécessairement des pays les moins bien équipés du point de vue médical. Beaucoup – près de 800 en 2016 – viennent par exemple d'Algérie dont les hôpitaux sont bien plus performants que ceux de beaucoup de pays d'Afrique subsaharienne.

Une dernière réflexion : la crise de la covid-19 a été l'occasion pour certains observateurs de s'apitoyer sur le sort des médecins étrangers en fonction dans nos hôpitaux publics. La question de l'insuffisance de leur rémunération a été posée et je me garderai bien de m'emparer dans ce livre de ce sujet. En revanche, du point de vue de notre politique d'immigration, il faudrait se poser la question de savoir s'il est bien opportun d'accueillir en France des médecins étrangers, formés au moins pour partie dans leur pays d'origine et qui, de par leurs choix personnels de carrière, peuvent faire ensuite cruellement défaut aux systèmes de santé dudit pays d'origine. Il serait préférable d'assouplir davantage notre *numerus clausus* pour pouvoir doter nos hôpitaux de médecins français en nombre suffisant. Mais gageons que le Ségur de la santé ne se préoccupera pas de l'offre de soins dans les pays d'origine de l'immigration !

* *
*

La France connaît une autre difficulté structurelle en matière d'éloignement des étrangers : le contentieux de l'éloignement des étrangers y fait intervenir des juges relevant de deux ordres de juridiction différents.

Je m'en tiendrai ici aux éloignements effectivement réalisés à partir de la métropole[1]. Depuis le début du siècle, leur nombre a d'abord fortement progressé, passant de **9 227** en 2001 à 29 796 en 2008 avant de fléchir légèrement entre 2008 et 2010. Il a ensuite presque quadruplé, atteignant un record en 2012 avec un total de **36 822**. Il a diminué nettement dans les quatre années qui suivirent et qui correspondent au quinquennat de François Hollande avec un étiage de 24 707 éloignements en 2016. Depuis 2017, il progresse à

1. Source : ministère de l'Intérieur, DCPAF, *L'Essentiel de l'immigration : chiffres clefs.*

nouveau avec un total de **31 404** éloignements effectifs en 2019, ce qui constitue le troisième meilleur résultat depuis vingt ans, derrière ceux enregistrés en 2012 et 2011.

Cette analyse globale masque une réalité contrastée. Il convient en effet de distinguer les éloignements forcés, les éloignements et départs aidés (l'étranger percevant un pécule plus ou moins gros pour le convaincre de partir et l'aider à se réinstaller dans son pays d'origine) et enfin les éloignements et départs spontanés. C'est en 2012 que le nombre des éloignements ou départs aidés a atteint son maximum – **14 981** –, ce nombre n'étant plus que de 5 257 en 2019, soit à peine plus que le nombre de départs spontanés (5 143). En revanche le nombre des éloignements forcés n'était que de 13 386 en 2012 et a atteint son maximum en 2019 avec un total de **18 906**.

Cependant, le taux d'exécution des mesures d'éloignement prononcées est relativement faible. De 40 % en 2012, il s'est effondré à 27,8 % en 2013 et à 26,8 % en 2016[1].

Pour les administrations chargées de le mettre en œuvre, l'éloignement du territoire français d'un étranger en situation irrégulière est un véritable « parcours du combattant ». Outre la mauvaise volonté des intéressés, relayée par certaines associations pourtant subventionnées par l'État, trois difficultés majeures viennent conjuguer leurs effets.

La première est le faible taux de délivrance des LPC indispensables au retour dans leur pays d'origine de clandestins qui ont souvent veillé à détruire ou à dissimuler leurs documents de voyage. Tous les gouvernements ont dressé, pour l'insérer dans le rapport annuel au Parlement, une liste des pays dont les autorités consulaires en France sont les plus réticentes à délivrer ce sésame, et Emmanuel Macron a même fait désigner par le Quai d'Orsay un ambassadeur dont la mission est d'améliorer le taux de délivrance de ces documents par lesquels un État reconnaît qu'un étranger est l'un de ses ressortissants et s'engage à le réadmettre sur son territoire. La liste des mauvais élèves peut varier d'une année à l'autre, mais elle comprend en général, pour s'en tenir aux nationalités qui fournissent le gros des clandestins, les pays du Maghreb, le Mali, le Pakistan et l'Inde et parfois la Mauritanie, l'Égypte, le Sénégal ou

1. *Les Étrangers en France*, Rapport cit.

le Bangladesh. Ces pays ne délivrent en moyenne, de manière utile, que 30 % au plus des LPC demandés. La mauvaise foi des interlocuteurs de l'administration française explique en partie ce fiasco et l'on pourra s'étonner de constater qu'un pays comme le Mali dont la souveraineté ne serait qu'un souvenir si l'armée française n'était pas venue à son secours depuis 2015 soit un des plus mauvais élèves de la classe avec un taux de délivrance de 11,8 % en 2016 ! Il est vrai que plus un pays est pauvre, plus ses autorités sont attachées à ce que ceux de ses ressortissants qui vivent en France puissent y rester pour pouvoir continuer à effectuer des transferts d'argent au bénéfice des familles restées au pays. En la matière, la tâche de l'administration française est donc celle de Sisyphe !

La deuxième difficulté est l'insuffisance du nombre de places de rétention. À partir de 2005, un plan pluriannuel de construction de centres de rétention a permis de réduire cette difficulté qui reste cependant, pour les préfets et leurs collaborateurs, une préoccupation du quotidien.

La troisième difficulté majeure est l'annulation de procédure susceptible d'être prononcée tant par le juge administratif que par le juge judiciaire. L'organisation juridictionnelle de la France est marquée, depuis la Révolution, par le dualisme des juridictions. Résumer à grands traits cette question complexe revient à constater que le juge judiciaire est compétent pour tout ce qui a trait à la liberté individuelle, à la propriété ou aux contentieux intéressant exclusivement des personnes privées, le juge administratif l'étant pour les contentieux intéressant les décisions prises par des autorités publiques ou dotées de prérogatives de puissance publique. Or l'éloignement d'un étranger peut participer de questions qui intéressent soit le juge judiciaire (les conditions d'interpellation de cet étranger par exemple), soit le juge administratif (en général la décision d'éloignement du territoire). L'intervention de deux juges complique la tâche des autorités administratives et notamment celle de la police et de la gendarmerie appelées, tout au long de la procédure, à présenter l'étranger devant chacun des deux juges dont il relève selon la nature du contentieux qu'il a soulevé.

Au fil des années, la législation est devenue de plus en plus complexe et un agrégé de droit doit sans doute s'y prendre à deux fois pour expliquer à ses étudiants de licence une des dernières décisions du Conseil constitutionnel[1] consacrant la compétence du juge administratif en cas de contestation de l'arrêté de maintien en rétention d'un étranger ayant déposé en rétention une demande d'asile alors que le juge judiciaire et plus précisément le juge des libertés et de la détention exerce habituellement son contrôle sur la décision de placement en rétention et examine le bien-fondé de sa prolongation. Loin de moi l'idée de critiquer cette décision dont, comme tous les commentateurs, je louerai la très grande subtilité. Le Conseil constitutionnel a fondé sa décision sur le rappel de ce que la compétence de la juridiction administrative pour l'annulation des décisions prises dans l'exercice des prérogatives de puissance publique par le pouvoir exécutif ou ses agents était, conformément à la conception française de la séparation des pouvoirs, un des principes fondamentaux reconnus par les lois de la République. Il a ensuite appliqué ce raisonnement à une décision qu'il a regardée comme relative au séjour des étrangers – ce qui est le cœur de sa solution – et jugé que la loi, en en confiant le contentieux au juge administratif, n'affectait nullement le pouvoir du juge judiciaire d'interrompre à tout moment la prolongation du maintien en rétention. Puis il a ajouté, pour être complet, que le législateur pouvait unifier les règles de compétence juridictionnelle au sein de l'ordre juridictionnel principalement intéressé, dans l'intérêt d'une bonne administration de la justice, mais qu'il n'était pas tenu de le faire. Encore cette décision n'est-elle que l'ultime avatar de l'extraordinaire complexité de notre droit de l'éloignement qui représente près de 80 % du contentieux des étrangers.

La décision précitée du Conseil constitutionnel prend évidemment en compte, même si c'est pour mieux en marquer les limites, la volonté exprimée par le législateur en mars 2016[2] de transférer au juge judiciaire le contentieux de la décision de placement en rétention des étrangers alors que ce contentieux de masse, afférent à une décision préfectorale, relevait jusqu'alors du juge administratif. Ce transfert s'inscrivait lui-même dans la jurisprudence du

1. Décision n° 2019-807 QPC du 4 octobre 2019.
2. Loi 2016-274 du 7 mars 2016 relative au droit des étrangers en France.

Conseil constitutionnel qui admet depuis longtemps[1] qu'il puisse être dérogé au principe révolutionnaire selon lequel « défenses itératives sont faites aux tribunaux de connaître des actes d'administration de quelque espèce qu'ils soient » dès lors que cette dérogation intervient dans le cadre d'un aménagement précis et limité des règles de compétence juridictionnelle.

Au terme de cette évolution législative qui n'est sans doute pas définitive et de la décision du Conseil constitutionnel, le juge administratif est compétent pour connaître des recours dirigés contre les refus de titre de séjour, les mesures d'éloignement et le maintien en rétention d'un étranger ayant formulé en rétention une demande d'asile cependant que le juge judiciaire est compétent pour contrôler la légalité du placement en rétention et statuer sur les demandes de prolongation de rétention.

Puisque tout est simple, fermons le ban !

Seule une révision constitutionnelle pourrait mettre fin à une construction juridique qui n'a sans doute eu d'équivalent dans l'histoire que dans la Chine des mandarins. Nicolas Sarkozy l'avait envisagée, mais la crise financière de 2008 lui a assigné d'autres priorités. Reste que le taux d'exécution des mesures d'éloignement est plus faible en France que dans plusieurs autres pays européens. Même si cette situation n'est pas seulement imputable au dualisme juridictionnel et à la subtilité de notre droit qui multiplie les occasions d'erreurs de procédure, je continue à penser qu'une révision constitutionnelle limitée qui unifierait le contentieux des étrangers au bénéfice de l'un des deux ordres de juridiction serait la bienvenue.

* *
*

Une autre difficulté propre à la France est l'exposition dramatique à l'immigration de deux de ses départements d'outre-mer : Mayotte et la Guyane.

L'outre-mer français est une terre de contrastes. C'est vrai dans bien des domaines, qu'il s'agisse de la géographie, du climat, du

1. Décision 86-224 DC du 23 janvier 1987.

peuplement ou de la vie économique et sociale. C'est vrai aussi en matière d'immigration.

La Nouvelle-Calédonie, la Polynésie, Wallis-et-Futuna et Saint-Pierre-et-Miquelon ne connaissent pas d'immigration notable.

Sur les cinq départements qui regroupent l'essentiel de la population de l'outre-mer français, trois comptaient en 2016 un pourcentage de population étrangère en situation régulière rapportée à leur population totale qui était inférieur au pourcentage constaté en France métropolitaine (4,8 %) : la Réunion (1,18 %), la Martinique (1,75 %) et la Guadeloupe (3,4)[1]. Cela ne signifie pas que ces départements ne sont pas exposés par ailleurs à des tentatives d'immigration clandestine, mais celles-ci sont peu nombreuses à la Réunion. En revanche, la demande d'asile en Guadeloupe et en Martinique a décuplé en 2019 par rapport à l'année précédente, ce qui constitue une véritable alerte.

Selon les mêmes sources, deux départements comptaient en 2016 un pourcentage de population étrangère en situation régulière très supérieur à la France métropolitaine : la Guyane (16,2 %) et Mayotte (15 %). De surcroît, ces deux départements sont aussi les plus exposés à l'immigration clandestine. En 2016, le nombre d'éloignements réalisés respectivement à Mayotte et en Guyane s'élevait à 17 943 et 4 935, alors que ce nombre était de 20 à la Réunion, 301 en Guadeloupe et 346 en Martinique. L'ampleur de l'immigration clandestine, mesurée à travers le prisme imparfait des éloignements, est telle qu'en 2016 le nombre total des éloignements réalisés outre-mer (23 545 personnes majeures) a été presque équivalent au nombre constaté en métropole (24 707).

La situation la plus grave est celle de Mayotte. Selon les données publiées par l'Insee pour 2018, près de un habitant sur deux à Mayotte (en comptant les personnes en situation irrégulière) est de nationalité étrangère et 95 % de ces étrangers sont de nationalité comorienne.

Le drame s'est joué en deux actes dont la responsabilité incombe aussi bien à la droite qu'à la gauche.

D'abord, en 1975, l'indépendance partielle des Comores avec leurs trois îles (Grande Comore, Mohéli et Anjouan) dont la plus

1. *Les Étrangers en France*, Rapport cit.

proche de la France est Anjouan, située à 70 kilomètres de Mayotte. À l'époque, Mayotte est restée française mais le gouvernement des Comores la regarde aujourd'hui comme « un territoire comorien occupé par la France ». C'est un peu comme si une partie du territoire de l'Algérie, l'Oranais ou la Kabylie par exemple, était restée française en 1962. La circonstance que Mayotte soit une île peine à justifier cette situation.

Ensuite, en 2001, l'adoption d'un nouveau statut pour Mayotte à l'initiative du gouvernement de Lionel Jospin. Son choix fut de transformer en dix ans Mayotte en un département de plein exercice, Mayotte franchissant ainsi de manière accélérée des étapes institutionnelles que les collectivités territoriales de métropole avaient mis plus de un siècle à parcourir. Évidemment, une fois transformée en département, collectivité territoriale qui, dans le droit français, est celle de l'aide sociale, Mayotte ne pouvait qu'exercer une formidable attraction sur la population des Comores à laquelle la rattachaient tant de liens historiques et de peuplement. S'il est bien une partie du territoire français où l'immigration est « aimantée » par les prestations sociales, c'est Mayotte. S'il est bien une partie du territoire français où l'attraction exercée par une diaspora conduit à une accélération fulgurante de l'immigration, comme l'avait théorisé Paul Collier, c'est Mayotte où la diaspora comorienne se fait souvent le relais des passeurs.

L'instauration par la France, en 1995, d'une obligation de visa pour les ressortissants de l'Union des Comores désireux de se rendre à Mayotte a eu comme seul effet de donner un formidable essor à l'industrie des passeurs.

Les résultats sont effrayants : en 2016, 84 % des habitants de Mayotte vivaient sous le seuil de pauvreté, le taux de chômage y était de 36,6 % et seuls 63 % des enfants de 3 ans y étaient scolarisés. Le nombre des étrangers en situation irrégulière était estimé à 50 000 en 2009 et à 75 000 en 2012. On peut raisonnablement penser que les clandestins représentent un tiers de la population de l'île.

Dans ce véritable laboratoire de l'aberration migratoire, tout va de mal en pis. L'immigration clandestine massive suscite l'exode des natifs de Mayotte vers la Réunion ou la métropole. Mais surtout la « porte ouverte » attire depuis quelques années de nouveaux immigrés, en provenance non plus de la mère patrie des Comores, mais du continent africain et plus précisément des pays de la région des Grands Lacs (Ruanda, Burundi, République démocratique du Congo…) dont beaucoup font le choix de se déclarer demandeurs d'asile avec l'espoir de pouvoir rejoindre la métropole et donc l'Europe. Le nombre des premières demandes d'asile a augmenté de 37 % en 2018 par rapport à 2017 et, selon les données publiées par l'Ofpra à l'été 2020, la progression a été de 160 %, soit plus qu'un doublement, en 2019. En deux ans, le nombre de demandeurs d'asile dans ce département a presque quadruplé. Si la notion de perte de contrôle a un sens, c'est bien à Mayotte.

J'ai mentionné la « porte ouverte ». L'expression est terriblement injuste pour les fonctionnaires en charge de la lutte contre l'immigration clandestine qui donnent le meilleur d'eux-mêmes. En 2008 et 2009, sous l'impulsion du comité interministériel, les moyens humains et matériels de la police aux frontières ont été considérablement renforcés. Pour lutter contre les embarcations qui amènent les clandestins à partir d'Anjouan, les *kwassas* ou *kwassa-kwassa*, des vedettes d'interception ont été mises à disposition tant de la police que de la gendarmerie. Des radars ont été installés aux quatre coins de l'île et sont exploités par un poste de commandement armé par des militaires de la marine nationale cependant que la création d'un nouveau centre de rétention administrative était décidée. Cet effort s'est poursuivi après 2012, la police aux frontières disposant aujourd'hui de huit bateaux intercepteurs. Plus récemment, le gouvernement d'Édouard Philippe a décidé de créer un état-major de lutte contre l'immigration clandestine placé sous la direction d'un sous-préfet.

Reste qu'il est difficile de lutter contre l'histoire et la géographie et contre la misère qui sévit aux Comores où le revenu mensuel moyen est de 80 euros.

Les deux derniers présidents de la République ont cru devoir signer des accords avec leur homologue comorien, le 21 juin 2013, à Paris, sous la forme d'une « déclaration de Paris sur l'amitié et la coopération entre la France et les Comores » s'agissant de François Hollande et le 22 juillet 2019 s'agissant d'Emmanuel Macron. La France s'est engagée à accroître son aide au développement des Comores, les autorités de ce pays promettant de mieux contrôler l'émigration vers

Mayotte et de limiter la fabrication des *kwassa-kwassa*. Mais que valent ces déclarations d'intention alors que les autorités comoriennes peuvent à tout moment, comme elles l'ont fait pendant plusieurs mois à partir de mars 2018, refuser le retour de leurs ressortissants faisant l'objet d'une reconduite à la frontière ? Certes la France a répliqué en suspendant la délivrance de visas aux Comoriens. Mais la balance était inégale, car la plus grande part des immigrés comoriens à Mayotte sont des clandestins qui se fichent comme d'une guigne de n'avoir point de visa. Et le ministre de l'Intérieur des Comores annonçait la couleur en 2018 en déclarant : « On ne traque pas les Comoriens qui vont à Mayotte puisqu'ils vont chez eux… »

Dans ce paysage désolé, la seule lueur d'espoir est venue d'un amendement porté au Sénat par un sénateur LREM, portant adaptation du droit du sol à Mayotte et qui a trouvé place dans la loi pour une immigration maîtrisée, un droit d'asile effectif et une intégration réussie adoptée en août 2018. En 2016, 76 % des enfants nés à Mayotte étaient de mères étrangères, principalement comoriennes. Depuis des années, des femmes enceintes débarquaient à Mayotte pour y accoucher d'un enfant appelé à solliciter la nationalité française entre 13 et 18 ans en application du code civil. La maternité de Mamoudzou était devenue l'une des plus grandes de France et une véritable fabrique de nouveaux Français. La nouvelle disposition législative subordonne l'acquisition de la nationalité française par un enfant né à Mayotte après le 1er mars 2019 de parents étrangers à la circonstance que l'un de ses parents ait été, au jour de la naissance, présent à Mayotte de manière régulière depuis plus de trois mois. Cette révolution juridique que François Baroin, alors ministre de l'Intérieur, avait appelée de ses vœux en 2007 a été rendue possible sans révision constitutionnelle par le Conseil d'État qui, saisi de la proposition de loi du sénateur, a rappelé que la Constitution permettait, dans les départements et régions d'outre-mer, des adaptations aux lois et règlements tenant aux caractéristiques et contraintes particulières de ces collectivités et a été d'avis que la disposition proposée apportait une adaptation limitée et proportionnée à la situation particulière de Mayotte et n'était pas contraire à la convention internationale des droits de l'enfant.

Grâce soit rendue au réalisme du juge administratif et à l'imagination d'un parlementaire ! Mais il faudra évaluer cette innovation dans la durée et mesurer si les effets bénéfiques qui en sont attendus ne sont pas contournés, voire anéantis par une forte augmentation des reconnaissances frauduleuses de paternité. Si elle supprime un des facteurs d'attractivité de Mayotte vis-à-vis des Comoriens, elle ne remédie évidemment pas à l'écart de niveau de vie entre l'île française et les trois îles comoriennes.

Une solution radicale serait l'indépendance de Mayotte. Mais à part les autorités comoriennes, personne ne la réclame. Pendant longtemps encore, Mayotte restera le théâtre d'une immigration massive. L'ironie de l'histoire veut qu'elle le doive en partie à Valéry Giscard d'Estaing qui avait dénoncé le risque que l'immigration en France ne devienne une forme d'« invasion ».

La situation en Guyane, sans être aussi dramatique qu'à Mayotte, est très préoccupante. Elle n'est pas cependant sans similitudes avec celle de l'île de l'océan Indien. La Guyane compte une très longue frontière terrestre avec le Brésil et accessoirement avec le Surinam et elle est relativement proche d'une île qui fut française et qui est à l'origine d'une forte immigration étrangère aux Antilles et en Guyane : Haïti. Les ressortissants haïtiens, brésiliens et surinamiens représentent à peu près les trois quarts des étrangers en situation régulière en Guyane. La maternité de Kourou est un peu l'équivalent pour les femmes surinamiennes de celle de Mamoudzou pour les Comoriennes.

Une particularité de la Guyane est la difficulté à contrôler ses frontières terrestres d'autant plus qu'à l'immigration clandestine viennent s'ajouter les intrusions des orpailleurs clandestins dont les méthodes particulièrement violentes mettent à l'épreuve nos forces armées au premier rang desquelles la gendarmerie.

Une autre particularité de la Guyane est d'être exposée à une forte demande d'asile, la plus forte de tout l'outre-mer et la plus erratique : plus de 5 000 premières demandes en 2017, ce qui, rapporté à la population de la Guyane, est énorme et équivaudrait pour la métropole à 1,5 million de demandeurs d'asile, soit plus de quinze fois la demande réelle constatée. Les capacités d'accueil de la Guyane s'en sont évidemment trouvées saturées avec les conséquences que l'on imagine en termes de logement – la multiplication des bidonvilles –, d'économie souterraine et de chômage. Le nombre des demandeurs d'asile a ensuite été diminué de plus de moitié en 2018 et 2019 à la suite d'une expérimentation conduite sur le fondement d'un décret[1] tendant à réduire les délais d'instruction et de recours devant la Cour nationale du droit d'asile. Les résultats de l'expérimentation ont été suffisamment concluants pour être pour l'essentiel pérennisés et étendus aux Antilles par un autre décret[2] à la fin 2019.

Mayotte et la Guyane illustrent à leur manière et bien malgré elles, comme la Seine-Saint-Denis en métropole, un des drames de l'immigration : celle-ci est attirée par les territoires les plus pauvres dont elle vient aggraver encore les difficultés et le choix des diasporas de s'y installer de manière préférentielle est à l'origine d'un cercle vicieux qu'il est bien malaisé de rompre.

Mayotte et la Guyane illustrent aussi les ravages de l'inégale répartition de l'immigration sur le territoire français.

* *
*

La dernière difficulté à laquelle la France doit faire face, contrairement à d'autres pays européens, est en effet l'inégale répartition sur notre territoire des immigrés. J'ai déjà évoqué cette difficulté au chapitre 3 consacré à l'insuffisance de nos capacités d'accueil, en particulier dans le domaine du logement. Mais je veux y revenir, car je la crois essentielle à l'explication de l'échec français en matière d'intégration.

D'après le rapport au Parlement établi pour 2016 par le ministère de l'Intérieur sur *Les Étrangers en France*[3], le nombre des étrangers détenteurs d'un titre de séjour ou d'une autorisation provisoire de séjour en cours de validité dans les huit départements d'Île-de-France s'élevait cette année-là à 1 364 170, soit **44 %** du total des étrangers

1. Décret n° 2018-385 du 23 mai 2018.

2. Décret n° 2019-1329 du 9 décembre 2019 relatif aux modalités de traitement des demandes d'asile dans les Antilles et en Guyane et modifiant les règles de recours contre les décisions de l'Ofpra.

3. Rapport cit., p. 21 et 22.

en situation régulière en métropole alors que l'Île-de-France ne compte que 18,8 % de la population de métropole. Constat similaire mais plus feutré pour PACA qui comptait cette année-là 289 322 étrangers en situation régulière, soit **9,33 %** du total des étrangers de métropole alors que cette région compte 7,7 % de la population française. À l'inverse, la Bretagne n'accueillait en 2016 que 49 763 étrangers en situation régulière, soit **1,6 %** du total des étrangers en situation régulière en métropole alors que cette région compte 5,1 % de la population de notre pays. Dans une région qui compte pourtant plusieurs départements frontaliers, la Bourgogne-Franche-Comté, le nombre des étrangers en situation régulière était en 2016 de 86 910, soit **2,8 %** du total des étrangers en situation régulière en métropole alors que cette région compte 4,4 % de la population de notre pays.

Ce déséquilibre est une des causes majeures des difficultés auxquelles est confronté le processus d'intégration en France. Il a été analysé[1] en 2018 de façon plus détaillée et très pertinente par Hippolyte d'Albis et Ekrame Boubtane.

Ces auteurs montrent que la répartition est aussi très inégale au sein de l'Île-de-France. Sur la période 2010-2016, le flux d'entrées d'étrangers en Seine-Saint-Denis a représenté presque 1 % de la population résidente contre 0,9 % à Paris alors que cette proportion était un peu inférieure à 0,4 % dans les Yvelines et à 0,3 % en Seine-et-Marne. **C'est d'ailleurs en Seine-Saint-Denis que la proportion de personnes immigrées est la plus grande : 17 %**. Enfin, alors que la population de Seine-Saint-Denis représente 2 % de la population de la France métropolitaine, ce département accueille respectivement 10 % et 11 % des ressortissants africains et asiatiques vivant en France métropolitaine. Ces chiffres sont d'autant plus spectaculaires qu'ils correspondent à des étrangers munis d'un titre de séjour. En intégrant les clandestins, l'inégalité de répartition géographique serait encore plus grande.

Les auteurs de cette étude soulignent que les deux tiers des immigrés résident en Île-de-France, en PACA et en Rhône-Alpes. Ils attribuent cette situation au fait que ce sont les régions les plus peuplées et les

1. « Une cartographie de l'immigration en France métropolitaine depuis l'an 2000 », *Hommes & Migrations*, n° 1323, oct.-déc. 2018, p. 16-21.

plus dynamiques au plan économique. Cette explication n'est que partiellement exacte. D'abord parce que des régions très dynamiques au plan économique et dans lesquelles certains départements ou zones géographiques affichent un taux de chômage faible – je pense par exemple à la Vendée au sein de la région Pays de la Loire ou au bassin de Vitré en Bretagne – n'accueillent que peu d'immigrés. Ensuite parce que la Seine-Saint-Denis connaissait, avant même la crise de la covid-19, un taux de chômage très élevé (11 % au troisième trimestre 2019), ce qui ne l'a pas empêchée d'être le plus attractif de tous les départements pour l'immigration. Si l'ampleur du chômage dans certains départements ne fait pas peur aux nouveaux immigrés, c'est peut-être parce que l'insertion par le travail n'est pas leur première priorité ou qu'elle s'y effectue plus facilement dans le secteur informel.

Là encore, le constat s'impose : ce sont les diasporas qui jouent un rôle déterminant dans la répartition géographique des nouveaux immigrés.

Je ne crois pas qu'il faille s'en accommoder. En matière de logement, l'extrême concentration des immigrés en Île-de-France contribue en effet à accroître les tensions sur un marché du logement caractérisé à la fois par la rareté du foncier, des coûts de construction plus élevés et un déséquilibre persistant entre l'offre et la demande avec comme conséquence des conditions de logement très médiocres pour beaucoup de ménages immigrés. En matière de scolarisation et d'effort éducatif, les inconvénients de cette concentration sont tout aussi évidents.

La situation de la France n'est pas une exception puisque le Grand Londres concentre également une grosse part des immigrés au Royaume-Uni. Mais dans beaucoup d'autres pays européens, comme l'Allemagne, la répartition des immigrés sur le territoire est plus équilibrée. Et ce sont les pouvoirs publics qui l'influencent de manière sensible. En Allemagne, par exemple, les demandeurs d'asile ne choisissent pas librement leur commune d'installation, mais se la voient imposer par les autorités.

Je crois possible de nous en inspirer en France. Je propose d'abord que les demandeurs d'asile soient répartis en France par l'autorité administrative et plus précisément par le ministre de l'Intérieur. Les intéressés devant se présenter en préfecture pour y déposer leur demande et y recevoir leur autorisation provisoire de séjour, rien n'interdirait au ministre de l'Intérieur d'opérer cette répartition géographique en tenant compte notamment des capacités d'hébergement. C'est un peu ce qui se passe dans le cadre de ce qu'on appelle le « dispositif national d'accueil des demandeurs d'asile », mais la politique de répartition gagnerait à être plus volontariste et plus directive. Je propose en deuxième lieu que les titres de séjour attribués aux réfugiés ne soient valables que pour une région déterminée par l'autorité administrative en tenant compte à titre principal du taux de chômage et des tensions sur le marché du logement. La bonne intégration des réfugiés dépend en effet à titre principal de leur capacité à trouver un emploi et un logement. Naturellement, si un réfugié trouve un emploi dans une région autre que celle où il aura été autorisé à résider, il pourrait obtenir de plein droit un changement de région de résidence. Mais, dans un premier temps, ce n'est pas le choix du réfugié qui doit primer.

Enfin, et selon la même logique, je propose de façon plus générale que les titres de séjour délivrés aux ressortissants étrangers ne soient valables que pour certaines zones géographiques. Rien dans notre ordre constitutionnel ne s'y oppose. On m'objectera que les Français sont libres de résider où ils le souhaitent. Je n'ignore pas que le Conseil constitutionnel, dans sa décision de principe du 13 août 1993[1], après avoir jugé que les étrangers n'avaient pas de droit général et absolu d'accès au territoire français et se trouvaient de ce fait dans une situation juridique distincte des Français, a précisé que le législateur ne pouvait pour autant édicter des normes méconnaissant les libertés et droits fondamentaux de valeur constitutionnelle reconnus à tous ceux qui résident sur le territoire de la République. Mais il a ajouté que les étrangers résidant en France pouvaient faire l'objet sur le terrain de l'égalité des droits, notamment sociaux, de restrictions dès lors que ces dernières reposaient sur un motif

1. CC, 13 août 1993, Loi relative à la maîtrise de l'immigration et aux conditions d'entrée, d'accueil et de séjour des étrangers en France, n° 93-325 DC, pts 2 à 4 et 16 (voir aussi CC, 22 janvier 1990, Loi portant diverses dispositions relatives à la sécurité sociale et à la santé, n° 89-269 DC, pts 33 à 35 : cités par Jean-Marc Sauvé, vice-président du Conseil d'État, dans son intervention au congrès de l'Institut international des sciences administratives, le 31 mai 2017, intitulée « Les migrations saisies par le droit : le regard d'un juge de l'Union européenne, ancien négociateur de l'accord de Schengen et de la convention de Dublin »).

objectif et en rapport avec l'objet de la loi les instituant. La bonne intégration des étrangers en situation régulière peut constituer l'un de ces motifs.

Ce fut au demeurant la pratique en France pendant longtemps, même après la Seconde Guerre mondiale. La préoccupation d'une bonne intégration des étrangers sur notre territoire, qui renvoie notamment à des possibilités d'accès satisfaisantes à un emploi et à un logement, suffirait à justifier qu'au moins dans les premières années suivant leur arrivée en France ils puissent se voir assigner une résidence dans une zone géographique déterminée. Ma proposition participerait également du double objectif de lutte contre l'économie souterraine qui fait des ravages dans les grandes métropoles et d'un aménagement plus équilibré du territoire. J'ai choisi à dessein le mot « assigner ». Les beaux esprits rappelleront à l'envi que l'assignation à résidence est une pratique de police administrative – d'aucuns diront même de basse police –, mais c'est parce qu'ils ignorent ou veulent ignorer que la réglementation du séjour des étrangers en France relève d'une police administrative particulière et qu'aucun gouvernement n'y a jamais renoncé depuis 1945. Ma proposition vise seulement à aller par la loi au bout de cette logique en revenant à une pratique qui n'a pas nui à l'intégration des immigrés dans le passé. Refuser cette politique volontariste, c'est prendre le risque que continuent à se développer les bidonvilles réapparus depuis quelques années en Île-de-France, en particulier en Seine-Saint-Denis ou dans le Val-d'Oise, le long de l'A15 par exemple, ou renoncer à réduire le taux de chômage des immigrés. La crise de la covid-19 a mis de surcroît en lumière les inconvénients d'une « métropolisation » excessive et d'une surconcentration géographique des populations les plus fragiles au nombre desquelles les immigrés de fraîche date.

* *
*

Pour résoudre chacun des six problèmes mentionnés dans ce dernier chapitre, la France ne peut compter que sur elle-même. Mais qui saura trancher ces nœuds gordiens ?

Conclusion

Commençons par une *question de principe* qui, comme telle, n'a pas toujours retenu suffisamment l'attention de l'acteur des politiques migratoires que j'ai été.

Cette question est celle de l'*hospitalité*.

D'aucuns la souhaitent aussi large que possible à l'égard des candidats à l'immigration, voire totale.

C'est la position des *no borders*. C'est souvent celle de la gauche ou des Verts, mais pas toujours. En Allemagne, une partie de la gauche, opposée à la politique d'accueil d'Angela Merkel et favorable à une politique migratoire restrictive, a même créé en septembre 2018 un mouvement politique dont le nom, Aufstehen (« se mettre debout »), fait plutôt penser à celui d'une formation politique de droite, avec comme objectif de reconquérir un électorat ouvrier qui se sent menacé par l'immigration. En Autriche, le chancelier Kurz a conclu un accord de coalition avec des Verts qui ont accepté l'essentiel de la politique migratoire que ce même chancelier avait définie lorsqu'il avait précédemment fait coalition avec l'extrême droite. Au Danemark, la gauche sociale-démocrate n'a que très partiellement remis en cause à l'été 2019 la politique de grande fermeté qui était jusqu'alors celle des libéraux et qui s'était traduite, par exemple, par une mesure aussi spectaculaire que le déplacement des enfants d'immigrés dans des écoles éloignées de leur domicile pour éviter que leur pourcentage par classe ne dépasse un certain seuil.

La priorité à l'hospitalité peut se réclamer de la liberté et notamment de l'article 13 de la Déclaration universelle des droits de l'homme qui consacre le droit pour toute personne d'émigrer du pays où elle se trouve. Mais ce droit universel relève de la pétition de principe dès lors qu'il ne s'accompagne dans aucun pays du monde d'un droit absolu à l'entrée et au séjour dans un pays autre que le sien. C'est ce qu'a jugé, pour la France et à de nombreuses reprises, le Conseil constitutionnel.

La priorité à l'hospitalité peut se réclamer aussi de la science, témoin le Manifeste publié fin 2018 par le Muséum national d'histoire naturelle qui faisait le constat que le phénomène migratoire était une constante dans l'histoire humaine et soutenait que les échanges migratoires amplifient la diversité génétique essentielle à la pérennité généalogique de l'espèce. Mais le crime de masse est une autre constante de l'histoire humaine depuis l'élimination de l'homme de Neandertal par *Homo sapiens* jusqu'aux génocides qui ont marqué le XXe siècle : le constat d'une constante du comportement humain ne vaut évidemment pas justification de ce comportement. Au demeurant, l'approche comportementaliste met aussi en exergue que les êtres humains ont toujours eu besoin de marquer leur territoire, ce qui est le fondement même de la propriété et de la frontière.

L'hospitalité chère à Emmanuel Kant peut se réclamer enfin du christianisme et plus précisément des prises de position répétées du pape François. Dans un document publié en août 2017 à l'occasion de la Journée mondiale du migrant et du réfugié, le pape proclamait que « tout immigré qui frappe à notre porte est une occasion de rencontre avec Jésus-Christ qui s'identifie à l'étranger de toute époque, accueilli ou rejeté ». Et, s'agissant des migrants et des réfugiés, il ajoutait, à l'intention des responsables publics, qu'il convenait de « toujours faire passer la sécurité personnelle avant la sécurité nationale ». Ce message s'accompagnait de recommandations très précises, par exemple le souhait que soit favorisé le regroupement familial pour que les migrants et réfugiés puissent faire venir « y compris des grands-parents, des frères et des sœurs et des petits-enfants sans jamais soumettre ce regroupement à des capacités économiques » ou encore le souhait d'une « offre de citoyenneté dissociée des capacités économiques et linguistiques » avec l'octroi d'une nationalité à tous les enfants dès la naissance.

Il reste, comme l'illustre la citation que je fais à la fin du chapitre 6 du cardinal Sarah affirmant qu'« il faut tout faire pour que les hommes puissent rester dans les pays qui les ont vus naître », que tous les dignitaires de l'Église catholique ne partagent pas la vision du pape. Il reste aussi que, dans une déclaration faite en 2016, le pape François avait mentionné l'action possible des États pour maîtriser les flux migratoires et justifié une conduite prudente des chefs d'État ou de gouvernement en la matière. Il reste enfin que, si l'Évangile commande de prendre soin de celui que l'on peut aider, cette loi morale ne s'applique pas qu'aux étrangers. S'appuyer sur la Bible ou sur les Évangiles pour prôner une politique migratoire ouverte plutôt que fermée – ou inversement – ou pour privilégier une approche multiculturaliste plutôt qu'identitaire – ou inversement – revient à mon sens à faire litière de la Parole même du Christ : « Rendez à César ce qui appartient à César et à Dieu ce qui appartient à Dieu[1]. »

Les affirmations répétées du pape encouragent l'action des associations, d'inspiration chrétienne ou autre, qui viennent en aide aux immigrés. Je veux d'ailleurs leur rendre hommage, car je crois que leur œuvre est utile, évite de nombreux drames et permet aux hommes et aux femmes parvenus à nos frontières ou sur notre territoire de conserver toujours leur dignité. Mais ceux qui prônent l'hospitalité dans leurs discours ne sont pas si nombreux à s'engager en actes et, en tout état de cause, l'action humanitaire ou bénévole ne fait pas une politique.

Le 23 août 2020, le pape François a interpellé les chrétiens de manière plus rude encore en déclarant, à l'issue de l'Angélus, que « le Seigneur nous demandera compte de tous les migrants morts au cours des voyages de l'espérance. Ils ont été victimes de la culture du rejet ». Mais si la parole du pape est par essence prophétique, la responsabilité des politiques est avant tout pragmatique. Pour éviter les morts en Méditerranée, il faut bien sûr secourir ceux qui risquent de s'y noyer. Mais il faut aussi et surtout dissuader les candidats

1. Évangile selon saint Matthieu, XXII, 21 ; Marc, XII, 17 ; Luc, XX, 25.

au départ d'emprunter une route migratoire qui a fait la preuve de sa dangerosité.

La France est une terre d'immigration depuis le milieu du XIXe siècle. La vague migratoire qui l'a touchée depuis vingt ans n'est peut-être pas la plus puissante de celles que notre pays a connues, mais c'est celle qui a eu les conséquences les plus graves pour la cohésion nationale. D'abord et avant tout parce qu'elle est survenue dans un pays qui, depuis les deux chocs pétroliers de 1974 et 1978, n'a plus jamais renoué avec une croissance durable. La France est allée de crise en crise et le chômage de masse dans lequel les immigrés sont surreprésentés est devenu une constante du paysage social. Ensuite parce que les politiques mises en œuvre en France, en faisant le choix du soutien à la consommation et de l'accroissement de la part des prestations sociales dans le produit intérieur brut plutôt que de l'investissement et de l'endiguement de la dépense publique, ont entraîné le déclassement de notre économie par rapport à celles tant de l'Europe du Nord que de l'Europe centrale. Enfin parce que l'impossibilité pour une partie des nouveaux immigrés et de leurs familles de s'intégrer sur le marché du travail en a fait des assistés et a conduit au développement du communautarisme, au repli identitaire et à une influence croissante de l'islam radical, notamment parmi les plus jeunes des descendants d'immigrés.

Nul ne sait quelles seront l'ampleur et la durée de la crise économique et sociale provoquée par la crise sanitaire. Mais notre capacité à intégrer par le travail les nouveaux immigrés qui continuent à rejoindre notre pays pour des raisons essentiellement familiales ou humanitaires s'en trouve encore affaiblie.

Un aggiornamento de notre politique migratoire s'impose. Il sera cependant difficile. Le politiquement correct a pour conséquence que peu de responsables politiques s'aventurent sur ce terrain et la pensée dominante donne la priorité à l'écologie. De surcroît, la France est relativement isolée en Europe, la plupart des autres pays de l'Union ayant été jusqu'à une date récente des pays d'émigration et ayant besoin d'immigration pour compenser une démographie défaillante, ce qui n'est pas le cas de la France.

Les propositions que j'ai formulées tout au long de ce livre ne participent pas d'une acception illimitée de la notion d'hospitalité, et ce pour deux raisons :

— La première est de principe : comme beaucoup d'auteurs anglo-saxons insuffisamment connus en France, comme Robert Putnam ou Paul Collier, je crois qu'une immigration excessive affaiblit la confiance au sein d'une nation ou d'un groupe de nations. Il ne s'agit pas là d'une pétition de principe, mais du fruit de l'expérience. Ce qui s'est passé en France depuis vingt ans confirme qu'un pays confronté à une vague migratoire puissante alors qu'il en a connu plusieurs au cours du siècle précédent échoue à bien intégrer et, *a fortiori*, à bien assimiler. Pour s'en tenir à des événements récents, le mouvement des Gilets jaunes, le foisonnement des théories complotistes, le jugement des Français à l'égard de l'action des pouvoirs publics pendant la crise sanitaire, beaucoup plus sévère que dans nombre d'autres pays européens, ou encore la mise en cause systématique de l'autorité illustrent la défiance qui s'est emparée du corps social. En évoquant le seuil de tolérance avant de se rétracter sous la pression de ses camarades de parti, François Mitterrand avait vu le risque même s'il n'en avait tiré aucune conséquence concrète.

— La seconde est à la fois juridique et pratique : l'hospitalité entendue au sens d'un accueil inconditionnel ne peut jouer qu'à l'égard des étrangers dont la vie est menacée dans leur pays et qui n'ont pas trouvé asile dans un autre pays que la France. La distinction entre réfugiés et autres candidats à l'immigration est niée aussi bien par l'extrême droite que par l'extrême gauche. Elle est pourtant essentielle parce qu'elle est fondée en droit et qu'elle renvoie à des situations pratiques très différentes : la vie en Afghanistan ou en Somalie n'est pas la vie au Sénégal ou au Maroc. Nier cette distinction aboutirait au demeurant à saper le droit d'asile.

* *
*

Mes propositions s'articulent autour de quatre idées forces : *le renforcement du contrôle des frontières de l'Union européenne, une limitation du nombre de titres de séjour délivrés chaque année en*

France, une réorientation complète de notre aide au développement et une politique d'intégration plus volontariste. En matière de maîtrise de l'immigration, il n'y a en effet ni recette miracle ni arme absolue. Il faut combiner une série de mesures pour parvenir à un résultat satisfaisant.

Avec la crise sanitaire, on a redécouvert le *contrôle des frontières* et sa dimension sanitaire. Mais on a également redécouvert que la libre circulation à l'intérieur de l'Union européenne était une liberté à laquelle les Européens n'étaient prêts à renoncer qu'en cas de menace grave pour leur santé et seulement de façon provisoire.

Je m'inscris en faux contre le pessimisme ambiant qui voudrait que l'Europe soit condamnée à être submergée par l'immigration. Je crois à l'efficacité des contrôles à nos frontières extérieures si nos dirigeants politiques en ont la volonté.

Je me sépare donc de ceux qui ont profité de la crise sanitaire pour dresser l'acte de décès de Schengen. Au cœur de cette crise, l'Union européenne n'a pas fait obstacle à la fermeture complète de ses frontières extérieures même si elle l'a décidée un peu tard. Et ceux qui accusent Schengen de tous les maux ont dû admettre que les conventions qui sont au fondement de ce mécanisme de libre circulation prévoient bien, pour les États qui en sont membres, la possibilité, en cas de crise, de rétablir les contrôles à leurs frontières intérieures. On peut regretter que les nations européennes l'aient fait dans le désordre, mais le virus ne les a pas touchées au même moment et les avis scientifiques dont leurs gouvernements respectifs étaient entourés n'étaient pas convergents.

Les plus jeunes de nos concitoyens qui avaient toujours vécu avec des frontières ouvertes au sein de l'Union européenne ont pu mesurer pendant le confinement à quel point la libre circulation était un acquis formidable, mais fragile. On n'apprécie jamais autant une liberté que lorsqu'on en est provisoirement privé. C'est pourquoi j'ai la conviction qu'un référendum où serait en jeu la libre circulation des personnes en Europe serait gagné par ceux qui regardent cette liberté comme essentielle. Mais la libre circulation au sein de l'Union européenne n'a de sens que si elle est organisée. Elle n'est possible que si le contrôle des frontières extérieures de l'Union est efficace. Car, une fois qu'un étranger se trouve sur le territoire d'un des États membres en situation irrégulière, l'expérience prouve que son éloignement est une opération difficile : un quart seulement des clandestins interpellés dans l'Union européenne font l'objet d'un éloignement effectif.

Contrôle ne veut pas dire fermeture. À l'occasion de la crise de la covid-19, la fermeture complète des frontières extérieures a naturellement tari les flux migratoires. Sur les six premiers mois de 2020, le nombre des franchissements illégaux des frontières extérieures de l'Union européenne s'est effondré. Mais l'Union européenne ne peut fonctionner comme une forteresse et ses frontières extérieures ont été rouvertes dès que l'évolution de la pandémie l'a permis. Il y allait de la reprise de l'activité économique. On peut penser qu'à l'avenir la vigilance lors des contrôles sera plus forte, ne serait-ce que parce que leur dimension sanitaire avait été largement perdue de vue, notamment en France, et que les exigences de la société civile seront à cet égard beaucoup plus fortes.

Le contrôle des frontières extérieures incombe à chacun des États membres avec l'appui, s'il le souhaite, de Frontex, l'agence spécialisée de l'Union européenne. Des progrès considérables ont été faits en la matière depuis vingt ans. Contrairement à ce qui s'est passé dans d'autres domaines, l'élargissement à l'est n'a pas été synonyme d'affaiblissement de l'Union européenne quant à la maîtrise de l'immigration en provenance des pays tiers. Plusieurs des nouveaux adhérents – la Croatie ou la Pologne par exemple – prennent très au sérieux leur responsabilité en la matière.

Tout n'est pas parfait pour autant. Trois progrès décisifs restent à accomplir.

Une des difficultés majeures du contrôle des frontières en Europe est la fraude et plus précisément la fraude à l'identité. La seule réponse réside dans la poursuite de l'interconnexion des fichiers de police des États membres et dans l'utilisation des techniques d'identification numérique et biométrique. Nul besoin de grands discours. Un double effort, budgétaire et d'imagination juridique, s'impose en revanche pour rendre systématiques cette interconnexion et cette utilisation. Tout étranger contrôlé ou interpellé à la frontière comme sur tous les territoires des États membres doit pouvoir être identifié de manière certaine de sorte que son droit à l'entrée ou au séjour au sein de l'Union européenne soit évalué instantanément avec précision. Cet objectif est hors de portée de chaque État membre pris isolément, mais pas du collectif européen. Nous avons besoin d'un Schengen plus efficace.

Nous avons aussi besoin d'un Schengen plus solidaire. L'attitude de l'Italie qui laisse pénétrer sur son territoire des étrangers qui n'ont ensuite de cesse de rejoindre la France ou l'Autriche en profitant de l'ouverture des frontières internes à l'Europe est inacceptable. Celle de l'Espagne l'est tout autant lorsqu'elle ferme les yeux, dès lors qu'ils sont francophones, sur les Africains désireux de rejoindre la France. La solidarité que ces pays appellent de leurs vœux n'a de sens que s'ils sont décidés à assumer leurs responsabilités. La France se doit donc, si nécessaire avec l'aide de Frontex, d'intensifier sa coopération avec les pays européens limitrophes pour s'assurer que la façon dont ils contrôlent leur frontière extérieure est satisfaisante. Plutôt que de mobiliser des gendarmes sur les côtes de la Manche pour empêcher des étrangers de rejoindre un pays qui n'appartient plus à l'Union européenne, la France serait mieux inspirée de mettre ces gendarmes à disposition de ceux de ses voisins européens qui éprouvent des difficultés considérables à contrôler leurs frontières maritimes.

Enfin, l'Union européenne doit améliorer sa réponse à un afflux massif à ses frontières de ressortissants étrangers et notamment de demandeurs d'asile.

Il est à cet égard regrettable que la combinaison du Brexit et de la crise sanitaire ait conduit les responsables de l'Union européenne à réduire le budget qu'il avait été envisagé d'allouer à Frontex dans le prochain cadre budgétaire pluriannuel de l'Union. Un gouvernement conséquent devrait peser de tout son poids auprès des institutions européennes pour que ce budget continue d'augmenter fortement. En parallèle, les effectifs des forces nationales qui assurent en France le contrôle de nos frontières extérieures et, en cas de crise, de nos frontières intérieures devraient être augmentés et la capacité de ces forces à interroger les différents fichiers informatiques indispensables à ce contrôle garantie en permanence.

Le principe de ce contrôle doit s'appliquer aux demandeurs d'asile. Je suis partisan en la matière du plus grand pragmatisme.

Le droit que ces demandeurs invoquent fait aujourd'hui l'objet d'un détournement massif par des hommes et des femmes que la lenteur des procédures protège en pratique contre tout éloignement s'ils sont déboutés, notamment s'ils sont arrivés en famille ou en ont fondé une pendant l'instruction de leur demande. Le respect que nous devons à la tradition française de l'asile et à la convention de Genève ne saurait souffrir aucune exception, mais la France ne peut pas être l'otage de demandeurs abusifs dont le seul objectif est de parvenir en France pour y obtenir ensuite une régularisation. *Il faut donc tendre à ce qu'une majorité d'étrangers souhaitant obtenir l'asile en France en fasse la demande avant leur arrivée sur notre territoire, soit dans nos consulats, soit à la frontière.* C'est possible puisque notre réseau consulaire est un des plus développés du monde et que notre procédure d'asile à la frontière a fait ses preuves : pour une fois que nous avons un bon « produit d'exportation » en matière d'immigration, la France devrait se fixer comme objectif sa généralisation à toute l'Union européenne. Naturellement cette généralisation mobilisera des moyens très importants dans des pays comme la Grèce et l'Italie qui sont plus exposés que d'autres du fait de leur proximité avec les pays tiers et de leurs difficultés à contrôler leurs frontières maritimes.

L'accueil définitif de tous les demandeurs d'asile qui se présentent aux frontières extérieures de l'Europe ne saurait être inconditionnel. Inconditionnelle en revanche doit être l'aide de l'Union à ceux de ses membres qui peuvent être concernés par un tel afflux pour leur permettre de traiter rapidement, en moins de quarante-huit heures, les demandes d'asile à la frontière dans des installations qui soient conformes à la dignité de la personne humaine. La situation des demandeurs d'asile parqués pendant des mois avec leur famille à Lesbos ou sur une autre île grecque, dans des camps d'accueil insalubres et peu sûrs, ne me laisse pas indifférent. Elle entache l'image de la Grèce et de l'Europe. Mais la solution n'est pas d'ouvrir la porte, en supprimant ces camps et en laissant ces demandeurs d'asile pénétrer en Grèce avant de rejoindre d'autres États membres. La solution est de moderniser radicalement les installations d'accueil provisoire et d'y opérer, en peu de temps, la distinction nécessaire entre les vrais demandeurs d'asile et les autres. Et l'aide apportée à la Grèce ou à l'Italie et peut-être demain à l'Espagne ou à la France par Frontex pour organiser le retour dans leur pays d'origine des étrangers dont la demande d'asile à la frontière n'aura pas été jugée sérieuse doit être tout aussi inconditionnelle.

La contrepartie de l'exigence que les demandes d'asile soient présentées en priorité dans les consulats ou à la frontière extérieure de l'Union est que les demandes présentées directement dans un État membre soient traitées selon une procédure accélérée permettant de réduire les délais et d'éviter que les recours n'aient un caractère suspensif.

Si nécessaire, il faudra également renforcer notre coopération avec les pays tiers sûrs par lesquels transitent des demandeurs d'asile dont la demande peut, en l'état du droit européen, être déclarée irrecevable du seul fait de ce transit. Notre Constitution s'y oppose pour ceux de ces demandeurs qui se présentent comme des « combattants de la liberté ». Pour éviter que la France ne soit le maillon faible d'une politique européenne de maîtrise de la demande d'asile, une révision constitutionnelle devra, si nécessaire, être entreprise comme cela fut le cas en 1993 pour permettre la ratification par la France des accords de Schengen et de Dublin.

En parallèle, il faut progresser vers l'adoption par les différents États membres de standards uniformes en matière d'asile. Il n'est pas normal que, dans une confédération d'États-nations qui proclament leur attachement aux mêmes valeurs de liberté, d'égalité, de démocratie et de respect de la dignité de la personne humaine, un Afghan n'ait pas les mêmes chances d'obtenir l'asile à Paris, à Athènes ou à Budapest. Parce que l'Union européenne est d'abord une communauté de valeurs avant d'être un grand marché ou un gigantesque mécanisme de péréquation entre États membres, il faut aller résolument vers un droit d'asile européen.

Mais si l'objectif est facile à définir, il sera difficile à atteindre. La création d'une agence européenne de l'asile est une perspective séduisante, mais elle fait l'impasse sur un fait historique. Les pays d'Europe centrale qui ont connu le rideau de fer pendant plus de deux générations n'ont aucune expérience de l'immigration. Pendant toute cette période, l'asile, loin d'être une réalité intérieure, n'était qu'une chance pour leurs élites culturelles, sportives ou scientifiques qui participaient à des rencontres internationales en Europe de l'Ouest ou aux États-Unis d'y choisir la liberté. De surcroît, le détournement de la procédure d'asile à des fins d'immigration économique ou familiale qui sévit à l'ouest et l'obligation qui en résulte de procéder de temps en temps et par lassitude à des régularisations ne sont pas un modèle enviable. Il faudra au moins une génération pour que les pays européens acceptent de se dessaisir de la prérogative nationale que constitue l'octroi de l'asile et je ne suis pas certain que la France elle-même y soit aujourd'hui disposée.

D'ici là, il faut renforcer de manière spectaculaire les moyens du Bureau européen d'appui en matière d'asile, créé à l'initiative de la France en 2008 en application du pacte européen sur l'immigration et l'asile voulu par Nicolas Sarkozy et Brice Hortefeux, et multiplier les échanges entre les organismes chargés de statuer en premier ressort ou en appel sur les demandes. Et si nous voulons que cette évolution s'accélère, ayons à cœur de faire de l'intégration des réfugiés en France et de son corollaire – l'éloignement des déboutés – une réussite. On en est loin.

Je ne crois pas à la possibilité d'instaurer une répartition obligatoire des demandeurs d'asile entre les différents pays européens. D'abord parce que aucune base juridique n'existe en ce sens dans les traités européens. Ensuite parce que la solidarité européenne ne se décrète pas. Elle doit être plus forte en particulier à l'égard de ceux des pays européens qui sont en première ligne. Mais elle doit être consentie. Emmanuel Macron fait fausse route en menaçant de réduire les dotations en fonds européens aux pays qui n'accueillent pas assez de demandeurs d'asile. Pas plus que l'écologie, l'asile ne doit être punitif. En revanche, une répartition volontaire du type de celle qui fonctionne depuis deux ans au sujet des demandeurs recueillis en Méditerranée peut servir de modèle à condition que l'intégration des intéressés sur le marché du travail soit satisfaisante. N'oublions pas que les pays les plus réticents à l'accueil des demandeurs d'asile sont aussi ceux dont la démographie est le plus défaillante et dont l'économie souffre de l'émigration : l'accueil de réfugiés doit être perçu par eux comme une solution et non comme une contrainte.

En matière d'asile, ce n'est donc pas la suppression de l'accord de Dublin ou des directives européennes qui est à l'ordre du jour, mais leur adaptation avec, par exemple, le développement du traitement des demandes à la frontière extérieure de l'Union, une application raisonnable du concept de pays tiers sûr, l'allongement du délai pendant lequel un État membre reste responsable du traitement d'une demande d'asile ou encore l'élargissement des hypothèses qui fondent la désignation de l'État membre responsable. Aucune de ces propositions n'est spectaculaire. Aucune d'entre elles ne fera la une des médias. Aucune d'entre elles ne rivalisera jamais à l'applaudimètre, dans un meeting politique, avec la proposition d'organiser un blocus de la Méditerranée par les marines de guerre des États membres. Mais c'est de leur adoption par l'Union et, si possible, de leur combinaison que viendra la maîtrise de la demande d'asile.

Affirmer l'identité de l'Europe est à l'ordre du jour dans bien des domaines : l'économie avec la nécessité d'encourager la constitution de champions européens capables de faire face aux Gafa ou à leurs équivalents chinois, la protection de l'environnement avec la nécessité d'instaurer une taxe carbone sur les importations en provenance de pays qui n'en ont cure et en tirent un avantage compétitif insupportable et demain la défense pour prendre le relais d'une Otan gravement affaiblie par l'égoïsme américain et la tentation impérialiste turque. La préférence européenne aurait également toute sa place dans la révision de notre politique migratoire.

Le deuxième objectif d'une nouvelle politique migratoire est *la limitation du nombre de titres de séjour délivrés chaque année en France*.

Aux chapitres 3 et 8, j'ai recensé les indicateurs de l'échec de l'intégration en France. La crise économique et sociale qui vient ne fera qu'aggraver la situation. Quel qu'en soit le support juridique, il est donc indispensable de se fixer des objectifs quantitatifs pour réduire le nombre des nouveaux immigrés admis chaque année au séjour en France. Et de le faire année après année sous le contrôle du Parlement.

Trois pistes sont à cet égard dignes d'intérêt :

— La première est la limitation du nombre de régularisations décidées chaque année par le ministre et les préfets. Elles représentent aujourd'hui 15 à 20 % du nombre total des admissions au séjour, ce qui traduit un véritable contournement des procédures légales. Il faudrait conserver à la notion de régularisation son caractère exceptionnel et revenir à 5 %.

— La deuxième est la révision des accords bilatéraux qui lient la France aux principaux pays d'origine de l'immigration. Compte tenu de ses implications diplomatiques, cette révision n'a aucune chance d'aboutir si elle n'est pas portée au plus haut niveau de l'État. Mais la France ne manque pas d'arguments si la négociation à venir devait se heurter à la mauvaise volonté de nos partenaires. Elle apporte à de nombreux pays africains un soutien militaire qui leur est indispensable pour faire face au péril islamiste, mais qui n'est pas un dû. Elle pourrait également limiter, en les taxant ou en les plafonnant, les transferts de fonds des étrangers vers leurs pays d'origine, ce qui lui donnerait un moyen de pression efficace sur les gouvernements de ces pays qui savent l'importance de ces transferts pour leur population. Enfin, la dénonciation unilatérale d'un accord bilatéral conclu avec un pays se refusant à le réviser ne saurait être exclue par principe.

— La troisième piste est celle de l'adoption de quotas. C'est la plus difficile à emprunter.

D'abord parce que ce dispositif a été conçu par d'immenses pays peu peuplés qui souhaitent, à l'image du Canada ou de l'Australie, mettre en valeur leur territoire, notamment en exploitant leurs gisements de matières premières. Ni la France ni aucun de ses partenaires européens ne leur sont comparables.

Ensuite parce qu'elle n'a guère de sens en matière d'immigration professionnelle : la crise économique qui vient commanderait plutôt que soit révisée dans un sens restrictif la liste des métiers en tension définie en 2008 et pour lesquels la situation de l'emploi autorise le recours à une main-d'œuvre étrangère. Une telle révision est juridiquement facile à mettre en œuvre puisqu'elle relève de simples arrêtés ministériels. Encore faudrait-il qu'elle soit portée par une volonté politique sans faille. Pour se limiter à un exemple simple – celui du bâtiment –, il est consternant de constater que le recours à la main-d'œuvre étrangère reste important et pas seulement dans le gros œuvre, mais aussi dans les corps d'état techniques et secondaires. Affirmer comme le font le gouvernement et les écologistes que la rénovation énergétique des logements et des bâtiments publics créera des dizaines de milliers d'emplois non délocalisables est une chose. S'assurer que ces emplois ne profiteront pas très largement à des salariés étrangers en est une autre. Plutôt que de discours sur la *start-up nation*, c'est d'une politique ambitieuse d'orientation, de formation professionnelle et d'amélioration des conditions de travail que notre pays a besoin. C'est la jeunesse présente en France qui doit bénéficier en priorité des emplois créés ou sauvegardés en France. Et ce qui vaut pour le bâtiment vaut pour beaucoup d'autres secteurs comme l'hôtellerie-restauration ou la propreté !

En revanche, les quotas auraient tout leur sens en matière d'immigration familiale. Leur introduction exigerait une modification de la Constitution et peut-être une dénonciation de l'article 8 de la Convention européenne de sauvegarde des droits de l'homme et des libertés fondamentales. Beau sujet pour un référendum dont l'issue ne ferait guère de doute au regard des résultats des enquêtes d'opinion sur l'état d'esprit de nos concitoyens au sujet de l'immigration.

La réorientation complète de notre politique d'aide au développement devrait être le troisième pilier d'une nouvelle politique migratoire.

Balayons d'abord l'argument infâme selon lequel le développement d'un pays pauvre favoriserait l'émigration de ses ressortissants. Quels que soient ses fondements factuels, cette thèse aboutirait, si elle inspirait les responsables politiques, au mariage inédit du cynisme et de l'irresponsabilité. Pour mieux contrôler l'immigration, faudrait-il cesser notre aide et laisser la misère être le meilleur gardien de nos frontières ? C'est l'honneur de l'Europe que de refuser d'entrer dans ce type de spéculation intellectuelle.

Balayons aussi le fatalisme de ceux pour qui l'immigration de masse s'inscrit dans la logique du déclin démographique de l'Europe confrontée à une Afrique dans laquelle beaucoup de pays n'ont toujours pas maîtrisé la fécondité. Cette attitude sous-estime tant la capacité de l'Europe à contrôler ses frontières que l'utilité d'une politique d'aide au développement qui n'oublierait pas la réalité du risque migratoire.

L'aide au développement doit rester une priorité. Aux tenants de l'hospitalité à tout prix, il faut rappeler que charité bien ordonnée consiste, pour l'Europe, à aider au développement des pays tiers plutôt qu'à ouvrir les portes d'un continent fragilisé économiquement et pris en étau entre les puissances impériales que sont les États-Unis et la Chine. Accueillir dignement ceux qui sont parvenus sur notre territoire est une exigence morale respectable et l'État doit accompagner les associations qui s'y consacrent.

Mais notre aide au développement doit obéir à de nouvelles priorités.

L'Afrique s'impose à la France en raison tant de notre histoire que de notre position géographique en Europe. Nous pouvons espérer partager cette priorité avec l'Espagne, le Portugal et l'Italie. Mais c'est bien la France qui est en première ligne, car l'Espagne regarde aussi vers l'Amérique latine comme le prouve la forte poussée de l'immigration vénézuélienne depuis deux ans cependant que l'empire colonial italien n'a jamais été comparable au nôtre. Cessons de nous disperser ! Cessons d'aider la Chine ou la Turquie dont la démographie et l'économie rivalisent déjà avec les nôtres ! Aidons les pays les plus pauvres et d'abord ceux du Sahel francophone qui n'ont toujours pas accompli leur transition démographique !

La seconde priorité est sectorielle. L'agriculture, la santé, l'éducation et l'énergie doivent faire l'objet de toutes nos attentions.

Fixons-nous comme objectif d'aider l'Afrique à se doter d'une agriculture vivrière qui enrichisse ses paysans et nourrisse ses citadins ! Il y a un lien évident entre le réchauffement climatique, l'extension des zones arides, la croissance démesurée des mégapoles africaines et en définitive l'immigration vers l'Europe. Aidons l'Afrique à former sa jeunesse en privilégiant l'enseignement scientifique et technique pourvoyeur de ces cadres intermédiaires dont elle a tant besoin pour développer son industrie et sa classe moyenne !

Accompagnons aussi l'Afrique dans la modernisation de son système de santé. S'il est bien un secteur où la fuite des cerveaux fait des ravages, c'est celui de la santé. C'est une chose que de relever le rôle qui a été celui des médecins étrangers dans les hôpitaux français pendant la crise sanitaire. Ce rôle n'était que la conséquence d'une politique absurde de *numerus clausus* poursuivie pendant des années par des gouvernements qui espéraient limiter le déficit de la sécurité sociale en réduisant le nombre de médecins formés chaque année par nos hôpitaux. C'en est une autre, plus utile à long terme, que d'insister sur le fait que la place de ces médecins étrangers serait dans leur pays d'origine s'ils n'étaient attirés en France par de meilleures conditions de travail et des rémunérations beaucoup plus élevées.

Une politique d'intégration beaucoup plus volontariste aurait enfin toute sa place dans une nouvelle politique migratoire.

Je ne l'ai pas toujours pensé et j'ai eu tort. L'intégration a été le parent pauvre. La France a pris du retard sur de nouveaux pays d'immigration comme l'Allemagne, notamment quant à l'apprentissage des langues et à l'insertion sur le marché du travail, et elle le paie au prix fort dans certains quartiers où triomphent l'économie souterraine et le communautarisme. Plutôt que de porter une ambitieuse politique d'intégration, le choix a été fait par d'aucuns d'accepter, sans le dire, le multiculturalisme.

Les dernières élections municipales font à cet égard figure d'ultime avertissement. Le risque existe qu'en 2026 des listes communautaires ne s'emparent de plusieurs communes notamment en Île-de-France.

Il faut inverser la tendance. La délivrance d'un titre de séjour à un étranger n'est pas la fin de l'histoire comme on le croit souvent au ministère de l'Intérieur : elle n'en est que le début. À partir du moment où la France décide d'accueillir sur son sol un étranger et, le plus souvent, sa famille, elle doit se donner tous les moyens de les accompagner sur le chemin de leur intégration à la société. L'éducation et le travail sont les lieux géométriques de cette bataille essentielle à la cohésion de la société française. Le rôle des maires dans le processus d'intégration doit être renforcé. L'expérience prouve, à Meaux, à Mantes-la-Jolie, à Montfermeil…, que les maires qui ont choisi de combiner sur le terrain la restructuration du bâti, la tolérance zéro à l'encontre de la délinquance et de l'islamisme et une attention soutenue aux demandes d'emploi des immigrés et de leurs descendants ont réussi à intégrer. L'expérience prouve, en Île-de-France, avec Valérie Pécresse et Geoffroy Didier, que la détermination à promouvoir la mixité sociale dans le logement et à

« casser les ghettos » comme l'a fait le Danemark est prometteuse. Mais la route sera longue.

Il ne s'agit pas de se laisser endormir par la berceuse du vivre-ensemble ou séduire par les fausses promesses de la discrimination positive. Il ne s'agit pas non plus d'oublier que l'islam politique est l'adversaire irréductible de la République. Mais si nous voulons gagner le combat, sans abdiquer à aucun moment notre attachement aux valeurs qui sont au cœur de la civilisation européenne, il nous faut faire respecter la France. La faire respecter en espérant la faire aimer.

La faire respecter en imposant nos lois. La loi de la République n'est pas négociable. Aussi longtemps qu'un étranger n'est pas assimilé, il faut lui refuser l'accès à la nationalité française de manière à conserver la possibilité de l'expulser s'il trouble gravement l'ordre public.

La faire aimer aussi. La France ne sera aimée par les étrangers que nous autorisons à y vivre que s'ils parlent bien le français et accèdent sans difficultés à un emploi. Notre responsabilité est de les y aider. Leur responsabilité est d'y parvenir. Dans un pays durement touché par la crise de la covid-19, la montée en puissance des réfugiés dans le total des étrangers nouvellement admis au séjour compliquera encore l'exercice, car beaucoup viennent de pays où l'on ignore ce qu'est la France.

Ce qu'on peut reprocher à ceux qui ont beaucoup parlé d'intégration depuis vingt ans, c'est de ne pas avoir suffisamment agi. Le laisser-faire fut une erreur. L'intégration n'est pas une option. Chaque étranger nouvellement arrivé sur notre sol doit faire l'objet d'un suivi attentif non pas seulement en termes de premier accueil, mais aussi en termes d'intégration. Le gouvernement d'Édouard Philippe a commencé d'agir en ce sens en augmentant les moyens affectés à l'apprentissage du français et en dédoublant les classes de cours préparatoire dans les zones sensibles. Mais il faudra aller beaucoup plus loin tout au long du cursus éducatif et dans la gestion des chômeurs. Une répartition géographique plus équilibrée des étrangers admis, même provisoirement, au séjour s'impose, leur excessive concentration sur deux ou trois régions étant une des causes de l'échec de l'intégration à la française.

On m'objectera que ces propositions coûtent cher. Mais il en est de la politique migratoire comme de toutes les politiques régaliennes. Depuis la fin de la guerre d'Algérie, la part des dépenses régaliennes dans le produit intérieur brut s'est effondrée dans notre pays, passant de 6,6 % en 1965 à 2,2 % en 2020. Dans le même temps, les dépenses dites « sociales », qui sont en fait des dépenses de distribution, n'ont cessé de progresser. Il ne faut pas s'étonner, dans ces conditions, du malaise des forces de l'ordre, de la grande misère de la justice, de l'incapacité de nos armées à intervenir durablement sur plus d'un théâtre d'opérations extérieures. Comme il ne faut pas s'étonner non plus de l'échec de notre politique de maîtrise de l'immigration et de promotion de l'intégration.

* *
*

Le débat politique sur l'immigration se réduit trop souvent au choix entre deux sentiments : la pitié ou la colère. Ces deux sentiments sont respectables, mais insuffisants. La raison est bien préférable et c'est elle qui a inspiré ce livre. Notre pays a besoin d'une nouvelle politique migratoire dictée par la raison et donc par l'intérêt de la France et de l'Europe.

Le moins que l'on puisse dire est que le sujet n'a pas été au cœur des préoccupations du pouvoir depuis 2012. À la sortie du confinement, le sujet était toujours tabou. Gageons qu'il ne le restera pas longtemps si le million de chômeurs supplémentaires qu'on nous annonce est au rendez-vous de 2021. Les propositions que je formule sont à la fois fermes et résolument européennes. L'Europe n'est pas le problème. Le problème est, en France, le défaut de volonté d'affronter une réalité qu'une partie de nos élites politiques, intellectuelles et médiatiques s'évertuent à cacher. Si cette volonté existait, comme ce fut le cas au début du quinquennat de Nicolas Sarkozy, l'Europe apparaîtrait comme une partie de la solution. Ceux qui rendent l'Europe responsable de tous nos maux en matière migratoire sont ceux qui en attendent trop ou qui se refusent à admettre que la France doit aussi balayer devant sa porte.

Les propositions que je formule seront contestées par certains et je suis prêt au débat. Mais si la priorité au régalien n'est pas clairement affirmée dans les faits, le risque que l'immigration ne soit synonyme d'un échec français est désormais très grand.

Table des matières

Composition et mise en pages
Nord Compo à Villeneuve-d'Ascq

FSC
www.fsc.org
MIXTE
Papier issu de sources responsables
FSC® C003309

L'éditeur de cet ouvrage s'engage dans une démarche de certification FSC® qui contribue à la préservation des forêts pour les générations futures.

Pour en savoir plus :
www.editis.com/engagement-rse/

Imprimé en France par CPI
en novembre 2020

N° d'édition : 60708/01 – N° d'impression : 3040875